Jhn - Kant   MG . May 98

Alb... R. 40, 57) ... , 115, 116
122, 116, 1... , ... , ...

Kassiou... 193, ..., ..., 134, 163, 110
181, 1..., 198, 200, ..., ..., ..., 205
2..., 2..., ..., 254, ..., 233,

Hål ... ... 22.

Wolfgang Hausner

ATOLLE
UND TAIFUNE

TABOO III zwischen Sturm und Paradies

Delius Klasing Verlag

Von Wolfgang Hausner sind darüber
hinaus folgende Titel im
Delius Klasing Verlag erschienen:
TABOO – Eines Mannes Freiheit
TABOO III – Leben auf sieben Meeren

Die Deutsche Bibliothek – CIP-Einheitsaufnahme

Hausner, Wolfgang:
Atolle und Taifune: TABOO III zwischen Sturm und Paradies /
Wolfgang Hausner. – Bielefeld : Delius Klasing, 1997
ISBN 3-7688-1022-4

ISBN 3-7688-1022-4

© Copyright by Delius, Klasing & Co., Bielefeld
Schutzumschlaggestaltung: Ekkehard Schonart
Zeichnungen: Karin Buschhorn
Fotos: Gerti und Wolfgang Hausner
Satz: Alinea GmbH, München
Druck: Graphischer Großbetrieb Pößneck
Printed in Germany 1997

Gerti gewidmet,
die nach sechzehn Jahren auf TABOO III
momentan wieder festen Boden
unter den Füßen hat, weil Vaitea die
Schulbank drückt.

Inhaltsverzeichnis

Vorwort

Im Jahre 1967 ging ich zum ersten Mal auf große Fahrt. Taboo war ein spartanisch ausgerüsteter kleiner Katamaran, den ich selber in Westaustralien gebaut hatte. Ohne vorherige Segelerfahrung und alleine suchte ich die Freiheit auf den Weltmeeren und fand ein abenteuerliches Leben, von dem ich nie wieder loskam. 1974 verlor ich mein Schiff auf einem Riff in Papua-Neuguinea und damit ging ein Lebensabschnitt zu Ende, der in dem Buch »Taboo – eines Mannes Freiheit« beschrieben ist.

Die Jahre danach in Südostasien waren nicht leicht, aber da war ich auch nicht mehr alleine. Gemeinsam mit meiner Freundin Gerti nahm ich den nächsten Bootsbau in Angriff. Taboo III, der neue Kat, entstand auf den Philippinen und ist seit vielen Jahren unser gemeinsames Zuhause. In Gerti hatte ich eine Frau gefunden, die alles mitmacht und schöne Stunden wie auch gefährliche Situationen mit mir teilt.

1980 segelten wir von den Philippinen los und fünf Jahre später waren wir wieder im Pazifik. Dieser Teil unseres Lebens ist in dem Buch »Taboo III – Leben auf sieben Meeren« festgehalten. Hier folgt nun die Fortsetzung dieser Geschichte, die sich mehr und mehr in einer Welt abspielt, in der sich zeigt, wie sie wirklich ist, und nicht, wie wir glauben, dass sie sein sollte.

Hobelspäne und Räuber

Costa Rica

Die letzten Strahlen der untergehenden Sonne fielen auf Panama City, und für wenige Minuten sah selbst diese Stadt gewinnend aus.

Die zusammengehäuften Wolkenkratzer verloren etwas von ihrer Kantigkeit, während die Risse und Furchen der modrigen Altstadt, geballt um die jahrhundertealte spanische Festung, gnädig verdeckt wurden. Nach dem heißen Tag war die kühle, ablandige Brise eine Erholung, aber sie brachte auch unverkennbare Gerüche vom nahen Fischmarkt, außerdem war ich sicher, dass unweit von unserem Ankerplatz ein Kanal in die Bucht mündete. Das Wasser war eine trübe Suppe, durchsetzt mit mehr oder weniger widerlichen Feststoffen, toten Fischen und Müll, der ums Verrecken nicht untergehen würde. Unser Beiboot samt Außenborder war bereits am Vordeck verstaut und angekettet, eine notwendige Vorsichtsmaßnahme in diesen Gewässern.

Damit kein Missverständnis aufkommt: Dies sind keine Klagen, sondern schlichte Realität. Wer um den Globus segelt, muss die Dritte Welt in Kauf nehmen, wie sie ist: Atolle und unberührte Strände wie auch die verdreckte Wasserkante einer tropischen Stadt. Außerdem liegt es ja an einem selber, wie lange man an den weniger erquicklichen Plätzen hängen bleibt. Egal, wir hatten unsere letzten Einkäufe erledigt und wollten am nächsten Tag weitersegeln. Es gab einige Arbeiten am Schiff zu erledigen, und dafür eignete sich Costa Rica weitaus besser als Panama.

Auf dem Weg dorthin machten wir einen kleinen Abstecher zu den Perlas-Inseln, blieben aber auch dort nicht lange. Schließlich war Mitte Juli, die Regenzeit im vollen Schwung und Gewitterstürme an der Tagesordnung, wenn nicht gerade Flaute herrschte. Es war noch im Golf von Panama, als ein amerikanischer Zerstörer

9

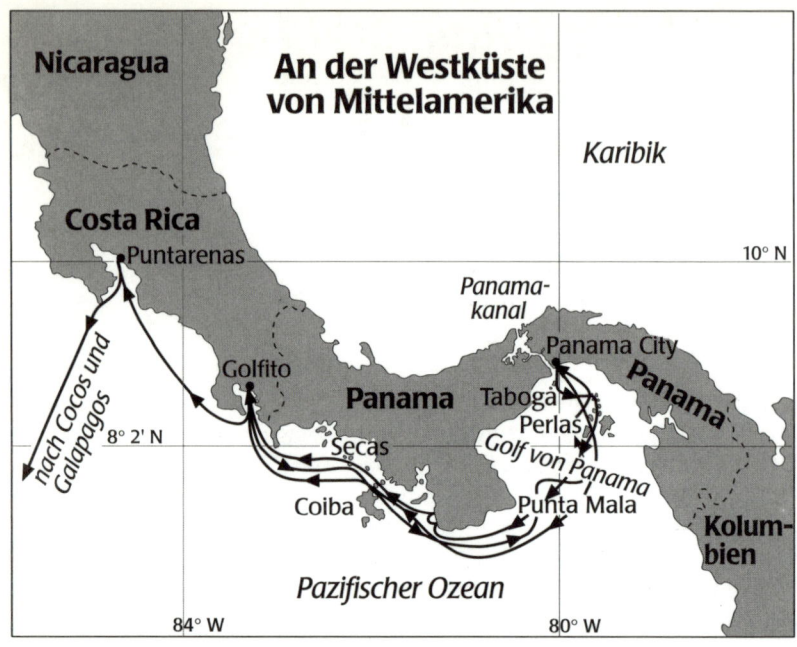

Nicaragua — An der Westküste von Mittelamerika — Karibik — Costa Rica — Puntarenas — 10° N — Panama-kanal — Panama City — Golfito — Panama — Taboga — Panama — nach Cocos und Galapagos — 8° 2' N — Secas — Perlas — Golf von Panama — Coiba — Punta Mala — Kolumbien — Pazifischer Ozean — 84° W — 80° W

seinen Kurs änderte, um näher vorbeizustampfen, eine riesige Schleife zog und eine Stunde später direkt neben uns war. Wir waren schon seit längerem bekalmt und hatten uns keinen Meter vom Fleck gerührt. Auf der Brücke der U.S. BAINBRIDGE tummelten sich Dutzende von Offizieren, die uns mit Feldstechern beäugten, während das normale, aber äußerst zahlreiche Fußvolk eine Etage tiefer auf Deck ohne jedes Hilfsmittel auskommen musste. Die waren auch kaum notwendig, TABOO III lag nur weniger als hundert Meter von dem Zerstörer entfernt.

Einige Minuten passierte nichts, vermutlich versuchte man auf allen möglichen Frequenzen Funkkontakt herzustellen. Ein aussichtsloses Unterfangen, da sich bis jetzt weder eine Kurzwellenanlage noch ein UKW-Funk bei mir an Bord eingenistet hat. Diese technische Lücke wurde aber, zumindest in einer Richtung, mit einem lautstarken Megaphon überbrückt.

»Wie ist Ihre Nationalität?«, tönte es englisch herüber. Natürlich wurde dann Austria mit Australia verwechselt. Österreich ist eben keine glaubwürdige Seefahrernation. Die nächste Frage galt dem Heimathafen, da hatte ich mehr Glück. Ich brüllte Vienna rüber, was zwar nicht stimmte, aber akzeptiert wurde und sicherlich auch bei der endgültigen Bestimmung unserer Nationalität oben auf den Brücke half. »Channel 16, please«, war die nächste, knapp gehaltene Aufforderung. »Sorry, no VHF«, war meine Antwort, die wie die vorherigen von dem am Bug stationierten Matrosen aufgeschnappt und über ein paar Mann zum nächsten Bordtelefon weitergegeben wurde. Die letzte Frage galt unserer offiziellen Registrierungsnummer. Auch da blieb ich eine Antwort schuldig. Daraufhin wurden wir fotografiert und einige Minuten später rauschte der Zerstörer wieder ab.

Die Fotos waren nicht fürs Familienalbum gedacht, genauso wenig wie die Frage nach der Nummer des Bootes. Schon seit einigen Jahren werden amerikanische Kriegsschiffe auch zur Bekämpfung des Drogenhandels eingesetzt. Auf offener See dürfen sie, wie auch die U. S. Coast Guard, amerikanische Yachten und Fischerboote stoppen und durchsuchen. Bei Booten fremder Nationalität holen sie per Funk die Erlaubnis von der betreffenden Botschaft in Washington, dazu muss das Schiff aber im Register des Landes geführt sein. Noch in der Karibik traf ich eine deutsche und schweizerische Yacht, die das Spektakel über sich ergehen lassen mussten. Acht bis zehn bewaffnete Marinesoldaten kommen dann mit einem großen Schlauchboot an, verlangen zuerst, dass alle Waffen an Deck deponiert werden, und durchsuchen danach das Schiff. Sicherlich, wir waren noch keine hundert Seemeilen von Isla del Ray, der größten der Perlas-Inseln, entfernt, auf der jährlich Tonnen von Marihuana geerntet werden. Es ist das sogenannte *Panama Red*, das zum größten Teil in den Vereinigten Staaten landet. Bei allem Verständnis für die Amerikaner, die den Transport von Drogen bereits nahe dem Herstellerland unterbinden wollen, ist es ein starkes Stück, nur auf das Blabla irgendwelcher Diplomaten in internationalen Gewässern so belästigt zu werden. Außerdem ist es auch schon vorgekommen, dass bei solchen Manövern Boote beschädigt worden sind. Mir ist eine amerikanische Yacht bekannt, bei der die U.S. Coast Guard für den entstandenen Schaden, eine verbogene Seereling, nicht aufgekommen ist.

Wir segelten langsam an der bergigen Küste Panamas entlang. Land- und Seebrisen versuchten vergeblich, Ordnung in die

Windverhältnisse zu bringen. Nur die sich jeden Nachmittag in den Hügeln bildenden schweren Gewitter, die dann auf das Meer hinauszogen, waren von schöner Regelmäßigkeit. Eine Gruppe von kleinen Inseln, Secas genannt, verlockte uns zu einem Stopp. Sie machten weitestgehend einen unbewohnten Eindruck, nur auf einer bemerkten wir einige Hütten. Wir sahen keine Menschen, dafür aber vier große Hunde, zwei davon schwarze Dobermänner, die lechzend den Strand patrouillierten und in unsere Richtung bellten. Besucher waren offensichtlich nicht erwünscht. Doch andere Inseln waren freundlicher. Danach ging es in einer Etappe weiter nach Golfito in Costa Rica. Dieser Hafen ist nur durch eine ganz schmale Fahrrinne im Golfo Dulce erreichbar. In der Bucht selber, umgeben von Bergen und Hügeln, ohne Sicht aufs Meer, hat man das Gefühl, auf einem See zu sein. Es ist zugleich ein hundertprozentig sicherer Ankerplatz und daran war mir gelegen, denn hier wollte ich die Hydraulikanlage überholen und während dieser Zeit würde TABOO III ohne Antrieb sein.

Der hydraulische Antrieb, seit über sechs Jahren in Betrieb, hatte klaglos funktioniert, bis vor kurzem ein Schlauch während der Panamakanal-Durchfahrt platzte. Dass das gerade im denkbar ungünstigsten Moment passieren musste, hatte nichts mit der eigentlichen Havarie zu tun. Es wäre auch unfair, der Anlage die Schuld in die Schläuche schieben zu wollen. Bei mehr Sorgfalt hätte ich vielleicht bemerkt, dass einer der beiden in einem kleinen Teilabschnitt bereits etwas mürbe war. Nicht am unteren Ende, sondern oben, wo er in das Zwischendeck geführt wird. Nachdem der andere noch in Ordnung war, lag die Vermutung nahe, dass die Endstücke nicht genau im korrekten Winkel von 90 Grad aufgepresst worden sind. Dadurch wurde der Schlauch bei jedem Hochwinschen des Unterwasserantriebes etwas verdreht, was schließlich zur Ermüdung der fünf Lagen Stahldrähte geführt hat. Diese Schwachstelle wollte ich jetzt dauerhaft verbessern, solide Rohre vom Hydromotor des Antriebes hochführen und die bewegliche Verbindung zur Pumpe durch zwei kürzere Schläuche gestalten, die sich nicht mehr verwinden konnten.

Unweit vom vergammelten Hotel Miramar, vor dem wir ankerten, befand sich eine kleine Werkstatt, zu der ich das abgebaute

12

Unterwasserteil brachte, um die neuen Rohre anpassen zu lassen. Emmanuel, der Besitzer der Miniwerft, versicherte mir eine rasche Erledigung der Arbeit. Das Biegen und Schweißen der Rohre war auch kein Problem, außerdem war ich ja täglich anwesend, um ein Auge auf die Arbeit zu werfen. Anders lag die Sache mit den beiden Schläuchen, die Emmanuel in San José, der Hauptstadt Costa Ricas, telefonisch bestellte. Theoretisch hätten sie am folgenden Tag per Bus in Golfito sein sollen. Praktisch hatten wir sie zwei Wochen später noch immer nicht. Trotz wiederholter Anrufe passierte nichts. Dann kamen zwei Schläuche, bei denen weder die Länge noch die Anschlüsse stimmten. Diese wurden retourniert und es folgten weitere Gespräche mit der Firma in San José, in denen uns Ersatz versprochen wurde. Fein, nur erhielten wir keinen. Emmanuel hing wieder am Draht, diesmal mit dem Resultat, dass einige Tage später gleich drei Schläuche eintrafen. Nur einer davon war für den maximalen Arbeitsdruck von 200 bar geeignet, zwei stimmten in etwa in der Länge und alle hatten obendrein falsche Endstücke auf einer Seite. Es war zum Aus-der-Haut-Fahren. Ich wusste nur, wenn ich das Zeug wieder nach San José zurückschicken würde, käme überhaupt nichts mehr. Emmanuel teilte meine Meinung. Also ließ ich die falschen Anschlüsse absägen und meine alten draufschweißen. Man muss sich nur zu helfen wissen! Den Hochdruckschlauch nahm ich für den Vorwärtsantrieb und den schwächeren für den Rückwärtsgang, wenn man bei einer Hydraulikanlage von so etwas überhaupt sprechen kann. Es war doch wieder eine Notlösung, aber Taboo III hatte damit wieder eine einsetzbare Maschine.

Wir segelten weiter nach Puntarenas im Golf von Nicoya. Es ist die größte Stadt Costa Ricas an der pazifischen Seite, dennoch wollten wir vorerst ihre unmittelbare Nähe meiden. Als Ankerplatz ist sie nicht attraktiv und der Hafenkapitän als korrupt und geldgierig bekannt, ganz im Gegenteil zu Golfito, wo uns der Mann äußerst freundlich und gebührenfrei behandelte. Wir ankerten in der Nähe von Paquera, wo auch einige andere Yachten lagen. Die Bucht war gut geschützt gegen die starken Sturmböen, die oft in Gewittern die Berge hinabstürzten, und außerdem konnte man von dort täglich mit der Fähre nach Puntarenas fahren.

Bei unserem ersten Besuch in der Stadt entdeckte ich einen Laden mit hydraulischen Schläuchen und allen nur möglichen Anschlüssen. Was in Golfito innerhalb von drei Wochen nicht möglich war, dauerte hier eine knappe halbe Stunde. Auf zwei neue Schläuche der richtigen Länge ließ ich die korrekten Endstücke pressen und war damit eine Sorge los.

Meine andere Sorge betraf den Holzmast. Ursprünglich auf den Philippinen gebaut, zeigte er jetzt Zeichen von deutlicher Schwäche im oberen Drittel. Seit über einem Jahr hatte ich die Stelle unter Beobachtung. Ein Fäulnisprozess hatte begonnen, der nicht mehr aufzuhalten war. Auch dieser Schaden kam nicht von ungefähr. Ich vermute sehr, dass der Grundstein während des Taifuns im Südchinesischen Meer, als ein Unterwant brach und sich der Mast wahnsinnig durchbog, gelegt wurde. Irgendwie konnte Wasser in den Hohlraum eindringen und dann ist der Rest nur mehr eine Frage der Zeit.
Mit Hilfe anderer Yachties legten wir den Mast und bockten ihn an Deck auf. Schon als ich den Kat baute, achtete ich auf diese Möglichkeit, um möglichst unabhängig von fremder Hilfe wie z. B. einem Kran zu sein. Nachdem ich den Mast von Rigg und Beschlägen befreit hatte, attackierte ich ihn gezielt an der Schwachstelle mit Stemmeisen und Hammer. Diese Vorsicht war übertrieben, ich griff sehr bald zur Axt, um flotter weiterzukommen. Bald stand ich knöcheltief in Holzscharten, der Schaden war doch größer, als ich ursprünglich angenommen hatte. Außerdem musste ja etwas mehr als nur das angefaulte Holz entfernt werden, andererseits konnte ich auch nicht alles auf einmal weghacken, es wäre sonst zu wenig Mast übrig geblieben. Ich wollte deshalb erst auf einer Seite des hohlen Mastes das morsche Holz durch neu eingeschäftete Planken ersetzen und dann die andere Seite in Angriff nehmen.

Ohne Mast gab es natürlich auch kein Sonnendach. Das Arbeiten unter der sengenden Tropensonne ließ meinen Wasserkonsum auf mehrere Liter pro Tag schnellen. Zwei Wochen und etliche weitere Berge von Hobelspänen später war die Hauptarbeit getan. Nur ein Viertel des urspünglichen Querschnittes blieb erhalten, die längste eingeleimte Planke war drei Meter lang. Die anschließenden Mal- und Schleifarbeiten waren dann eher eine

Spielerei, obwohl auch sie Tage dauerten. Aufgestellt wurde der Mast genau so, wie ich ihn lege: Der Baum wurde als Hebel verwendet, zwei Flaschenzüge zu Winschen geführt und in weniger als einer halben Stunde stand er wieder.

Nach dieser Arbeit hatten wir Zeit, uns etwas in der Gegend umzusehen und neue Ankerplätze zu erforschen. Für einen Großeinkauf legten wir uns zwei Tage direkt vor Puntarenas und machten bald die Bekanntschaft von Ramon, der genauso aussah wie der Bösewicht in einem drittklassigen Film. Er offerierte mir auch gleich alle möglichen Dienstleistungen wie Reparaturen etc., geriet aber damit bei mir an den Falschen. Eine seiner vielen Funktionen ist die eines Lotsen, wie wir tags darauf miterlebten. Wehe der Yacht, die sich Puntarenas nähert und den Hafenkapitän per Funk über die Ankunft verständigen möchte – ein Verhalten, das bei Amerikanern ziemlich normal ist. Das Hafenbüro meldet sich nicht, dafür aber springt Ramon in die Bresche, nicht umsonst hat er sein am Gürtel hängendes UKW-Gerät ständig auf Empfang geschaltet. Er gibt sich sodann als die Hafenbehörde aus und weist den Skipper an, bei der Mole anzulegen, um den Lotsen aufzunehmen. Lotse ist natürlich Ramon selbst, der das Boot die paar hundert Meter den Fluss hinauf zum Ankerplatz dirigiert, wobei eine Grundberührung mit inbegriffen sein kann. Das dicke Ende kommt zum Schluss, wenn Ramon eine Rechnung von rund 50 Dollar präsentiert. Da hilft kein Aufschreien oder Handeln, wer nicht sofort bezahlt, wird vor den Kadi geschleppt. Die Gerichtsmühlen mahlen langsam in Costa Rica, aber Ramon hat bereits eingeschliffene Kanäle, die es ihm ermöglichen, die Schuld noch am selben Tag einzutreiben.

Ein paar Wochen später waren wir wieder unterwegs nach Panama. Wir wollten einige Zeit im Golf und auf den Perlas-Inseln verbringen. Während der wochenlangen Arbeit am Mast hatte ich Glück mit dem Wetter gehabt, es hatte kaum geregnet. Das änderte sich nun schlagartig. Frische südwestliche Winde, ständiger Regen und ab und zu ein Gewitter waren die Parole. Wir stoppten wiederum in Golfito, um Lebensmittel einzukaufen, und ankerten wieder beim Hotel Miramar, dem üblichen Treffpunkt der Yachten. Außerdem hieß es, dies sei der einzige Platz, wo man das

Beiboot unbesorgt lassen konnte. Wie sehr das der Realität entsprach, erfuhren wir am nächsten Tag am eigenen Leibe.

Gerti war bereits voraus in die Stadt gegangen. Ich kam eine Stunde später nach, ließ das Schlauchboot bei der alten Steintreppe und traf sie bei den Geschäften, die keine 300 Meter entfernt waren.

Mit der ersten Ladung voller Einkaufstaschen eilte ich zurück, denn es war bereits dunkel geworden. Seit meiner Abwesenheit konnten sicherlich nicht mehr als vier Minuten vergangen sein, trotzdem waren bereits zwei Gestalten im Schlauchboot, die sich am Außenborder zu schaffen machten. Zuerst riss ich einmal kräftig an der Vorleine, worauf einer der beiden Männer einen rapiden Köpfler ins Wasser machte. Danach sprang ich die knapp zwei Meter von der Mauer ins Beiboot und stieß den anderen ins Wasser, das allerdings kaum hüfthoch war. Bis dahin war kein Wort gefallen, aber das sollte sich schnell ändern. Beide hielten das Schlauchboot fest und fluchten aus vollem Halse: »Puta, puta, puta ...«, was auf spanisch Hure bedeutet und das gängigste Schimpfwort in ganz Lateinamerika sein dürfte; man hört es nämlich bei jeder noch so unpassenden Gelegenheit. Die beiden jungen Burschen gebärdeten sich ganz so, als hätten sie das erste Anrecht auf den Außenborder und ich würde mich erdreisten, ihnen die Beute streitig zu machen. Noch dazu machten sie einen leicht angetrunkenen Eindruck, der meinen Wunsch verstärkte, sie zu verprügeln. Aber dann hätten wir noch in derselben Nacht ohne auszuklarieren abhauen müssen, denn am nächsten Tag wäre die Polizei unweigerlich bei uns an Bord gewesen. Bei Gericht steht ein *gringo* immer auf verlorenem Posten.

Dean, ein Amerikaner, der in Paquera ansässig ist, konnte darüber ein Lied singen. Er wurde von seinem ebenfalls angetrunkenen Angestellten niedergestoßen, als er einen Außenborder an Land schleppte. Dean landete mit dem schweren Brocken auf der Brust im knietiefen Wasser und wurde verletzt. Natürlich schmiss er den Kerl raus, worauf er prompt verklagt wurde. Am Tage der Gerichtsverhandlung sah dann die Sache etwas anders aus. Dean hatte keine Zeugen, sein Widersacher umso mehr, die alle aussagten, dass der 72-jährige Dean seinen Arbeiter tätlich angegriffen und sich dieser nur gewehrt hatte. Dean wurde schuldig gesprochen und musste Entschädigung leisten.

16

Das ging mir durch den Kopf, als sich einer der beiden bückte und fast im Wasser verschwand. Die Situation hörte im selben Moment auf, lustig zu sein, als ich bemerkte, dass er mit einem faustgroßen Stein hochkam und in meine Richtung ausholte. Jetzt half nur eines: möglichst kräftig zuschlagen, mein Kopf war mir wichtiger als die Polizeiprobleme am nächsten Tag. Kaum war das geschehen, tauchte Gerti mit den restlichen Einkäufen auf. Als sie bemerkte, was los war, begann sie lautstark nach der Polizei zu schreien. Das war zu viel für die Burschen, sie krabbelten aus dem Wasser und hauten, noch immer fluchend, ab. Mit dem Außenborder hätten sie sowieso wenig Glück gehabt. Die Klampen waren zwar gelöst und der Benzintank abgehängt, aber alles war mit Kette und Schloss gesichert.

Während der ganzen Zeit saß ein junger Chinese keine zehn Schritte weiter auf einer Mauer und fischte. Er hätte auch eine Statue sein können, so unbeteiligt schien er. Ich bin sicher, auch wenn wir uns gegenseitig die Schädel eingeschlagen hätten, am nächsten Tag hätte er nichts davon gewusst.

Am Morgen ging ich zur Behörde, nicht um den Vorfall zu melden, das wäre Zeitverschwendung gewesen, sondern um auszuklarieren. Danach segelten wir weiter nach Panama, ankerten wiederum bei den Secas-Inseln und später beim Club Pacifico auf Coiba, der einzigen Ecke auf dieser Gefängnisinsel, die man anlaufen darf. Von hier aus konnten wir die umliegenden kleinen Eilande erforschen.

Drogen und Troubles

Im Golf von Panama

Kaum hatten wir die Linkskurve in den Golf von Panama genommen, als auch die Periode des ständigen Nordostwindes begann. Die Schönwettersaison sollte einige Monate anhalten. TABOO III lag vor der Altstadt von Panama City nahe der Balboa-Statue, aber der Ankerplatz wurde langsam unerquicklich. Die Bucht war seicht und einem Tidenhub von mehr als fünf Metern ausgesetzt, sodass wir selbst mit dem geringen Tiefgang des Kats einen Abstand von mehreren hundert Metern vom Ufer halten mussten. Unangenehmer aber war der hereinrollende Schwell, der sich bei Niedrigwasser rapide aufbaute. Ein auflandiger Gewittersturm, extrem niedrige Tide und der außergewöhnlich hohe Schwell ließen TABOO III auf und ab tanzen, den Schlamm aufwühlen und das Schlauchboot unter dem Heck einzwicken.

Wir verlegten uns nach Balboa, aber nicht zum Yacht-Club, der diesen Namen heute nicht mehr verdient. Schröpfstelle für nichts ahnende Segler wäre passender. Ein Franzose musste den Mitgliedsbeitrag für ein Jahr und die Liegegebühr für einen Tag an der Muring bezahlen (die er allerdings nicht benutzte, weil sein Schiff gar nicht in Balboa war), nur um seine Post ausgehändigt zu bekommen, die an den Club adressiert war und lediglich aus einem Brief bestand.

Wir ankerten gegenüber der Schiffahrtsrinne auf den sogenannten *flats*. Eine andere und letzte Möglichkeit wäre die zehn Seemeilen entfernte Insel Taboga gewesen, aber unsere Besuche beim Zahnarzt ließen sich nicht mit dem Fahrplan der Fähre vereinbaren. Keine zwei oder drei Tage später wurde ich am Steg abgefangen und ins Büro des Clubs gebeten. Dort wurde ich informiert, dass Yachten in Balboa, egal wo, nur die Clubmurings benützen dürfen. Ankern sei nicht erlaubt, außer es wären alle Murings belegt. Aber auch dann müsste die Rate bezahlt werden. In unserem Falle 20 Dollar pro Tag, zusätzlich natürlich Besuchermitgliedsbeitrag für ein volles Jahr, der aber nur für das Wasser gültig ist, nicht jedoch für den Tanzabend im Club. Sollten wir den Platz nicht sofort verlassen oder zahlen, würden wir von der *guardia* abgeschleppt werden.

Das wäre natürlich nicht legal, aber in diesem korrupten Land durchaus üblich. Hatte nicht bei unserem letzten Ausklarieren in Balboa ein Beamter 20 Dollar gefordert, allerdings vergeblich, nur um unsere Pässe abzustempeln, was schließlich seine Arbeit war?

Nach einer lautstarken Diskussion schieden wir im schlechten Einvernehmen. Am nächsten Morgen verließen wir die Gegend und ankerten wieder vor der Balboa-Statue, die hohen Tiden waren im Abklingen und die Situation einigermaßen erträglich.

Kurz darauf hatten wir alles in Panama City erledigt und segelten zu den Perlas-Inseln. Zuvor wurde uns jedoch in der letzten Nacht noch der Benzintank gestohlen, den ich unvorsichtigerweise im Schlauchboot gelassen hatte (das allerdings am Vordeck angekettet war).

Die Perlas sind eine Gruppe von grünen und nur spärlich bewohnten Inseln im Golf von Panama, nicht uninteressant für den Muschel- und Schneckensammler. Einige Inseln wiederum, wie z. B. Pacheca oder auch Bird Island genannt, dienen als Brutstätten für Abertausende von Seevögeln. Pelikane stürzten dort reihenweise wie Kamikazeflieger ins Wasser, um Fische zu fangen, Fregattvögel ziehen Kreise in der Luft, um zu sehen, wem sie das Futter abjagen könnten, während Kormorane eher unauffällig herumpaddeln oder auf Ufersteinen sitzen und die Flügel zum Trocknen spreizen.

Bird Island ist die nördlichste dieser Gruppe, nur wenige Meilen südlich davon liegt Contadora mit dem einzigen Hotel im ganzen Archipel. Während unseres letzten Besuches in der Regenzeit machte der Platz einen toten Eindruck, aber jetzt, zu Beginn der Touristensaison, gab es eine Möglichkeit, die Bordkasse mit Hilfe von Tagesausfahrten für Hotelgäste aufzufüllen. Allerdings konnten wir nicht direkt mit dem Hotel arbeiten, sondern wurden an die Contadora-Marina verwiesen, die die Obhut über sämtliche Wassersportaktivitäten auf der Insel hat.

Der Leiter, Salvatore Morello, machte einen sympathischen Eindruck. Er kommt ursprünglich aus Sizilien, lebt aber schon seit über vierzehn Jahren in Panama. Wie uns Salvatore erzählte, arrangiert er jedes Jahr, meist mit einer durchkommenden Yacht, Segelausfahrten für Touristen. Die Einzelheiten waren bald besprochen, Werbung und Buchung würden durch ihn erfolgen, wofür er 30 Prozent des Gewinns bekommen sollte. Schließlich hätte er ja dort ein Pult besetzt und würde außerdem gleich auch für uns Steuern zahlen, was uns zum ersten Mal etwas nachdenklich stimmte. Dafür allerdings würden wir von ihm täglich einen Kübel Eis bekommen und so viel Fisch, wie wir nur wollten, sofern wir selber nicht genug fingen, um der Truppe zu Mittag einen Imbiss offerieren zu können. Mahlzeiten und Getränke würden wir auf eigene Rechnung verkaufen. Die Vereinbarung war nicht gerade super, 30 Prozent Vermittlungsgebühr war etwas viel, aber ich hatte da wenig Wahl, weil ja diese Charterarbeit nicht legal war. So hielt Salvatore seine schützende Hand über uns, zumindest gab er uns das zu verstehen.

Bald kurvten wir mit unseren Gästen durch die Gegend, zogen eine Schleife um Contadora, segelten südlich zu der Insel Chapera und ankerten um die Mittagszeit in einer kleinen, netten Bucht. Während die Urlauber im Wasser planschten oder am Strand herumkrabbelten und sich einen Sonnenbrand holten, spannte ich das Sonnensegel auf und traf Vorbereitungen für den kommenden Lunch. Gerti hatte unterdessen Hochbetrieb in der Pantry. Fischfilets brieten in zwei Pfannen und der auf der Herfahrt zubereitete Salat wurde portioniert. Eine knappe Stunde später fielen die Gäste über den Fisch her und schlürften den von Gerti kreierten Rumpunsch, der reißend Absatz fand. Das leckere Essen, der Alkohol und die tropische Sonne taten ihre Wirkung, zufriedene Grunzlaute tönten über das Deck. Viele fanden Sitzen zu anstrengend, kippten einfach um und räkelten sich in der Horizontalen. Nachmittags segelten wir zu den Klängen eines passenden Tonbandes, Lautsprecher waren an zwei strategischen Punkten an Deck platziert, wieder zurück.

Nach ein paar Tagen war das positive Echo über unsere Ausflüge auf der ganzen Insel zu hören. Wir hatten auch einige

20

Erfahrungen gewonnen: Eine davon war, jeden einzelnen Drink sowie auch die Mahlzeiten nur gegen bare Münze aus der Hand zu geben. So gab es keinen Ärger mit der Abrechnung, denn unter mehreren Leuten ist immer einer, der sich nicht an seinen dritten Drink erinnern kann oder sogar eine Fischmahlzeit verleugnet.

Eine Zeit lang ging alles gut, dann begannen die ersten Probleme mit Salvatore. Seine Gefriertruhe produzierte zwar unser tägliches Eis, aber seitdem das Hotel in Betrieb war, waren Stromausfälle an der Tagesordnung. Eis wurde Mangelware und Salvatore benötigte es auch für seine beiden Fischerboote. Ich musste also um meinen Klotz kämpfen. Das Gleiche traf auch auf den Fisch zu. Sehr oft fingen wir genügend auf unserer Tour, aber es gab für einen Biss am Vormittag keine Gewähr. Daher mussten wir immer einen Vorrat in unserer eigenen Gefriertruhe auf Lager haben. Das war bis jetzt kein Problem gewesen, aber plötzlich versuchte sich Salvatore als Restaurantbesitzer und bot Fischspezialitäten in einem bis dato lahm gelegten Strandbetrieb an. Das war fein und interessierte uns wenig, wir wollten nur genügend Eis und Fisch, wie vereinbart, und ich bediente mich dementsprechend. Zugegeben, einmal war der Nachschub knapp und ich konnte den bereits zugeschnittenen Makrelenfilets nicht widerstehen, schließlich hatten unsere Gäste wiederholt betont, unser Fisch sei der beste auf der Insel, und diese Erwartung durften wir nicht enttäuschen. Die Beliebtheit unserer Fischmenüs wurde von Salvatore in seiner neuen Rolle mit einer süßsauren Miene registriert. Sein Problem an diesem Abend war ein Fischrestaurant ohne Fisch und sonst kaum etwas auf der Speisekarte. Natürlich gab es am nächsten Morgen Krach.

Es kam uns zu Ohren, dass seine Dame im Hotel immer erst versuchte, die beiden Boote von Salvatore aufzufüllen, ehe sie Gästen eine Tour mit uns schmackhaft machte. Das war ärgerlich, aber im Gegenzug gab es auch Leute, die sich bei ihm Schnorchelzeug ausborgten, um bei uns mitzufahren. Seine beiden Kähne wurden auch zum Hochseefischen verwendet, waren schmutzig, stanken nach Fischabfällen und Diesel und boten obendrein wenig Sonnenschutz.

Salvatores ursprüngliche, überschwängliche Art der Begrüßung war, wenn ich ihn jetzt überhaupt in der Marina antraf, einer mürrischen und defensiven Haltung vor seiner Tiefkühltruhe gewichen. Seinen Angestellten wies er an, mir keinen Fisch mehr zu geben. Ein paar Dollars bewirkten da allerdings einen raschen Gesinnungswechsel, ich konnte praktisch je nach Bedarf Bestellungen aufgeben.

Eines Tages hatten wir dreißig Leute an Bord, bezahlt wurden aber weniger. Wir konterten mit einem *sunset cocktail cruise* auf eigene Rechnung. Salvatore zuckte mit keiner sizilianischen Wimper. Ab dann überprüften wir die Anzahl der Buchungen.

Unsere Chartertätigkeit wurde langsam auch von anderer Seite sabotiert. Das sternenlose Hotel Contadora, ein panamaischer Staatsbetrieb und gleichzeitig kostenlose Absteige für höhere Würdenträger der Militärregierung, nie bekannt für guten Service, begann in ein selbstmörderisches Tief zu schlittern.

Doch zunächst wusste selbst der charmante Manager nichts von seiner bevorstehenden Arbeitslosigkeit. Als ehemaliger Vertreter ohne Hotelfachausbildung hatte er hier eine einmalige Gelegenheit, weiblichen Hotelgästen nachzustellen, und war damit voll ausgelastet.

Zur Weihnachtszeit war das Hotel bis zum letzten Platz belegt, aber es dauerte nicht lange, bis die Reiseführer negative Fernschreiben nach den USA und Kanada losjagten. Die Folge war ein lawinenhafter Abrutsch in den Gruppenbuchungen. Kurz vor dem Ende kündigte uns Salvatore die Vereinbarung, wir nahmen ihm einfach zu viel vom eigenen Geschäft weg. Für eine kurze Zeit arbeiteten wir dann noch selbstständig, aber das Hotel lag bereits in den letzten Zügen, wurde zugesperrt und damit waren die Kunden weg.

Vorbei war der Stress mit dem täglichen Job und ständigem Ärger mit Salvatore, wir hatten TABOO III wieder für uns allein. Der Pegel in der Bordkasse hatte eine zufrieden stellende Höhe erreicht, was uns ermöglichte, für die nächsten Monate die Bäuche unbesorgt in die Sonne strecken zu können. So zumindest lautet die allgemeine Vorstellung. Nur Langzeitsegler wissen, dass es auf einem Schiff immer Arbeit gibt und je größer es ist, umso mehr. Allein mit der Routine geht oft der halbe Tag drauf.

Die nächste Zeit kreuzten wir ziemlich unbehelligt auf den

Perlas und widmeten uns einer unserer weiteren Erwerbsquellen, dem Muschel- und Schneckensammeln. Nur einmal wurden wir von einem US-Küstenwachhubschrauber unter die Lupe genommen und wieder fotografiert. Das dazugehörende Schiff hielt sich dezent im Hintergrund.

Ab und zu segelten wir nach Taboga, um von dort aus Panama City zu besuchen. Taboga ist, außer am Wochenende, ein ziemlich kleines und verschlafenes Örtchen, doch eines Abends gab es etwas Action. Ein panamaisches Patrouillenboot hielt zielstrebig auf eine große amerikanische Motoryacht zu, machte fest und begann eine Suchaktion, bei der mindestens zwanzig Mann beteiligt waren, alle mit einem Militärgewehr bewaffnet. Durch die großen Fenster und mit Hilfe der exzellenten Innenbeleuchtung konnten wir verfolgen, wie die Einrichtung buchstäblich auseinander gerissen wurde. Anscheinend erfolgreich; sie müssen Drogen gefunden haben, denn noch in derselben Nacht wurde das Schiff von der *guardia* abgeschleppt. Tags darauf sahen wir es unter Bewachung im Marinabecken vertäut. Man kann sicher sein, dass die Führungsclique von Panama um ein nettes Schiff reicher geworden ist und mit einigem Glück noch auf eine große Geldsumme hoffen konnte, die der Crew einen jahrzehntelangen Aufenthalt in einem modrigen zentralamerikanischem Kerker ersparen würde!

Nicht ganz so viel war bei der französischen Yacht ALLEURS ein paar Tage später zu holen. Dementsprechend waren auch nur zwölf bewaffnete Marinesoldaten im Spiel, andererseits musste ja auch etwas Platz für die Fernsehmannschaft und den Drogenhund gelassen werden und damit war das kleine Boot bereits voll ausgelastet. Die Behörden waren sich, wie später bekannt wurde, deswegen so sicher, weil ein Polizeispitzel dem Skipper zuvor eine kleine Menge Haschisch verkauft hatte, und da war eine Gelegenheit, der Öffentlichkeit zu beweisen, wie aktiv und rigoros gegen den Drogenhandel vorgegangen wird. Was aber nichts an der Tatsache ändert, dass Panama ein Hauptumschlagplatz für harten Stoff ist, nur unterliegen die wirklich großen Deals anderen Kriterien und bleiben weitgehend unbehelligt. Das Segelboot wurde an die Polizeimuring gehängt und das junge Ehepaar eingesperrt. Das kleine Kind musste mit der Mutter ins Kittchen.

Einen Gefängnisaufenthalt in Mittelamerika sollte man nach

Möglichkeit vermeiden. Neben dem allgegenwärtigen Dreck, ungewisser Verpflegung und menschlicher Entwürdigung ist der Insasse, männlich wie weiblich, sexuellen Belästigungen und Missbrauch ausgesetzt.

Die ALLEURS-Crew siechte für einige Wochen dahin, dann hatten die Eltern des Paares 8000 Dollar aufgebracht, um ihre Freiheit zu erkaufen. Das Boot wollte anscheinend niemand, sie durften damit das Land verlassen. Damit hätte die Geschichte ein einigermaßen glimpfliches Ende gefunden, wenn wir nicht von Yachties später erfahren hätten, dass sie einige Meilen vor der Küste wieder eingefangen worden sind.

Im Zuge unserer Herumsegelei in den Perlas kamen wir auch bei der Insel San José vorbei, auf der wir ein deutsches Aussteigerpärchen trafen. Dieter und Gerda, er um die sechzig, sie jünger, hausten schon seit über drei Jahren in dieser abgeschiedenen Ecke. Sie hatten alle Brücken hinter sich abgebrochen oder vielmehr: sie sind ihnen unter dem Hintern weggerostet. Ihr dünnwandiges kleines Stahlschiff SEEPFERDCHEN begann sich buchstäblich aufzulösen. Ursprünglich war es Dieters Traum gewesen, nach Suvorov zu segeln, einem einsamen Atoll inmitten der Südsee. Aber dann traute er seinem neun Meter langen SEEPFERDCHEN den Törn über den halben Pazifik nicht mehr zu, und das mit Recht. Der Kampf gegen den Rost war bereits verloren. Auf einer Fahrt in den Perlas knackte ein Püttingeisen weg und der Mast wäre beinahe über die Kante gegangen.

Also hatten sie im Laufe der letzten Jahre dem Urwald eine beachtliche Plantage abgerungen; Gemüsebeete reihen sich aneinander, Bananenstauden und Obstbäume umringen ein Ananasfeld und Hühner gackern dazwischen. Die Früchte ihrer Arbeit verkaufen sie an durchkommende Boote oder tauschen sie gegen Lebensmittel ein, die sie selber nicht haben. Noch leben sie auf SEEPFERDCHEN, das vor einem entzückenden kleinen Strand ankert, haben aber bereits ein Zelt an Land stehen und tragen sich mit dem Gedanken, dort ein Häuschen zu bauen, natürlich mit Blick aufs Meer.

Bevor jetzt jemand von so einem ungebundenen Dasein in diesem tropischen Paradies zu träumen beginnt, sollte er auch die Kehrseite dieses Idylls kennen lernen. Allein die Moskitos und

Sandfliegen haben schon manchen Besuchern das Leben verleidet.

In der Trockenzeit muss täglich stundenlang Wasser per Kübel den Hügel hinaufgeschleppt werden, um den Garten am Leben zu erhalten – vom Roden und Bebauen wollen wir gar nicht sprechen –, und in der Regenzeit kommt manchmal wochenlang niemand vorbei. Es ist auch schon vorgekommen, dass Dieter und Gerda bei plötzlich aufkommendem Schlechtwetter mit ihrem Bananenboot nicht mehr aufs Schiff zurückkonnten, und sie mussten für ein oder zwei Tage klitschnass an Land kampieren. So sieht das Leben jetzt nach einigen Jahren aus. Der Anfang war viel härter, erzählte Dieter, da hatten sie kaum etwas zu essen.

Außerdem dürfen sie ihr selbstgeschaffenes Reich nie allein lassen, denn die Einheimischen würden das gleich mitkriegen und plündern, wie das schon zweimal vorher passiert ist.

Wir waren noch etwas von San José entfernt, als wir eine Yacht aus Dieters Bucht kommen und Richtung Süden segeln sahen. Dieter hatte nach unserer Ankunft auch gleich eine Story parat. Es war das holländische Boot EMPASSANT, das jetzt auf dem Weg zu den Galapagos war, nachdem die Crew zwei Nächte zuvor Opfer eines Überfalls geworden war.

Max und Ivonne Postma ankerten auf Isla del Ray bei dem Dorf Esmeralda, nahe von Punta da Cocos. Am Nachmittag luden sie einige Schwarze auf ein Bier ein. Den Grund kennen wir nicht, vielleicht stand die Aktion unter dem Motto: Sei freundlich zu den Eingeborenen. Diese Freundlichkeit wurde jedoch nicht erwidert. Noch am selben Abend, während das ältere Ehepaar im Cockpit saß und beim Schein einer Lampe las, näherten sich unbemerkt zwei Auslegerkanus mit vier Männern, bewaffnet mit Pistolen und Messern. Die Holländer wurden gefesselt und die Yacht um einen neuen Außenborder, 500 Dollar Bargeld, Uhren, den gesamten Zigarettenbestand und einen Fotoapparat erleichtert. Ein weiterer mit austauschbaren Objektiven wurde freiwillig zurückgelassen. Daraufhin wurden der Frau die Fesseln etwas gelöst und die Bande verschwand wieder.

Am nächsten Morgen wollten Max und Yvonne nichts wie weg und meldeten den Vorfall auch nicht den Behörden, was weiteren Überfällen dort fast den Weg ebnen dürfte. Dieter entschädigte sie teilweise mit Früchten und Gemüse.

Gegen Ende Mai kündigten heftige Gewitterstürme aus dem Südwesten den Beginn der Regensaison an. Manchmal blies es innerhalb weniger Minuten mit über acht Windstärken und mehr als einmal mussten wir in der Nacht den unsicher gewordenen Ankerplatz verlassen. Die intensiven tropischen Regengüsse fegten die Inseln rein und die Luft wurde so klar, dass das vorher unsichtbare Festland jetzt gut zu erkennen war.

Der Wetterwechsel war auch für uns das Zeichen zum Aufbruch. Bevor wir uns in der Weite des Pazifiks verloren, wollten wir noch einmal kurz nach Costa Rica. Der dortige lokal hergestellte Käse war einfach Spitze und in Panama konnten wir zudem keinen unserer Geschmacksrichtung entsprechenden Bohnenkaffee auftreiben. Außerdem hatte die TABOO III momentan die Funktion eines Frachtschiffes. Für Dean, der uns in Paquera bei der Reparatur des Mastes Werkzeug borgte, hatten wir eine Kiste mit diversen Ersatzteilen an Bord, Dieter aus San José war mit zwei aufgefüllten Gasflaschen und weiterem Zeug vertreten und Marianne, ein Mädchen aus Costa Rica, das mit John auf der kleinen Slup AIDA unterwegs war, hatte uns gebeten, zwei große Kartons mit selbst gefangenen Schneckenschalen mitzunehmen. Diese Lieferung sollte nach Golfito gehen, ebenso wie die vierundzwanzig leeren Bierflaschen samt dazugehörigen Plastikbehältern, die sie mir in letzter Minute aufhalste und die seither im Ankerkasten klapperten. Ihr Vater war zwar Bankdirektor und die Familie hat auf der Hazienda ein eigenes Flugzeug geparkt, aber sie bringt es einfach nicht übers Herz, die Flaschen und damit das Pfandgeld von insgesamt vier Dollar wegzuschmeißen, sagte sie.

Aufgrund von flauen Windbedingungen ergab es sich, dass wir eines späten Nachmittags bei der Insel Jicaron ankerten. Bald danach tauchten einige verwilderte Gestalten am Strand auf, die winkten und zu uns rüberriefen. Als ich sie durch das Fernglas näher betrachtete, warfen sich einige davon auf die Knie und streckten flehend die Arme in die Höhe. Der Verdacht lag nahe, dass es sich um entsprungene Zuchthäusler handelte, die einen Weitertransport suchten, denn die Gefängnisinsel Coiba lag nur drei Meilen entfernt. Aber nicht mit uns! Ich holte den Anker auf und wir verlegten uns an die Westküste, etwas weiter vom Ufer weg. Doch auch dort konnten wir Uniformierte beobachten, die

26

ein paar Lumpenträger vor sich herscheuchten und ab und zu mit Schüssen zu mehr Eile verhalfen.

Tags darauf segelten wir mit westlichen Winden weiter, ankerten des Nachts und waren am nächsten Morgen in Golfito. Kaum hatte ich Mariannes Schneckenkartons und Bierflaschen beim Hotel Miramar deponiert, wurde uns wieder einmal von einem Küstenwachtschiff ein Besuch abgestattet und TABOO III einmal mehr nach Drogen durchsucht. Das alles geschah mit großer Höflichkeit, aber trotzdem war diese ständige Tuchfühlung mit der mittelamerikanischen Rauschgiftszene langsam ermüdend.

In Golfito klarierte ich bei unserer Abfahrt gleich nach den Galapagos aus und gab einen Stopp in Puntarenas an. So konnte der korrupte und dollarsüchtige Hafenkapitän umgangen werden. Nicht, dass es uns unbedingt in diese eher dreckige Hafenstadt drängte, aber die Einkaufsmöglichkeiten waren die besten und man konnte mit dem Bus nach San José fahren und am selben Tag wieder zurück sein. Also tuckerten wir die paar Meilen den Fluss hoch und ankerten bei der Pazific Marina.

Vor Ewigkeiten hatte ich einen Cruising-Spinnaker in Hongkong bestellt und bezahlt. Nach Panama hätte er per Schiff nur maximal sechs Wochen unterwegs sein dürfen, kam aber nie dort an. Ohne viel Hoffnung rief ich einen Freund in Panama City an und bat ihn, den Verbleib noch einmal zu checken. Tags darauf hatten wir die Nachricht, dass der Spi tatsächlich da war, nach mehr als sechs Monaten! Aufgrund komplizierter Zollbestimmungen in Costa Rica, die keine einfache zollfreie Behandlung für Yachten im Transit vorsehen, konnte das Segel nicht geschickt werden, also fuhr Gerti per Bus nach Panama. Sicherlich kommt es manchmal zu einer gewissen Diskrepanz zwischen der Beschreibung einer Reisebroschüre und der Wirklichkeit, nichts wies aber auf diesen getarnten Horrortrip hin.

Der mit einer Klimaanlage ausgestattete Bus war bis zum letzten Platz besetzt und verließ mit einer nur geringfügigen Verspätung die Station. Bald aber nahm die Ausdünstung der Passagiere, deren Diät ein Leben lang von Bohnen und Knoblauch geprägt war, ungeahnte Formen an. Die Klimaanlage hätte nun sicherlich Linderung in diese Sauna gebracht, aber sie arbeitete nicht und wurde damit zum unnötigen Aufputz. Wenige Stunden später wurde der Gestank von einer neuen Duftnote überlagert, nämlich der überschwappenden Toilette im Heck des Fahrzeuges. Der Bus wurde nun zum rollenden Pissoir ohne Abfluss. Es bildete sich zwar ein Urinrinnsal, das hartnäckig Richtung Fahrer vordrang, aber das Endziel, die Einstiegtreppe, leider nie erreichte. Stattdessen versickerte es in Ritzen und Fugen, fand Zuflucht in Gepäckstücken oder kroch in die Socken der halbbetäubten Fahrgäste, die sich ihres Schuhwerks entledigt hatten.

Unentwegt rollte der Bus durch die schwüle tropische Nacht und hielt zum ersten Mal an der Grenze. Dort sorgten die Beamten durch Abwesenheit und danach Aufsässigkeit für eine Verzögerung von mehreren Stunden. Alle Reisenden mussten mit ihrem gesamten Hab und Gut beim Zoll vorbeidefilieren, um es unsachgemäß durchwühlen zu lassen.

Die aufgehende Sonne des nächsten Tages brachte einen sprunghaften Anstieg der Innentemperatur des Fahrzeugs mit sich. Unterstützt wurde dies durch die nicht zu öffnenden Fenster, was ja auch nie vorgesehen war, der Bus hatte ja schließlich eine Klimaanlage ... Nach einundzwanzigstündiger Fahrt wurden die Passagiere, die bei der Abfahrt noch mit einer lateinamerikanischen Lebensfreude sprudelten, nahezu komatös in Panama City eingeschleust.

Bei der Auslösung des Segels machte der Zoll in Panama Schwierigkeiten, weil TABOO III nicht mehr im Lande war, aber dieses Problem verblasste im Vergleich zu der gerade überstandenen Anreise. Es mag durchaus sein, dass Gertis Fahrt nicht der üblichen Norm entsprach (wie immer die sein mag), aber um bleibende Schäden zu verhindern, verzichtete sie auf eine Rückbuchung mit der TICO-Buslinie. Außerdem war völlig unklar, ob sie mit dem großen Sack überhaupt unbehelligt über die Grenze kommen würde.

Der schnell gebuchte Flug von einer Dreiviertelstunde war Balsam für Gertis seelisches Gleichgewicht. Ich holte sie ab und lauerte mit den Schiffspapieren im Hintergrund, ein Eingreifen war aber nicht notwendig. Nur mit Hilfe und einigen Schwierigkeiten hatte Gerti zuvor den 150-m^2-Spi in einen der beiden Koffer gequetscht und gerade den wollten die Zollbeamten nun durchsuchen. Beim Öffnen sprang der Deckel hoch und das rotschwarze Nylonmaterial quoll hervor, als ob es ein eigenes Leben hätte. »Was ist das?«, fragte der Beamte, zog und brachte die Lawine erst richtig ins Rollen. »Ein Segel«, antwortete Gerti. Er schüttelte nur den Kopf und winkte sie weiter.

Auch wir wollten jetzt endlich weiter, der Wunsch nach blauem Wasser und einem endlosen Horizont wurde übermächtig. Rasch erledigten wir die letzten Besorgungen in Puntarenas, segelten nach Paquera und setzten den Kat auf den Strand, um Antifouling auf das Unterwasserschiff zu rollen. Danach hielt uns nichts mehr zurück, der Anker rasselte an Deck und TABOO III segelte hinaus in den Pazifik.

Wale, Seelöwen und Ganoven

Auf den Galapagos

Wir lagen in einer Flaute. Kein Lufthauch regte sich, nur am Horizont hingen tiefe Gewitterwolken, die langsam in unsere Richtung zogen. Gegen Abend fing es zu blasen an, der Kat nahm Fahrt auf und wir jagten in die schwarze Nacht hinein. Hinter uns lag die tropische Küste Costa Ricas und irgendwo voraus die Schatzinsel Cocos.

Der Wind hielt nicht lange an, um Mitternacht waren wir wieder bekalmt, doch in den Morgenstunden kam eine leichte südwestliche Brise auf. Es war jeden Tag dasselbe, die Etmale pendelten zwischen 30 und 148 Seemeilen. Am Nachmittag des sechsten Tages lag Cocos nur etwas hinter dem Horizont, aber die bergige Insel, verhüllt in Regenwolken, wollte sich nicht zeigen. Erst in der Nacht, während Gertis Wache, lüftete sich der Schleier und im Licht eines silbernen Regenbogens wurden die schwarzen Umrisse erkennbar.

Mit dem ersten Licht ankerten wir in der Chatham Bay und ließen die nasse Umwelt auf uns einwirken. Die triefende Vegetation reichte vom Bergrücken bis zum Ufer hinunter, Lianen und andere Kletterpflanzen hingen netzartig zwischen den Bäumen, ein kleiner Fluss sprudelte zwischen moosbewachsenen Steinen zum Strand, und mehrere Wasserfälle ergossen sich über steile Klippen direkt ins Meer. Es wäre der ideale Hintergrund für einen Märchenfilm, aber deswegen dürfte noch niemand nach Cocos gekommen sein. Die Insel wird eher aus praktischen Erwägungen angelaufen, sie offeriert das ganze Jahr hindurch bestes Trinkwasser. Die Galapagosinseln liegen zwar nur ein paar hundert Seemeilen weiter südlich, sind aber sehr trocken und regenlose Jahre keine Seltenheit. Aus diesem Grunde war Cocos im letzten Jahrhundert ein vortrefflicher Unterschlupf für Piraten. Außerdem war die kleine Insel, die dauernd regen- und nebelverhangen ist, mit den damaligen ungenauen Navigationsmethoden gar nicht leicht zu finden.

Gerüchten zufolge sollen hier Gold und Silber vergraben sein, unter anderem auch der Kirchenschatz von Peru, was während der letzten 100 Jahre unzählige goldhungrige Abenteurer angelockt hat. Gefunden hat bis jetzt noch niemand etwas, aber viele scheuten nicht die Mühe, ihren Schiffsnamen auf Steinen des Flusslaufes zu verewigen. Manche der fast fingertiefen Eintragungen datieren bis 1851 zurück.

Wir waren nicht lange das einzige Schiff in der Bucht. Ein kleines lokales Fischerboot tuckerte herein und überbrachte uns eine wichtige Mitteilung: Der *commandante* wünsche eine Flasche Whisky. Schon aus Prinzip musste ich diese plumpe Forderung abschlagen. Seitdem Costa Rica die Insel zum Naturpark erklärt hat, sehen drei oder vier Polizisten hier nach dem Rechten. Ihr Quartier in der Wafer Bay war praktisch nur um die Ecke, aber es trennten uns das unbegehbare Steilufer und ein Bergrücken. Alle drei Monate wurden die Männer abgelöst und sicherlich gehörte Alkohol nicht zu ihren Rationen.

Der nächste Besuch war das Küstenwachtschiff, das wir schon einmal zuvor in Puntarenas gesehen hatten. Eine kleine Abordnung besuchte uns eher aus Neugierde, als um unsere Papiere zu kontrollieren. Sie klagten über fünf Mann, die fürchterlich unter Seekrankheit litten und zur Zeit in der Wafer Bay stationiert waren. Gerti ließ sich erweichen und gab ihnen eine Schachtel an vorbeugenden Pillen mit, genug, um die heimatliche Küste zu erreichen.

In der Nacht zog ein fürchterliches Gewitter über Cocos. Der Wind pfiff und heulte um die steilen Klippen und sintflutartiger Regen prasselte stundenlang an Deck. Am Morgen zeigte die Insel ihre Wunden. Rotbraun leuchtete der Steilhang, wo ein Erdrutsch den grünen Teppich in die Tiefe gerissen hatte. Während einer regenlosen Periode machten wir einen Landausflug, krabbelten den Flusslauf hoch und saßen später auf den Ufersteinen. Tiefliegende Wolken verhüllten die Berge, Dunst zog in Schwaden die Täler hoch, alles triefte.

Die beschauliche Ruhe wurde abrupt durch Gerti unterbrochen: »Ein Wal, ein Wal!«, rief sie. Gebannt starrten wir auf das Ungetüm, das ungefähr so lang wie TABOO III war, also knappe 20 Meter.

Dann bemerkten wir noch ein zweites, aber viel kleineres Tier. Beide hielten zielstrebig auf den Kat zu. Ich versuchte ruhig zu bleiben, weil Yachten zwar gelegentlich auf offener See durch Wale versenkt worden sind, aber ich bis jetzt noch nie von einem Zusammenstoß am Ankerplatz gehört hatte. Der Koloss mit Begleitung verharrte in unmittelbarer Nähe von TABOO III, ging kurz auf Tauchstation und schwamm dann zu unserer Erleichterung gemütlich weiter die Küste entlang.

Am nächsten Tag kreuzte das Pottwalpärchen abermals in der Bucht, nur hielt es dieses Mal einen diskreten Abstand. Ich schnappte den Fotoapparat, sprang ins Schlauchboot und pirschte mich auf einem Gegenkurs an. Etwa eineinhalb Wallängen entfernt stellte ich fest, dass dieser Wal einen penetranten Mundgeruch verströmte, der aus dem Atemloch am Rücken kam. Das reiche Aroma hätte von Fischabfällen stammen können. Zur selben Zeit wurde meine Anwesenheit bemerkt. Diese Säugetiere haben keinen Rückwärtsgang: Sie tauchten zwar unter, hielten aber trotzdem weiterhin auf mich zu. Der vorher sichtbare Korallenboden wurde durch eine graue Masse verdeckt und danach war ich nur damit beschäftigt, mich anzuklammern. Die Wale lösten Sog und Turbulenzen wie in den Schleusenkammern des Panamakanals aus!

Gegen Abend kam wieder das kleine Fischerboot in die Bucht, um hier zu ankern. Nebenbei wurde ich an die ausständige Flasche Whisky erinnert. Ich ließ dem *commandante* ausrichten, wenn er etwas von mir wolle, solle er selber kommen. Und genau das tat er am folgenden Tage auch. Mit einem Adjutanten schwitzte er sich zwei Stunden ab, um über den Berg zu klettern, und hatte das Glück, uns am Strand anzufinden.

Nach einer anfänglichen Plauderei äußerte er den Wunsch, unser Boot zu sehen, ließ aber die alten Repetiergewehre am Ufer zurück. Während wir dann an Bord alle Fruchtsaft schlürften, kam das Thema Whisky gar nicht zur Sprache. Der *commandante* ließ sich aber nicht lumpen, zum Abschied drückte er uns je ein Zuckerl in die Hand.

Tags darauf hatten wir von dem fast ständigen Regen und der Feuchtigkeit im Boot genug, die Wassertanks und sämtliche Kanister waren inzwischen schon lange voll, also segelten wir ab. Während der Nacht gab die Genua den Geist auf. Die Zerstörung stoppte erst, als ich das Segel auf dem Vordeck hatte. Nach sieben Jahren unter tropischer Sonne hatte das Material nurmehr einen Bruchteil der ursprünglichen Stärke und war dem frischen Wind einfach nicht mehr gewachsen. Die kleinere Fock, die ich danach anschlug, war zwar genauso alt, aber viel seltener in Betrieb gewesen und daher noch nicht im selben Maße von ultravioletten Strahlen geschwächt.

Eines Nachmittags wurden wir von einem kleinen gelben Hubschrauber besucht. Für kurze Zeit hing er knapp über der Mastspitze, während der Pilot uns mit todernster Miene beäugte, bevor er wieder davonknatterte. Kein Schiff war zu sehen, aber am Horizont hing eine verräterische Rauchwolke. Unsere Neugierde wurde einige Tage später befriedigt, als wir bereits in Puerto Ayora auf Santa Cruz ankerten und ein alter Schinken in die Bucht qualmte. Es war Jacques Cousteaus CALYPSO mit dem gelben Hubschrauber auf dem Achterdeck.

Puerto Ayora, früher Academy Bay genannt, ist nicht mehr das verschlafene Plätzchen, auf dem einst nur eine Hand voll Europäer und Ecuadorianer abgeschieden von der restlichen Welt lebte. Ehemals war die ganze Inselgruppe Naturschutzgebiet, heute ist es nur noch ein kleiner Teil. Der Rest wurde zur Provinz erklärt, was den Einwanderern vom Festland die Schranken öffnete. Tausende kamen per Schiff, um Arbeit und Bleibe zu finden, und Slumbewohner wurden hierher ausgesiedelt. Nur wenige fanden Arbeit, geblieben sind aber alle – sie leben jetzt in notdürftigen Unterkünften hinter dem kleinen Städtchen.
Auch der Tourismus boomte und brachte eine nie zuvor gekannte Hektik. Die Bucht ist vollgestopft mit Charterbooten und am Ufer reihen sich Souvenirgeschäfte neben Supermärkten.
Bei unserer Ankunft war der Hafenkapitän gerade auf dem Festland. Drei Tage später ließ er Nachricht überbringen, dass er mich zu sehen wünsche. Mit gemischten Gefühlen gingen Gerti und ich zu der Besprechung. Freunde, die ich von einem früheren Besuch kannte, hatten uns erzählt, dass er besonderes Talent

habe, Geld herauszuquetschen. Sei es, indem er staatseigenen Diesel zu überhöhten Preisen in die eigene Kasse verkauft oder recht eigenwillige Summen für den Papierkram fordert. Einem Segelboot hatte er eine Woche zuvor 50 Dollar abgenommen, obwohl Ein- und Ausklarieren nur je 12 Dollar kosten sollten.

Sr. Teodore Ruales Garcia, mit spitzer Nase und blauen Augen, war jedoch an diesem Vormittag von sehr jovialer Natur und erzählte uns gleich, dass er eigentlich Flieger sei, aber wegen eines Augenleidens auf Hafenkapitän umgesattelt habe.

Eine Streiterei ersparte er uns allen, indem er nur den Normaltarif forderte, natürlich ohne Quittung, alles hat schließlich seine Grenzen. Taboo III war sicherlich ein weiteres der vielen Geisterschiffe, die zwar Puerto Ayora besuchten, aber offiziell nie in den Akten erscheinen würden.

Die Korruption, in diesem Land fast der normale Weg, um sich zu bereichern, fängt gleich ganz oben an. Nur die ecuadorianische Luftwaffe fliegt auf die Galapagos, und rechnet man den Kilometerpreis, ist es der teuerste Flug der Welt. Wie man uns versicherte, gelte das natürlich nur für Ausländer, denen man auch eine 40-Dollar-Naturparkgebühr abknöpft. Einheimische zahlen weniger als zehn Prozent dieser Preise! Selbst der seit fünfzig Jahren ansässige Gusch Angermayer zahlt noch immer den Preis für *gringos*, wenn er rasch nach Guayaquil muss, um Ersatzteile zu besorgen.

Der Tourismus ist in Form einer Gans zu den Inseln gekommen, aber nicht um der heimischen Tierwelt Konkurrenz zu machen, sondern um, gemessen am lokalen Lebensstandard, goldene Eier zu legen. Auch die fast nie stimmende Rechnung beim Einkaufen im Supermarkt passt sehr gut in die Lebensphilosophie.

Korruption und Kriminalität spüren die Einheimischen aber auch am eigenen Leib. Jedes Jahr zu Ostern werden in Ecuador große Mengen getrockneten Fisches verzehrt. Ein Teil dieses Bedarfs wird schon Monate vorher auf den Galapagos gefangen und gesalzen. Vor ein paar Jahren wollten die Fischer den üblichen Zwischenhändler umgehen und selber auf dem Festland verkaufen. Unter sich wählten sie den Vertrauenswürdigsten aus und schickten ihn mit dem gesamten Fang auf die Reise. Brauche ich weiter zu erzählen? Alles verschwand auf Nimmerwiedersehen: der Fisch, der Fischer und der Erlös. Noch bezeichnender war aber das Zugeständnis seiner Kollegen, dass sie es genauso gemacht hätten, wenn sie die Chance gehabt hätten.

Unser Aufenthalt im September fiel in die Jahreszeit des *garua*, jenes fast unmerklichen Nieselregens, der das Deck zwar feucht, aber nicht wirklich nass macht und die Sicht auf See beträchtlich vermindert. Eine hohe Insel kann nur wenige Meilen vorausliegen, aber am Horizont ist nichts zu sehen. Kein Wunder, dass die Spanier die Insel für verzaubert hielten.

Nach fünf angenehm kühlen Tagen auf Santa Cruz (dieser auf der ganzen Welt immer wieder vorkommende Name zeigt, dass der religiöse Wahn der spanischen Entdecker nur durch ihre Einfallslosigkeit übertroffen wurde) segelten wir nach Floreana.

Bei unserem vertrautem Gespräch mit Sr. Ruales hatte ich ihn auch gefragt, ob es möglich wäre, diese Insel zu besuchen. Er meinte, im Prinzip ja, nur müsste ich die Einzelheiten mit seinem Kollegen dort besprechen. Eine nette Art zu sagen: Wenn du genug zahlst …

Zuerst landeten wir in der einsamen Bucht bei Punta Cormorant. Wegen starker Gegenströmung waren wir fast den ganzen Tag unterwegs gewesen, fingen aber zur Entschädigung einen Barrakuda an der Schleppangel. Gerti war von unserem neuen Ankerplatz begeistert. Runde Hügel, so weit das Auge reichte, erloschene Vulkane und eine eher spärliche Vegetation. Mangroven hinter dem Strand, ansonsten niedriges Buschwerk, Kakteen und viele lange Grashalme dazwischen.

Fehlende Üppigkeit, wir waren in dieser Richtung noch von Cocos verwöhnt, wurde durch die Tierwelt wettgemacht. Ein runder Felsbrocken am Strand kam in Bewegung und machte als Seelöwe weiter. Auf einer kleinen Inselgruppe etwas weiter lebte eine ganze Kolonie. Gegen Sonnenuntergang flog eine Kette von rosa Flamingos über uns hinweg. Graziös legten sie sich in die Kurve, um in der Salzwasserlagune hinter den Mangroven zu landen.

Am nächsten Morgen besuchten wir die Seelöwen auf der kleinen Insel Loberia, wo bereits reger Betrieb herrschte. Viele Tiere planschten im Wasser, andere suhlten sich in der Sonne. Ein riesiger Bulle, mit Narben übersät, bellte ärgerlich und riss imposant das Maul auf, als wir seinem Harem zu nahe kamen. Selten war ich so dankbar für den Außenborder. Auf einer schrägen Felsplatte lag ein Weibchen und säugte ihr Junges. Etwas höher am Strand, zwischen den Wurzeln der Mangroven, lagen etwa fünfzig weitere Tiere, dicht gedrängt wie in einer Kurzparkzone. Einige davon watschelten ins Wasser und begleiteten uns zurück.

Eine weitere Attraktion war die sogenannte Teufelskrone, ein aus dem Wasser ragender und teilweise auseinander gebrochener Vulkankrater, der innen mit dem Beiboot befahrbar ist. Blaufüßige Tölpel und langschwänzige *tropic birds* nisteten hier in den schroffen Klippen. Der Strand, an dem wir das Dingi hochzogen, um die Flamingos in ihrer Lagune zu beobachten, schimmerte grünlich. Bei näherer Betrachtung, sozusagen auf den Knien und mit der Nase im Sand, waren unzählige rundgeschliffene Kristalle zu erkennen. Die meisten waren flaschengrün und reiskorngroß. Es dauerte nicht lange, bis Gerti eine Stelle fand, an der sich größere Kaliber zusammengeschart hatten. Das Mineralienbuch unserer Bordbibliothek lieferte dann die gewünschte Auskunft: Es handelte sich um das Mischkristall Olivin, das unter anderem auch in der Steiermark vorkommt.

Ein paar Tage später verlegten wir uns nur ein kurzes Stück weiter in die Post Office Bay. Ein Trampelpfad führte ein paar hundert Meter ins Landesinnere zu dem Postfass, das der Bucht den Namen gab. Die Frage, ob es dasselbe ist, das einst im Jahre 1789 von dem englischen Walfänger AMELIA errichtet wurde, kann heutzutage trotz des konservierenden Klimas nicht eindeutig beantwortet werden.

Seit Santa Cruz hatte die kaputte Genua einen festen Platz im Cockpit, früher oder später wollte ich sie einmal genauer ansehen. Dieser Zeitpunkt war jetzt gekommen. Ich kramte das Segel aus dem Sack: einfach hoffnungslos. Zerrissenes Material und geplatzte Nähte, von denen eine mindestens sieben Meter lang war und daher nicht mehr unter die kleine elektrische Nähmaschine passen würde.

Das mürbe Segeltuch mit der Hand zu nähen hätte keinen Sinn gehabt und außerdem ewig gedauert. Die Sache war aber auch nicht ganz so eilig, denn jetzt hatten wir ja den neuen Spi und der sollte unser Zugpferd über den Pazifik sein.

Ich setzte Kurs auf die Marquesas: 3000 Seemeilen weiter westlich wartete Polynesien auf uns.

Grüne Täler, schwarze Strände, giftige Fische und ein verrückter Hai

Die Marquesas

Das starke, orangefarbene *Strobe-light* pulsierte in regelmäßigen Abständen. Mehr als 1500 Seemeilen von der südamerikanischen Küste entfernt tanzte es mutterseelenallein in der Nacht auf den Wellen auf und ab. Unter Spi kamen wir rasch näher und ich konnte nun mit dem Fernglas die circa drei Meter hohe hölzerne Pyramide ausmachen, auf welcher das Blitzlicht montiert war.

Ohne Kursänderung segelten wir in einem Abstand von vielleicht 100 Metern daran vorbei. Ich musste an einige meiner Segelfreunde denken, die die Nächte sorglos durchschlafen: »Hier im Pazifik, abseits der Schiffahrtsrouten gibt es keinen Verkehr!« Zumindest keinen regelmäßigen, aber dafür Hunderte von Fischereifahrzeugen, die Netze und endlos lange Leinen auslegen, die dann mit Radiobojen oder Blitzlichtern gekennzeichnet sind!

Fünf Tage zuvor hatten wir die Galapagosinseln verlassen, fanden ziemlich bald den Passat und waren jetzt 1000 Meilen weiter westlich auf unserem Weg zu den Marquesas. Der Wind war achterlich und beständig, ideal für den Cruising-Spi. Genauso neu wie dieses Segel war auch der elektrische Autopilot. Tag für Tag steuerte das Gerät, das eher für kleinere Schiffe gedacht war, den 18-m-Kat mühelos von Horizont zu Horizont. Nach Jahrzehnten war es eine Wohltat, nicht immer auf dem Sprung zu sein oder überhaupt per Hand steuern zu müssen.

37

Im mittleren Teil der Passage begann der Passat fast einzuschlafen, schwankte zwischen Nord- und Südost und verringerte die Etmale bis auf 90 Seemeilen.

Knappe achtzehn Tage nach der Abfahrt bargen wir den Spi und ich ging nur unter Groß auf einen langsamen Gegenkurs, gerade rasch genug, um nicht von der mitlaufenden Strömung weiter nach Westen gedrückt zu werden. Es war Mitternacht und circa zehn Seemeilen vor uns lag der Thomasset Rock, genau in der Anflugschneise zu Fatu Hiva, der südlichsten der Marquesasinseln.

Vier Stunden nach dieser Kursänderung machte ich kehrt und war zu Sonnenaufgang wieder an derselben Stelle. Fatu Hiva lag in fast greifbarer Nähe vor uns. Später segelten wir an dem Felsen vorbei, der selbst bei Tageslicht erst im letzten Augenblick zu sehen ist. Der lange Pazifikschwell brach sich tosend auf dem steinernen Hahnenkamm, der keine 50 Meter lang und so niedrig ist, dass die Gischt darüber hinwegweht.

Unser Ankerplatz in der Bucht von Hanavave war von einer wildromantischen Schönheit, wie man sie selten auf dieser Welt findet. Grüne Täler werden dort von Zinnen und steilen Klippen eingeengt, wuchtige Berge verlieren sich in den Wolken. Im Flusslauf beim fast schwarzen Geröllstrand aus rundgeschliffenem Vulkangestein planschten nackte Schulkinder, dahinter leuchtete das rotbemalte Blechdach einer Kirche durch die Palmen.

An Land wurden wir von Madelaine, der Frau des einheimischen Gendarms, begrüßt. Sie meinte, wir könnten ohne weiteres einige Tage auf Fatu Hiva bleiben, bevor wir offiziell in Hiva Oa einklarieren würden. Sie nahm uns gleich mit zu ihrem Haus, gab uns Bananen und andere Früchte, für die wir ihr später ein T-Shirt brachten.

Nachmittags pirschte sich langsam ein weiteres Schiff in die Bucht. Ein Blick auf die mitziehende Qualmwolke beseitigte alle Zweifel. Es konnte sich nur um Jacques Cousteaus CALYPSO handeln, die wir zuletzt in Puerto Ayora auf den Galapagos gesehen hatten. Das ehrwürdige Schiff mit dem senkrechten Vorsteven kann nicht viel später als um die Jahrhundertwende gebaut worden sein, aber damit hört auch schon die Antiquität auf. Ansonsten strotzt es mit den Auswüchsen modernster Navigations- und Kommunikationsinstrumente, mehrere Schlauchboote waren am Achterdeck aufgestapelt, der uns bereits vertraute Helikopter oberhalb verzurrt und irgendwo dazwischen war noch Platz für ein kleines Unterseeboot.

Eine Stunde später riss uns heftiges Knattern aus einer Ruhepause. Natürlich ging der Krach von der CALYPSO aus, wo gerade der gelbe Hubschrauber warm lief. Schlauchboote waren bereits im Wasser, und an Deck zwängten sich vier Taucher in silberfarbene Anzüge, während zackige Kommandos über das Wasser schallten. Angesichts dieser überraschenden Massenaktivität konnten wir nichts anderes tun, als rasch noch eine Tasse Kaffee einzugießen und die Deckstühle zurechtzuschieben, um das Spektakel zu verfolgen.

Zuerst stieg der Hubschrauber auf und schwirrte eher ziellos herum. In der seitlich offenen Kunststoffblase saß neben dem Piloten ein zweiter Mann, der eine Filmkamera in Bereitschaft hielt. Danach preschte eines der Schlauchboote zielstrebig zum nahen Steilufer. Das Metallinsekt nahm die Jagd auf. Die vier Taucher ließen sich sternförmig rückwärts ins Wasser fallen und sackten ab. Der Kameramann, wohlweislich angegurtet, hing kopfüber aus dem Cockpit und filmte dieses Wasserballett von oben.
Die ganze Sequenz dauerte nur wenige Sekunden, dann tauchten die Unterwasserakteure wieder auf und kehrten zur CALYPSO zurück, während der Helikopter auf Tuchfühlung mit den Klippen ging und dort die heimische Vogelwelt zu terrorisieren begann. Wie eine gereizte Hornisse fegte er danach in den Tälern zwischen den Bergen herum, wo das Geknatter gleich mehrfach zurückgeworfen wurde. Das Dorf, gebadet im weichen Licht des späten Nachmittags, ertrug diese Belästigung mit stoischem Gleichmut. Die wenigen Leute, die zu sehen waren, schenkten dem Treiben der Franzosen kaum Beachtung.

Am nächsten Tag, es war wieder Frieden in die Bucht eingekehrt, unternahmen Gerti und ich eine Wanderung in die Berge. Auf dem Rückweg wurden wir von einem Mädchen angesprochen, das unbedingt Limonen gegen Ohrringe, Parfüm oder Lippenstift tauschen wollte.
Allerdings wollte sie sich von keiner ihrer Zitrusfrüchte trennen, die noch neben ihr am Baum hingen, bevor wir nicht mit unseren Sachen ankamen. Eine zweite *vahine* gesellte sich dazu,

ihre Wünsche waren die gleichen, aber auch sie konnte nur Limonen bieten, was ihr sogleich giftige Blicke eintrug. Keines dieser Geschäfte kam zustande, aber tags darauf handelten wir Kleidungsstücke gegen einige *tapas* ein. Dieses aus der dünnen Rinde des Maulbeerbaumes gewonnene Material wurde einst als Lendenschurz verwendet; heute werden Stücke in rechteckigen Größen gepresst, gebleicht und danach mit polynesischen Motiven bemalt.

Einige Tage später segelten wir nach Hiva Oa. Raumschots mit kräftigem Passat nahm der 45-Seemeilen-Törn nur fünf Stunden in Anspruch. Zu dieser Jahreszeit, Anfang Oktober, befand sich nur eine einzige andere Yacht im Hafenbecken von Atuona. Beim Einklarieren war der freundliche französische Beamte der Meinung, dass Österreich zur EG gehöre – es wäre unhöflich gewesen zu widersprechen –, und daher konnte die Bezahlung der Kaution, die pro Person den Flugpreis ins Heimatland ausmacht, bis Tahiti warten.

Im Laufe eines Spazierganges durch die nette Ortschaft klapperten wir die Regale dreier Supermärkte auf der Suche nach frischem Gemüse ab. Polynesien ist als teuer bekannt, und vor allem, wenn man aus dem spottbilligen Mittel- und Südamerika kommt, braucht man eine Gewöhnungsphase, darauf waren wir vorbereitet. Trotzdem blieb der Schock nicht aus. Wir erstanden einen Krautkopf für umgerechnet acht Dollar und trollten uns zum Boot zurück.

Die nächsten fünf Wochen kreuzten wir in den Marquesas. Komischerweise begann Gerti, entgegen ihrer normalen Verhaltensweise, regelmäßig seekrank zu werden. Später sollten wir dafür eine natürliche Erklärung finden. Nach Tahuata, wir hatten die Windseite dieser Insel von Fatu Hiva kommend passiert, war es nur ein kurzer Sprung.

Die erste Bucht, Moe Noe, bot einen hervorragenden Ankerplatz mit einem langen weißen Strand, eine Seltenheit auf den Marquesas, und zwei unbewohnten Hütten. Vielleicht wurden sie verlassen, weil in dem ganzen Tal kein Tropfen Wasser zu finden war. Auch das kleine Flussbett war staubtrocken. Was wir allerdings fanden, war ein Anhäufung von Limonenbäumen, die uns

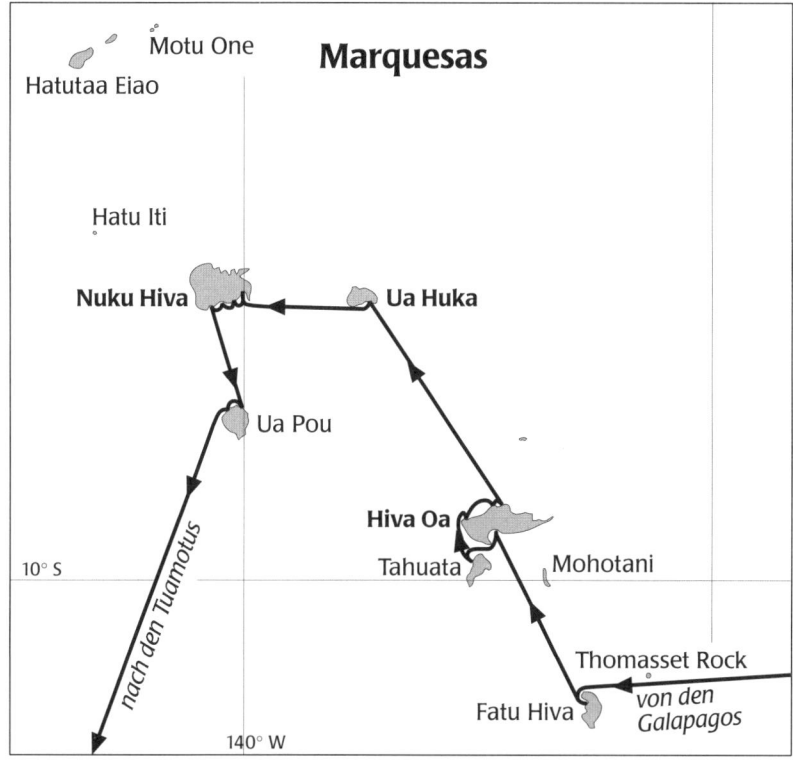

Marquesas

Motu One
Hatutaa Eiao

Hatu Iti

Nuku Hiva
Ua Huka

Ua Pou

nach den Tuamotus

Hiva Oa
Tahuata
Mohotani

10° S

Thomasset Rock
von den Galapagos
Fatu Hiva

140° W

an die beiden Mädchen von Fatu Hiva erinnerten. Dazwischen standen unzählige Papayabäume, jeder umringt von zerplatzten Früchten, die jetzt am Boden gärten. Jeder Schnapsbrenner hätte seine helle Freude gehabt und gleich den Kessel angeheizt, aber es gab ja kein Wasser ...

Offenbar war hier seit Wochen niemand gewesen, um nach dem Rechten zu sehen oder das Anwesen zu säubern. Es war zwar nicht unsere Aufgabe, aber um Schlimmeres zu verhindern, ernteten wir reife Früchte, die jeden Moment herunterzufallen drohten. Im Zuge dieser selbstlosen Tätigkeit scheuchten wir jede Menge Hornissen auf und wurden während der ganzen Zeit von *no-nos* gestochen. Langsam verstand ich, warum niemand in Moe Noe hausen wollte. Die Marquesas sind berüchtigt für diese Sandfliegen, nur Fatu Hiva ist frei von ihnen. Wir fanden sie trotz kursierender Schauermärchen als eine ertragbare Belästigung.

Der Juckreiz ließ ziemlich bald nach, nicht so wie bei manch brasilianischer Art, bei der er erst am nächsten Tag zur vollen Entfaltung kommt und dann einfach nicht mehr aufhört.

Tags darauf ernteten wir weitere Früchte, und zwar solche, die in Kürze ein bedenkliches Reifestadium erreicht hätten. Bald aber sahen wir ein, dass unsere prophylaktische Aufräumarbeit nicht mit dem Reifen der Papayas Schritt halten konnte, also mussten wir den Obstgarten seinem Schicksal überlassen.

Während unseres Aufenthaltes in Moe Noe pfiff der Wind ziemlich kräftig das Tal herunter und der Anker war deshalb gut eingegraben. Als wir den Platz verließen, bediente Gerti wie üblich die Maschine, ich holte das Ankerseil kurzstag und belegte es, um den Anker auszubrechen. Dann hievte ich das restliche Seil und Ankergeschirr per Hand an Bord. Das kombinierte Gewicht von Anker und Kette schien mir an diesem Tag überhaupt nichts auszumachen, so flott ging es. Kein Wunder, der Danforth, Marke MEON, war weg, oder zumindest der größte Teil davon. Am Ende der Kette hing nurmehr der halbe, abgebrochene Schaft.

Trotz zweier Tauchgänge konnte ich den Anker nicht mehr finden, er steckte wahrscheinlich komplett unter dem Sand, aber dafür lag ein Trostpreis am Grund: ein Niro-Pfeil, der in meine Harpune passte. Den Anker verloren wir übrigens auf die gleiche Weise, wie er an Bord gekommen war. Vor Jahren hatte sich beim Ankerhochholen seine herrenlose Trosse in unserem Geschirr verfangen.

Seit Fatu Hiva ging ich regelmäßig schnorcheln und tauchen, um nach interessanten Schnecken oder Muscheln Ausschau zu halten. Die Harpune hatte ich immer dabei, denn früher oder später schwamm mir unweigerlich das Abendessen in den Pfeil. Die Marquesas gehören bereits zu dem Gebiet, in dem giftige Fische vorkommen. Das Gift Ciguatera gelangt über giftige Algen in den Körper kleiner, pflanzenfressender Fische und erscheint in weiterer Folge über die Nahrungskette im Fleisch essbarer Fische. Vergiftete Fische unterscheiden sich weder im Geruch noch im Geschmack von gesunden, die höchste Giftkonzentration kommt in den Innereien wie Leber und Rogen vor. Dasselbe gilt auch für die Größe: je älter der Raubfisch, desto gefährlicher. Meist ist diese Giftigkeit ortsgebunden, es kann daher ein und dieselbe Art von Fisch auf einer Seite der Insel giftig sein, während er auf der anderen okay ist. Man verlässt sich am besten auf den Rat der Einheimischen, die ja Bescheid wissen sollten. So handhabe ich es schon immer, doch leider nicht mit dem gewünschten Erfolg, wie wir bald am eigenen Leibe erfahren mussten. Vorerst ahnten wir aber nichts von der kommenden Misere.

Fast bei jedem Tauchgang sah ich Haie, meist aber nur im tieferen Wasser. Im Prinzip stellen sie keine Gefahr dar, nur beim Fischharpunieren können sie lästig werden und eventuell die Beute streitig machen wollen. Die Hapatoni-Bucht war ein neues Revier für mich, ich war sehr neugierig. Entgegen meiner üblichen Gewohnheit nahm ich an diesem Tag den Shark Dart mit. Es ist ein kleines Gerät, das man entweder in der Hand halten oder an Stelle der Spitze auf den Harpunenpfeil schrauben kann. Vorne befindet sich ein hohler Stachel und dahinter in einer Halterung eine große CO_2-Patrone, wie sie auch zum Aufblasen einer Rettungsinsel verwendet wird. Der Schuss muss in die Weichteile des Haies gehen, damit der Stachel zur Gänze eindringt, bevor die Gaspatrone durch ein kleines scharfgeschliffenes Röhrchen aufgeschlagen wird. Nur so kann das plötzlich frei gewordene Gas in den Körper des Haies entweichen. Trifft man den Kopf oder andere Hartteile, würde es harmlos ins Wasser zischen und im besten Fall eine Schreckwirkung erzielen. Im Bauchraum jedoch setzt es alle inneren Organe unter starken Druck. Im seichten Wasser kann es sogar passieren, dass der Hai durch den künstlich verpassten Auftrieb hochsteigt und dann hilflos aufgeblasen auf der Oberfläche treibt. Mit zunehmender Tiefe beginnt die Wirkung etwas nachzulassen, weil der umgebende Wasserdruck die Ausdehnung des Gases im selben Verhältnis beeinträchtigt; ein Prinzip, das jedem Taucher bekannt ist, dennoch reicht es normalerweise, um den Hai zu töten.

Es war also ein seltsamer Zufall, dass gerade an diesem Tag ein Hai reges Interesse an mir zeigte. Zuvor war ich an den senkrechten Klippen abgetaucht, hatte einige Schnecken gefunden und schwamm dann in einer Tiefe von 35 Metern, als mir auffiel, dass der Hai, der vor wenigen Minuten seinen ersten Auftritt hatte, noch immer da war und mir zusehends auf die Taucherjacke rückte. Ich fand sein komisches Verhalten beunruhigender als seine Größe, die rund zwei Meter ausmachte.

Auch als ruhig dahinschwimmender oder im Wasser schwebender Taucher lockt man diese Biester an, aber in 99 von 100 Fällen entfernen sie sich genauso flott, wie sie gekommen sind. Sie sind von Natur aus vorsichtig und halten auch einen gewissen Sicherheitsabstand ein. Nicht aber dieser, er schwamm auf mich zu und drehte erst im letzten Moment ab, was mir nach einigen Malen ziemlich auf die Nerven ging. Es war kein typisches Angriffsverhalten, aber es gehört auch zu den Eigenheiten der Haie, dass sie sich an fremden Objekten reiben oder einen Probebiss riskieren, um rauszufinden, ob es sich überhaupt um Futter handelt. Vielleicht war ich sein erster Mensch oder seine ohnehin nicht gute Sehkraft war schon so beeinträchtigt, dass er auf Körperkontakt angewiesen war. Darauf konnte ich aber verzichten, spannte die Harpune und schoss ihm den Shark Dart in die Seite, als er wieder im letzten Moment abdrehte. Ein momentanes Zucken ging durch den stromlinienförmigen Körper, gefolgt von kleinen spasmischen Bewegungen, die den Hai in die Tiefe lenkten. Sicherlich hatte er auf dieses letzte Manöver seines Lebens keinen Einfluss mehr.

Gegenüber anderen Verteidigungswaffen, wie den Gebrauch von Schrot- oder Gewehrpatronen, hat der Shark Dart zwei Vorteile: Er macht keinen Krach und es fließt kein Blut, was sofort andere Haie in der Umgebung anlocken würde.

Mittlerweile mussten wir uns wieder mit den geernteten Limonen befassen. Sie reiften rascher, als uns lieb war. Lächerlich, wenn sie auf TABOO III verfault wären, nachdem wir sie vor diesem Schicksal an Land so mühevoll bewahrt hatten! Wir quetschten die gelben Früchte aus, gewannen über fünf Liter Saft und konservierten ihn mit einem Aspirin pro Liter. Es gibt zwar noch andere Methoden, wie z. B. in dunkle Flaschen füllen und für einige Tage in die Sonne stellen, aber dieses Mal wollten wir es so probieren.

Von Tahuata segelten wir wieder nach Hiva Oa, in die Menu-Bucht an der Nordwestseite. Ein gewaltiger Felsen wacht über die Einfahrt und der kleine Strand ist wieder von Palmen gesäumt. Am Ufer trafen wir Polynesier, die gerade dabei waren, ein Rind in handliche Stücke zu zerlegen. Wir fragten, ob wir ein Stück Fleisch kaufen könnten, und bekamen einen riesigen Brocken geschenkt. Ich revanchierte mich mit einer Flasche Gin, die wohlwollend entgegengenommen wurde. Trotz hohen Fischkonsums auf unserem schwimmenden Zuhause haben wir natürlich nichts gegen Fleisch einzuwenden, solange wir nicht gezwungen sind, es täglich zu essen. Die Steaks, die Gerti an diesem Abend zubereitete, waren besonders lecker.

Der Tierbestand auf den Marquesas war überhaupt interessant. Auf Fatu Hiva konnten wir von Deck aus Unmengen von Ziegen beobachten, die in den steilen Felswänden turnten. Auf Tahuata galoppierten Pferde mit wehenden Mähnen über die runden Hügel und hier auf Hiva Oa bevölkerten Rinder die grünen Täler.

Unsere nächste Station war Hana Iapa, zehn Seemeilen weiter östlich. Das Dorf war ein Musterbeispiel an Sauberkeit, überall waren Fruchtbäume zu sehen und ganze Hecken von Bougainvillea säumten die Pfade. Als wir den schattigen Weg entlang des klaren Flusses wanderten, die neuen Gerüche und nette Umgebung auf uns einwirken ließen, wurden wir von einem Mann angesprochen. Sein Pferd hatte zwei Säcke Kopra umgeschnallt, er selber schritt daneben einher.
William lud uns gleich ein mitzukommen, er kam gerade von seinem Grundstück in den Bergen zurück und sein Anwesen lag nur ein kleines Stück weiter auf der anderen Seite des flachen Flusslaufes, den man allerdings durch günstig platzierte Steine trockenen Fußes überqueren konnte. Noch bevor wir uns zu einer von seiner Frau und Tochter zubereiteten Mahlzeit setzten, präsentierte er uns eine Staude Bananen und später folgten weitere Früchte. Zum Schluss war es so viel, dass er und sein kleiner Sohn uns helfen mussten, die Naturalien zurück zum Pier zu tragen.
Allerdings nicht ohne einen Abstecher zum Hause seiner Mutter, um dort Pampelmusen von den Bäumen zu schütteln. Am nächsten Tag brachten wir dieser freundlichen Familie Geschenke und luden sie alle auf Taboo III ein.
Zwei Meilen weiter lag eine weitere Bucht, die ich noch besuchen wollte. Ein hoher Schwell aus dem Norden rollte in das schmale Becken und brach sich donnernd am Strand. Nur schwimmend konnte man dort an Land, dafür war der Fisch-

reichtum gewaltig. Eine gute Gelegenheit, die Tiefkühltruhe auf-zufüllen. Natürlich nur mit den von den Einheimischen freigege-benen Fischsorten. Die Polynesier verwenden eigene Namen, die mir wenig sagten, aber ich ließ sie in meinem Fischbuch blät-tern – Bilder sind schließlich eindeutig. Tags darauf kehrten wir wieder nach Hana Iapa und dem dortigen, ruhigen Ankerplatz zurück.

Den konnten wir auch brauchen, denn plötzlich zeigten alle auf Taboo iii Symptome einer Fischvergiftung. Schon die letzten zwei Tage waren wir von einer ziemlichen Müdigkeit befallen, maßen dem aber keine große Bedeutung zu. Was uns auf die Spur brachte, war das ungewöhnliche Verhalten unserer Katze Mim-mi. Sie setzte zu Sprüngen an, verfehlte aber immer öfter ihre ge-plante Landestelle. Es sah aus, als ob sie absichtlich gegen eine senkrechte Wand springen würde. Beim ersten Mal amüsierte uns noch ihre Tollpatschigkeit, das legte sich aber bald, als sie mit einer gewissen Regelmäßigkeit abstürzte und danach ganz ver-stört war.

Da begannen wir ernsthaft nachzudenken: Mimmi hatte, bezo-gen auf ihr Körpergewicht, den größten Anteil von Fischfleisch verdrückt und zeigte daher auch die ersten ernsten Beschwerden. Sicherlich hat sie uns vor Schlimmeren bewahrt, weil wir ab die-sem Zeitpunkt natürlich keinen Fisch mehr aßen. Trotzdem ver-schlechterte sich unser Zustand innerhalb der nächsten Tage. Die bleierne Müdigkeit verstärkte sich, kraftlos schleppten wir uns zwischen Koje und Toilette hin und her und gaben uns oft die Türschnalle in die Hand, so sehr hielt uns der Durchfall auf Trab. Ein Juckreiz breitete sich über den ganzen Körper aus und Be-rührungen von Wasser auf der Haut wurden sehr unangenehm, aber auf eine so seltsame Art, dass es nicht mehr in die normale Gefühlsskala passte.

Zwischendurch hielten wir ständig ein argwöhnisches Auge auf Mimmi gerichtet, ihr Krankheitsbild war ja dem unseren vo-raus. Mit dem Abstürzen hatte sie keine Probleme mehr, sie konn-te kaum kriechen, geschweige denn springen, sie lag nur noch teilnahmslos herum und röchelte aus dem letzten Loch.

Bei uns kam es zuletzt zu spasmisch auftretenden Gelenk-schmerzen, von denen hauptsächlich Gerti betroffen wurde. Die schlagartig auftretenden Anfälle dauerten immer zwölf bis fünfzehn Minuten und waren gleichzeitig mit Atembeschwerden verbunden.

Man wurde also nicht nur von starken Schmerzen gepeinigt, sondern hatte noch obendrein das Gefühl, zwischendurch zu ersticken.

Alles in allem schlimm genug, aber realistisch betrachtet hätte es auch schlimmer kommen können. In manchen Fällen leiden die Opfer Monate oder selbst Jahre an den Folgen einer Ciguateravergiftung und im Extremfall können die Muskellähmungen zum Tode führen. Bei uns waren die argen Beschwerden nach einigen Tagen wieder vorbei, aber richtig hergestellt und voll bei Kräften waren wir erst mehrere Wochen später.

Noch ziemlich geschlaucht segelten wir nach Ua Huka, 60 Seemeilen weiter nach Nordwesten. Mit dem leichten Passat, der um diese Jahreszeit gerne aus Nordost kommt, wurde es wieder ein angenehmer Tagesausflug. Das Kopraschiff lag gerade vor Anker in der Bucht, es war ein reger Pendelverkehr im Gange. Hunderte von Koprasäcken wurden per Schleppkahn zum Schiff hinausbefördert, zurück kamen immense Quantitäten von Heineken-Dosenbier. Sicherlich war auch anderes Frachtgut dabei, aber es wurde förmlich begraben unter dieser unübersehbaren alkoholischen Lawine.

Man konnte sich des Verdachtes nicht erwehren, dass die Männer von Ua Huka hauptsächlich deshalb reife Kokosnüsse knackten und das Fruchtfleisch trockneten, um später für den Erlös Bier kaufen zu können. Diese Meinung verstärkte sich, als wir am nächsten Tag zwei Geschäfte ausfindig machten: In beiden war Heineken-Bier der Renner und gemessen an den mannshohen Stapeln erwartete man eine gesunde Nachfrage. Ansonsten war das Angebot frugal, einige Nahrungsmittel, Waschmittel und Gummischlapfen füllten die Regale.

Gruppen von jungen Männern saßen im Schatten von Brotfruchtbäumen herum, jemand zupfte auf einer Gitarre und beim Näherkommen bemerkten wir auch die Hauptattraktion: jeweils ein Karton Bier.

Auffrischende Winde brachten unangenehm heftige Fallböen mit sich. Deshalb segelten wir die kurze Distanz nach Nuku Hiva. Im Haupthafen der Insel, Taiohae, ergab sich nach unserer Ciguateravergiftung zum ersten Mal die Gelegenheit, ein Spital aufzusuchen. Dass es kein Gegenmittel gibt, war uns bekannt*, aber mittlerweile begann uns eine andere Sache in zunehmendem Maße zu beschäftigen: Mehr und mehr vermuteten wir, dass Gerti schwanger war, und hatten keine Ahnung, inwieweit sich die Vergiftung auswirken könnte. Fischvergiftungen passieren am laufenden Band, und das seit vielen Jahren, belehrte uns der französische Militärarzt, es sind keine Komplikationen bei werdenden Müttern bekannt. Uns fiel ein Mühlstein vom Herzen.

Auch in Taiohae traf ich alte Segelfreunde, die ich schon seit Ewigkeiten nicht gesehen hatte. Durch sie lernten wir Pierre, einen Maquesaner, kennen, bei dem wir dann alle am folgenden Abend zum Essen eingeladen waren.

Die Gastfreundschaft der Polynesier ist sprichwörtlich, nur hat sie in vielfrequentierten Plätzen im Laufe der Zeit nachgelassen; man kann fast sagen in direkter Relation zur Zahl der Besucher. Vor Jahrzehnten war es noch ein Ereignis, wenn eine Yacht in die Bucht kreuzte, aber die Begeisterung über den jährlich immer größer werdenden Schwall von segelnden Touristen ließ sich nicht aufrechterhalten und wich langsam einer noch immer freundlichen, aber eher reservierten Haltung. Diese lockert sich, sobald man etwas persönlichen Kontakt hat. Mit Pierre war es auch so, als Freunde seiner Freunde waren wir sofort akzeptiert.

Das Mahl begann mit Süßwassergarnelen, Sashimi (roher, in dünne Scheiben geschnittener Thunfisch, der mit Wasabi gegessen wird. Wasabi ist scharfer, grüner Meerrettich, in Pulverform erhältlich und mit etwas Wasser angerührt), Salat, Reis und Kochbananen.

Beim zweiten Gang machte sich der ausländische Einfluss durch Pommes frites und riesige Steaks bemerkbar. Der darauf folgende Kuchen war undefinierbar, der Wein wiederum französischer Herkunft.

Pierres Leibesumfang war ungewöhnlich, so auch sein Appetit. Er hatte aber für polynesische Verhältnisse ungewöhnliche

---

* Mittlerweile gibt es zwei Arten der Behandlung für Ciguateravergiftungen: Zwei Amitriptylin-Tabletten (25 mg) täglich zwei bis drei Wochen lang. Amitriptylin kann drei bis vier Jahre aufbewahrt werden. Bei schweren Fällen hat sich eine intravenöse Infusion von Mannitol in Verbindung mit einer *saline solution* sehr bewährt, aber das sollte nur von Fachpersonal durchgeführt werden. Trotzdem ist es vielleicht eine gute Idee, mehrere dieser 500-ml-Fläschchen mitzuführen, um sich gegebenenfalls das Mannitol verabreichen zu lassen.

Energien, die er in mehrere Geschäftsunternehmen steckte. Zeichen seines sichtbaren Erfolges waren zwei Autos, Motorboote, ein großes Haus und was weiß ich noch alles.

Auch er hatte etwas zu unserem Hauptgesprächsthema Ciguatera beizutragen. Als profilierter Taucher hatte er sich schon sieben- oder achtmal eine Fischvergiftung geholt. Er meinte auch, manchmal wären nur zwanzig Prozent einer Art giftig, nicht aber der Rest. Viele Leute sind daher versucht, zweifelhafte Fische trotzdem zu essen. Langsam begann ich Ciguatera und die damit verbundenen Anweisungen in einem anderen Licht zu sehen. Pierres letzte Äußerung, bevor er laut schnarchend ins Reich der Träume entglitt, war der Rat, mindestens ein halbes Jahr nach einer Fischvergiftung kein Fleisch zu essen, es würde nämlich eines der Symptome zum Erwachen bringen. Das kam nach den Steaks etwas zu spät, aber wenigstens wussten wir jetzt, warum uns plötzlich die Fußsohlen und Handflächen so fürchterlich juckten. Am liebsten hätten wir sie mit einer Drahtbürste bearbeitet.

Nur ein kurzes Stück weiter, an der Südküste von Nuku Hiva, liegt Baie Taioa, in Seglerkreisen auch Daniels Bucht genannt. Daniel, das Oberhaupt der einzigen dort lebenden Familie, empfängt Besucher mit offenen Armen und wirft quasi mit Bananenstauden und weiteren Früchten um sich. Manchmal muss man wirklich überlegen, was man Einheimischen schenkt, die so freizügig sind. Erfahrungsgemäß haben sie mit dem am meisten Freude, woran es im Augenblick mangelt, sei es Mehl, Zwiebeln, Reis oder Corned Beef. Dieses Problem stellte sich diesmal nicht, denn Daniels Frau Antoinette äußerte sehr bestimmt den Wunsch nach einem Kuchen.

Gerti war schon immer fasziniert gewesen, mit welcher Handfertigkeit die Polynesier Körbe zauberten, und zwar erst an Ort und Stelle, wenn sie benötigt werden. Übliche Tragbehälter, von Plastikbeuteln ganz zu schweigen, haben sich glücklicherweise noch nicht durchgesetzt. Das Rohmaterial für die Flechtarbeit, Palmenwedel, gibt es überall und Minuten später ist der Korb in gewünschter Größe fertig. Von Antoinette wurde Gerti nun in die Kunst des Flechtens eingewiesen, die sie später gut verwerten konnte.

Hinter dem Horizont

Die Tuamotus

Das Fieber begann am Morgen und schraubte sich tagsüber langsam höher, bis mich am Abend schwere Anfälle schüttelten. Dazu kamen so intensive Kopfschmerzen, dass nur noch eine sitzende Haltung etwas Erleichterung brachte. Es handelte sich um das Denguefieber, das überall in den Tropen vorkommt und uns noch von den Philippinen bekannt war. Wie Malaria wird es auch durch Moskitos übertragen.

Als dann meine Symptome zwei oder drei Tage später abklangen, erreichte Gertis Fieber gerade den Höhepunkt. So hatte wenigstens einer von uns einen klaren Kopf. Natürlich kam die Infektion ungelegen, aber mit gutem Willen kann man jeder Situation etwas Positives abgewinnen. Vom Timing her passte das Fieber genau in unseren Fahrplan. Es begann einen Tag nachdem wir die Marquesas verlassen hatten und hörte 100 Seemeilen vor den Tuamotus auf. Zumindest bei mir und so wurde ich wieder gesund, bevor sich die milde Wetterlage änderte. Die leichte nordwestliche Brise wurde durch einen steifen Ostwind abgelöst, der uns in der Nacht an Atollen mit den Namen Tapoto, Takaroa und Tikei vorbeiblies.

Gegen Morgen frischte es weiter auf und es begann zu regnen. Laut Standlinien vom Vortag lag unser Ziel, das Atoll Taiaro, nicht mehr weit voraus, aber die miese Sicht erschwerte die Navigation. Als zwei Stunden später der Regenvorhang aufriss, waren weiße Brecher und dahinter grüne Palmen, die sich im Wind bogen, keine zwei Meilen querab. Bei der darauf folgenden Halse platzte die unterste Naht des Großsegels. Das war wiederum ausgesprochen schlechtes Timing. Ich rollte es bis zum zweiten Reff ein und hielt auf die Insel zu.

Taiaro ist eines der wenigen Atolle ohne Einfahrt, vielleicht weil es nur etwas über zwei Meilen groß ist. Meist ist das Außenriff eines Atolls steil abfallend, aber nach einer halben Stunde fanden wir im Lee eine Vertiefung im Riffgürtel, in die wir uns mit zwei Ankern festkrallten. Das Mini-Atoll war bis auf einige Kokosnusskrabben unbewohnt. Der Regen hatte sie aus ihren Schlupflöchern herausgelockt. Mit ihren mächtigen Scheren sind diese Tiere imstande, die äußere Faserschicht der Nuss zu entfernen und dann die harte Schale aufzuknacken. Sie gelten als kulinarische Spezialität und werden mehr und mehr zu einer Rarität, weil ihre Überlebenschancen auf einer bewohnten Insel gering sind. Noch mehr als das Krabbenfleisch schätzen die Einheimischen das Öl im hinteren Teil des Schwanzes. Einige dieser kiloschweren Brocken nahm ich für das Abendessen mit.

Sobald sich Gerti wieder erholt hatte, genossen wir die Einsamkeit, das klare Wasser und die Sonne, die dem Meer die blaue Farbe zurückgab. Wir wanderten am Ufer entlang, das hier aus angeschüttetem Korallengeröll bestand, und suchten bei Niedrigwasser am Riff nach Schnecken und Muscheln. Wir wären noch länger geblieben, aber einige Tage später drehte der Wind während eines heftigen Regenschauers, wehte auflandig und blieb danach auf West. Der erste Anker im seichten Wasser kam problemlos hoch, aber der zweite, der uns jetzt vom Riff weghielt, hatte sich hoffnungslos in der steilen Korallenwand verklemmt. Da half kein Hin- und Hermotoren in verschiedene Richtungen, nur mit einer Tauchflasche am Rücken konnte ich den Bruce-Anker in 30 Meter Tiefe loswerkeln, während Gerti etwas lose gab und gleich danach, mit mir und dem Ankergeschirr noch halb unter Wasser im Schlepptau, etwas Abstand zum Riff gewann.

Das Raraka-Atoll lag nur 30 Seemeilen im Südwesten. Kaum hatten wir Tariaro aus den Augen verloren, tauchte schon ein schmaler, unterbrochener Streifen am Horizont auf. Beim Näherkommen war die schmale Passage nicht zu übersehen, wie ein weißer Finger zeigte das brechende Wasser aufs Meer hinaus. Unter Segel und voller Motorkraft schoben wir uns im Schneckentempo gegen die starke Strömung in die Lagune. Bei den vorherrschenden Nordwestwinden fanden wir gleich neben dem kleinen Dorf einen vollkommen ruhigen Ankerplatz.

Es dauerte nicht lange, bis ein ziemlich korpulenter Polynesier mit einem Motorboot ankam, um uns Fische und Trinknüsse zu bringen. Dazu kamen kurz danach Lucette, die Frau des *Chiefs*, und Yves, ein französischer Physiotherapeut, der vor mehr als zehn Jahren mit einer Yacht nach Polynesien gekommen war und seither als Sanitäter hauptsächlich auf außen liegenden Inseln arbeitete.

Wir wurden von allen Seiten bewirtet, mit Blumenkränzen behangen und mit Muscheln beschenkt. Lucette hatte eine ganze Vitrine voll und ich konnte ihre Sammlung mit einigen Stücken aus der Karibik bereichern.

Es war unmöglich an Land zu gehen, ohne von ihr eingeladen zu werden. Ihr Mann war noch immer in Tahiti, aber wir lernten dessen Vater kennen. Felix hatte seit dem letzten Hurrikan, wie auch die anderen Familien, ein neues, modernes Haus. Die Materialien steuerte die Regierung bei, bauen musste er es selber. Bei unserem ersten Besuch musste er mir unbedingt einen Whisky anbieten, ein Statussymbol in Polynesien, natürlich mit Eiswürfeln aus der Tiefkühltruhe. Einen Videofilm lehnten wir ab, aber dafür spielte er »Stille Nacht, Heilige Nacht« für uns auf seinem Keybord. Einfach rührend. Der Energiebedarf, also auch die Beleuchtung, wurde ausschließlich von Batterien gedeckt, die von zahlreichen am Dach montierten Solarzellen gespeist wurden. Ein weiteres von der Regierung unterstütztes Programm. Soll noch einer sagen, dass Frankreich nichts für die Pazifik-Kolonie macht, außer Sprünge in das Atoll von Mururoa.

Felix hatte eine hübsche achtzehnjährige Tochter, die letzte von mehreren, die schon alle verheiratet und außer Haus waren. Außerdem besaß er Sinn für Humor, der aber bei Gerti und ihrer sichtbar werdenden Schwangerschaft gar nicht ankam. Er schlug vor, ich solle seine Tochter mitnehmen. Jetzt könnte sie uns helfen und sich später des Kindes annehmen für den Fall, dass Gerti sterben würde.

Schon zwei Tage zuvor hatte der Wind auf Südost gedreht. Das ist nur deshalb erwähnenswert, weil wir uns im Gebiet des Südostpassats befanden, der Wind sich aber seit zwei Monaten geweigert hatte, dieser allgemeinen Auffassung nachzukommen. Nun blies er ungehindert über die Lagune, erzeugte Schaumkronen und bewegte den Kat, wie wir es normalerweise nur vom Gegen-

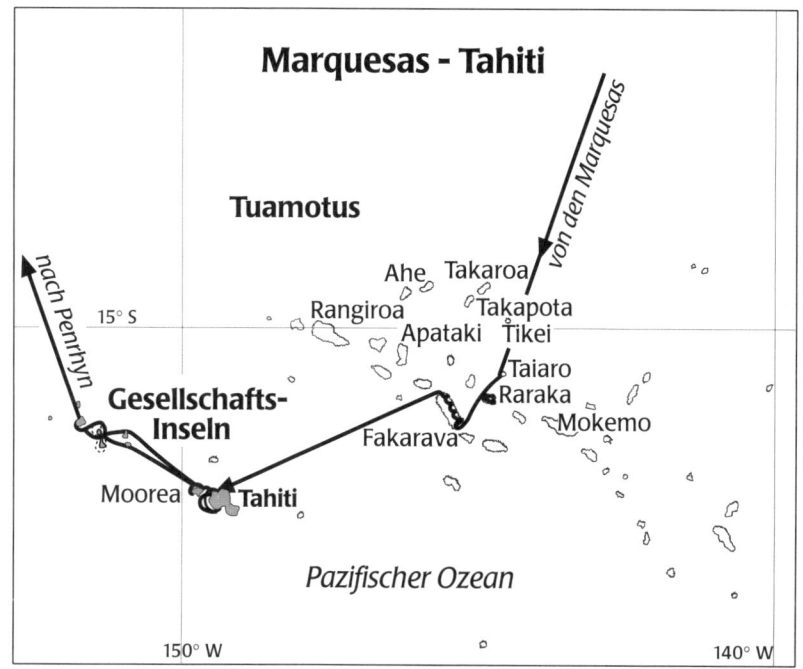

Marquesas - Tahiti

von den Marquesas

Tuamotus

nach Penrhyn

15° S

Ahe Takaroa
Rangiroa   Takapota
Apataki Tikei
Taiaro
Gesellschafts- Raraka
Inseln Mokemo
Fakarava

Moorea Tahiti

Pazifischer Ozean

150° W   140° W

ansegeln kennen. Wieder einmal zwang der Wind uns zum Aufbruch. Unter Vollzeug und mit der Strömung pflügten wir durch die Manureva-Passage.

Der frische Wind ließ mich das südliche Ende von Fakarava ansteuern. Dieses Atoll war etwas über 30 Seemeilen entfernt, dort würden wir am ehesten einen ruhigen Ankerplatz finden.

Um die Mittagszeit segelte Taboo III entlang des Außenriffs und ich hielt nach der Tumakuhoa-Passage Ausschau, auch wenn sie sich nicht mehr auf der von mir verwendeten französischen Karte Nr. 6109 befand.

Mein englisches Admiralitätsseehandbuch aus dem Jahre 1962 überzeugte mich jedoch von der Existenz des fehlendes Teils und informierte mich, dass die Einfahrt schwierig sei, sich im späteren Verlauf teilt und im Allgemeinen von See her den Eindruck erweckt, als ob sie durch Untiefen versperrt wäre. Mit dem auflandigen Wind segelten wir knapp am Riff entlang, um die Einfahrt nicht zu verpassen, und kamen zu der Stelle, wo sie hätte sein sollen. Aber alles, was wir sahen, waren seitlich und voraus weitere Brecher. Wir hetzten in einen Trichter hinein, der immer enger wurde. Ich war auf der Saling und wollte schon auf den anderen Bug gehen, um wieder hinauszusegeln, als endlich die schmale Fahrrinne erkennbar wurde. Zum Umdrehen wäre es wahrscheinlich ohnehin bereits zu spät gewesen. Die Strömung hatte den Kat eisern im Griff und sog uns praktisch in die Einfahrt. Das Wasser wurde rasch ruhig, Wind und Strömung kamen jetzt aus einer Richtung und die Korallen flogen nur so vorbei. Unsere Geschwindigkeit über Grund muss weit über 10 Knoten betragen haben. Kurz darauf mussten wir uns blitzartig entscheiden: Vor uns lag ein Riff, wir konnten geradeaus weiter oder nach Steuerbord abbiegen. Die Rechtskurve war mir lieber, denn sie führte uns mit räumlichem Wind kurz danach in das Lee des Inselstreifens. Der Korallenboden in diesem Seitenarm war trügerisch nahe der Oberfläche, aber zwei Minuten später waren wir in der Lagune, die Strömung unbedeutend und das Wasser wieder tiefer. Kurz danach schossen wir in den Wind, ließen die Segel fallen und ankerten.

Dieser Teil von Fakarava war nur spärlich bewohnt. Zwei oder drei Familien lebten in ärmlichen Behausungen, sehr im Gegensatz zu dem offensichtlichen Wohlstand auf Raraka. Am hinteren Ende der Insel, nahe der Passage, standen verfallene Gebäude und eine alte Kirche, die schon lange keine Gläubigen gesehen hatte.

In der Nacht kam Sturm aus Südosten auf, eine Gewitterfront nach der anderen zog über das Atoll. Heftige Böen brachten das Rigg zum Vibrieren, ein Fall wippte rhythmisch gegen den Mast und im Hintergrund grollten Brecher am Außenriff. Hier lagen wir in vollkommener Sicherheit, doch in Raraka mit dem Riff nur wenige Meter hinter uns und einer mit Korallenköpfen und Untiefen gespickten Lagune hätten wir Blut und Wasser geschwitzt.

Am nächsten Morgen besuchte uns Manihi, ein junger Polynesier, und brachte einen großen Schnapper, den er zusammen mit anderen Fischen in der Passage gefangen hatte. Mit seiner Familie lebte er nicht weit entfernt auf einem winzigen *motu* am Saumriff. Das großzügig angelegte Haus hatte er vor kurzer Zeit gebaut und rund um das Anwesen Hunderte von Casuarinas, knorrigen Nadelbäumen, eingepflanzt, die zwar erst einen Meter hoch waren, aber in den kommenden Jahren mit ihren tiefen Wurzeln den Boden ungemein festigen werden und später auch tropischen Wirbelstürmen standhalten können. Sozusagen eine natürliche Barriere gegen die Elemente.

Fakarava ist zwar das zweitgrößte Atoll des Tuamotu-Archipels, aber die Bodenfläche beschränkt sich auch hier nur auf schmale, unterbrochene Inselstreifen am Riffgürtel. Überall wo sich Palmen im Wind biegen, ist der Grund seit Generationen in Familienbesitz.

Nur auf kleine, unbewachsene Inseln, die nicht nutzbringend sind, hat niemand Anspruch erhoben – bis Manihi kam. Mit seiner Frau lebte er erst in Tahiti und später einige Jahre in Neuseeland, aber der Drang nach einem einfachen Leben, fernab der Zivilisation, war einfach zu groß. Nur hier, auf einer winzigen Insel im Atoll von Fakarava, wollte er bleiben.

Auf einem Korallenriff nahe dem Seitenarm hat Manihi eine aufwendige Fischfalle aus Holz und Maschendraht gebaut, die sicherlich 100 Meter lang ist. An einem Ende befand sich eine solide, überdachte Plattform und darunter die letzte Kammer, in der sich die Fische ansammelten. Alle zwei oder drei Tage wurden sie rausgefangen und die essbaren auf Schnüre gefädelt. Mit dieser Ladung, die im Schnitt 250 kg ausmachte, raste Manihi mit seiner ganzen Familie die 30 Seemeilen zur Landepiste im Norden des Atolls, wo das per Funk bestellte Kleinflugzeug wartete, um die noch zappelnde Fracht nach Tahiti auf den Markt zu bringen.

Auch hier gab es giftige Fische, aber Manihi war einer der wenigen, auf dessen Rat man sich verlassen konnte. Auf meine Frage, ob er nicht Angst hätte, mit seinem einzigen Außenborder hängen zu bleiben, meinte er, dass dieser erst zwei Jahre alt wäre und außerdem hätte er immer sein Walkie-Talkie mit.

In der östlichsten Ecke von Fakarava, bei der Insel Hirifa, fanden wir eine malerische Bucht und zur Abwechslung kein Korallengeröll, sondern einen Strand mit feinem Sand, der von überhängenden Palmen beschattet wurde. Ein junges Ehepaar mit Kind lebte dort in idyllischen, aber einfachen Verhältnissen. Die einzige Einnahmequelle war das von ihnen produzierte Kopra.

Trotzdem ließen sich Jean-Pierre und Suzanne nicht davon abhalten, uns beim ersten Besuch Trinknüsse zu offerieren, und gaben uns dann gleich einen ganzen Korb mit. Die Gegend war ideal, um am Außenriff nach Schnecken zu suchen oder in der Lagune bei Korallenköpfen zu schnorcheln. Zum Abschied brachten wir der Familie einige Geschenke und Jean-Pierre hängte uns Muschelketten um den Hals.

Aufgrund des Windes mussten wir wieder einmal aufbrechen. Die Wetterlage blieb unbeständig, einem schönen Tag mit östlichen Winden folgten Gewitter aus dem Nordwesten.

Jetzt, nur eine Woche vor Weihnachten, war die Hurrikansaison bereits fortgeschritten und kein Atoll in den Tuamotus würde mehr einen sicheren Schutz bieten. – Was nicht heißen soll, dass das Risiko besonders groß war: einmal blieb Französisch Polynesien sogar für dreißig Jahre von Hurrikanen verschont. Aber spätestens seit der Saison 1982/83 ist jeder etwas vorsichtiger geworden. Damals suchte eine ganze Serie dieser Wirbelstürme die Tuamotus und Gesellschaftsinseln heim und es gab damals nicht nur an Land große Verwüstungen, auch viele Yachten erlitten Schäden und einige sanken.

Mit einer leichten nördlichen Brise segelten wir durch die endlos breite Garuae-Passage an der Nordseite von Fakarava und nahmen Kurs nach Tahiti auf. Zwei Tage später wuchs die massige Insel aus dem Meer; obwohl noch immer 35 Seemeilen entfernt, schien sie zum Greifen nahe. Um Mitternacht glitten wir friedlich bei Point Venus vorbei, Papeete war praktisch nur mehr um die Ecke, aber zunächst packte noch ein plötzlich von den Bergen fallender Luftstrom die Segel und eisiger Regen durchnässte uns bis zum Zähneklappern. Später schoben wir uns unter Maschine durch die gut gekennzeichnete Einfahrt und ankerten nahe einer Kirche.

Wer mit seinem Schiff nach Papeete kommt, ankert praktisch vor der Stadt, und wer auf noch engeren Kontakt mit der Umwelt erpicht ist, vertäut sich an der Betonmauer und bringt die Nabelschnüre in Form von Wasserschlauch und Stromkabel an Bord. Konversation mit vorbeifahrenden Auto- und Motorradfahrern wäre möglich, ohne das Cockpit zu verlassen, allerdings müsste man erst den Verkehrslärm überschreien.

Das klingt nicht sonderlich verlockend, aber die Kaimauer hat eine Anziehungskraft auf Yachten, die man nicht unterschätzen soll, denn oft ist alles bis zum letzten Platz gerammelt voll. Vielleicht ist es die Kulmination einer vor Jahren begonnenen Reise oder der Trubel der hektischen Stadt ist eine willkommene Abwechslung nach den einsamen Tagen auf See. Egal wie, wir verlegten uns noch am selben Vormittag zum Maeva Beach Hotel, ein kleines Stückchen hinter den Flugplatz mit dem unmöglichen Namen Faaa.

Zuerst schlugen wir uns mit den Behörden herum, die uns aufforderten, Französisch Polynesien schleunigst zu verlassen – und das zwei Tage vor Weihnachten. Seit einigen Monaten durften nämlich nur Staatsangehörige der (derzeitigen) EG ohne Visum einreisen, und Österreich gehörte damals noch nicht dazu. Genau diesen Punkt hatte der freundliche Beamte in Atuona auf den Marquesas übersehen und ich wollte ihn nicht darauf aufmerksam machen. Nach einem längeren Palaver beruhigte sich die Situation etwas, wir durften nachträglich um Visa ansuchen und uns den Kopf zerbrechen, wo wir die Kaution von insgesamt 3000 Dollar herbekommen würden.

Auch mit dem Zoll mussten wir uns herumschlagen. Den Großteil meiner Waffen hatte ich schon auf den Marquesas deklariert, Tahiti war ja schließlich einer der wenigen Plätze, wo ich sicher sein konnte, sie wiederzubekommen. Nun schleppte ich sie erneut zum Zoll, machte aber dem Beamten damit anscheinend keine Freude.

»Was ist das«, fragte er, »ein Maschinengewehr? Französisch Polynesien ist ein Paradies, in dem Waffen unerwünscht sind!«

»Aha, und die Atombombenversuche auf Mururoa sind in Ordnung«, sagte ich und damit erstickte ich jede weitere Konversation im Keim.

Auch ein Besuch im Spital war an der Reihe. Gerti war im dritten Monat schwanger – als ob wir's nicht gewusst hätten – und alles war in Ordnung, Gott sei Dank. Schon von den Marquesas hatte ich die Neuigkeit meiner Mutter mitgeteilt. Jetzt, am 24. Dezember, als wir endlich unsere Post erhielten, die über Segelfreunde in Moorea lief, war keine Antwort von ihr dabei, dafür aber ein Brief meines Bruders.

57

Unsere Mutter war bereits seit zwei Monaten begraben und hatte die Nachricht über das kommende Enkelkind nicht mehr erhalten.

Anfang Januar beschäftigten wir uns mit den kaputten Arbeitssegeln. Ohne die kleine elektrische Nähmaschine wäre der Job hoffnungslos gewesen. Es ist ein Gerät, das ich nicht mehr missen möchte. In meiner Rangordnung kommt sie gleich nach einem verlässlichen Autopiloten und lange vor einem SatNav. Ein Sat-Nav mag mir ruhig eine genauere Position während der Nacht geben als meine eigene Koppelrechnung, aber tagsüber wird er sicherlich keine Nähte in meine Segel klopfen.

Das sieben Jahre alte Material erleichterte die Arbeit ungemein, denn es war mürbe genug, um der Nadel wenig Widerstand zu bieten. Das Groß war schnell geschafft, die Genua dauerte etwas länger. Fetzen und ausgerissene Nähte fielen uns nur so aus dem Segelsack entgegen, in dem das Segel seit den Galapagos verpackt war. Wir kauften extra Garn bei einem lokalen Segelmacher und mieteten dessen Industriemaschine für eine Naht in der Mitte. Das zusammengeraffte Tuch passte beim besten Willen nicht mehr unter den Arm unserer Miniaturausgabe. Unentbehrlich bei der ganzen Arbeit war das sogenannte *seaming tape,* ein schmales, auf beiden Seiten klebendes Band, mit dem die Nähte vor dem Nähen zusammengehalten werden. Ohne dieses Tape wären wir statt zwanzig Minuten wahrscheinlich einen halben Tag beim Segelmacher gewesen.

Nach diesen Reparaturen waren wir nicht mehr nur auf die Leicht- oder Schwerwettersegel angewiesen und konnten daran denken, uns etwas in der Gegend umzusehen. Schließlich waren wir in Polynesien, diesem etwas unscharf umrissenen Gebiet des Südpazifiks, das seit Generationen eine magnetische Anziehungskraft ausübt, die umso größer ist, je weiter man davon entfernt ist.

Tahiti – welche Vorstellungen erweckt nicht allein der Name? Er verkörpert die Südsee; Inseln und Atolle in der Sonne, rauschende Palmen und raschelnde Grasröcke, honigfarbene *vahines* mit popolangem schwarzem Haar, das nach Kokosöl duftet (die ab und zu vorkommende Zahnlücke wollen wir momentan unerwähnt lassen), Blumenkränze und der Duft von Tiarablüten und Kopra, stille Buchten und tosende Brecher am Außenriff. Ein freies Leben im ewigen Sommer im Schatten erloschener Vulkane. Was fehlt noch? Wahrscheinlich die ständige Bierdose in der Hand.

Kaum ein anderes geographisches Gebiet wurde je in der Literatur so verherrlicht und setzte damit Wünsche frei, die oft unerfüllt bleiben müssen. Teils, weil auch Tahiti einem stetem Wandel unterworfen ist, und teils, weil die relativ wenigen Polynesier nichts mehr mit der Flut der eingeflogenen Touristen anzufangen wissen. Das mag vor nicht allzu langer Zeit anders gewesen sein, aber heute ist heute, und so beginnt für viele die legendäre Südsee über den Horizont zu rutschen. Noch ist sie sichtbar, aber wer weiß, wie lange noch?

Tahiti im Wandel der Zeit

Auf den Gesellschaftsinseln

Mit rauschender Fahrt nahm Taboo III die Linkskurve im Pass Taotoi, Kurs offenes Meer. Der frische Wind raumte und vergrößerte unsere Geschwindigkeit, die Riffe zu beiden Seiten der Einfahrt verengten sich und flogen nur so vorbei. Nichts hätte den Kat jetzt zurückhalten können, weder Maschinenkraft noch mein Eingreifen. Auch nicht die entgegenkommende Strömung, aber sie zeigte zumindest die gefährliche Stelle im letzten Teil an, wo sich das grüne Wasser auftürmte und über der Untiefe brach. Der Wind hatte den Kat im Griff und ließ nicht locker, ich hatte das Steuer in der Hand und ließ genauso wenig locker.

Zwischen Brecher und Riff pflügte Taboo III durch einen Wall aus Wasser, der Doppelbug verschwand für eine lange Sekunde, tauchte wieder auf, schüttelte das Salzwasser ab und verbiss sich in die nächste Welle. Kurz danach waren wir im tiefen blauen Wasser, was nicht nur auf die Bewegung, sondern auch auf meinen Adrenalinhaushalt eine beruhigende Wirkung hatte.

Gerti war unter Deck und hatte sich die ganze Aufregung gespart. Sie befand sich schließlich in den letzten Monaten ihrer Schwangerschaft. Das war auch der Grund, warum wir bei sieben Windstärken gegenan von Moorea nach Tahiti segelten. Es stand eine Ultraschalluntersuchung an und wir konnten es kaum erwarten, die neuen Abmessungen unseres kommenden Kindes zu erfahren, auch wenn es sich nur um den Kopfdurchmesser oder die Länge des Oberschenkelknochens handelte.

In den letzten Monaten hatten wir Tahiti und Umgebung ganz lieb gewonnen, trotz anfänglicher Anpassungsschwierigkeiten. Irgendwie erwartet man mehr von dieser Metropole der Südsee.

Man braucht Zeit, die Unpersönlichkeit zu durchdringen, Freunde kennen zu lernen und dem Platz auch gute Seiten abzugewinnen. Tahiti ist teuer, aber die Marquesas waren noch teurer. Nicht, dass das ein Trost ist, eher eine Art von Ansporn zu bewusstem Einkaufen. Vorbei war das wahllose Plündern der Regale, wie wir es von Mittelamerika gewohnt waren, dieses Verhalten hätte sicherlich peinliche Folgen für die Bordkasse gehabt. Wir gingen also kühl lächelnd an französischem Wein und Pastete vorbei, konnten aber Butter aus Neuseeland nicht widerstehen. Die brauchten wir fürs Stangenbrot, das übrigens wie alle anderen Grundnahrungsmittel sehr preiswert war. »Man muss nur gezielt einkaufen«, so Gertis Philosophie, »und spart allein durch diese Maßnahme eine Menge Geld.« Das galt umso mehr für den Euromarché nahe dem Maeva Beach Hotel, unserem häufig frequentierten Ankerplatz auf Tahiti.

Dieser riesige Supermarkt hat eine eigene Kasse für Schwangere, was Gerti toll fand und ich früher als läppische Finte abgetan hätte. Jetzt, als werdender Vater, begann ich solche Sachen in einem anderen Licht zu sehen. Außerdem sah ich viel mehr schwangere Frauen herumlaufen als in vorangegangenen Jahren, da dürfte ich sie echt übersehen haben. Jetzt entging mir keine, nur Gerti bremste mich manchmal: »Die ist nicht schwanger, die streckt nur den Bauch raus.« Egal wie, die Bevölkerung machte einen gebärfreudigeren Eindruck als die Mitteleuropas. Für manche heißt es »Neapel sehen und sterben« und für uns war es eben »Polynesien sehen und schwanger werden«.

Die meiste Zeit verbrachten wir auf Moorea. Nach anfänglichen Erkundungsfahrten rund um die Insel kehrten wir immer wieder gerne zu unserem Lieblingsankerplatz in der Opunohu-Bucht zurück. Aber nicht drinnen, wo schon um vier Uhr nachmittags aufgrund der einengenden Berge die Sonne weg und das Wasser durch den Fluss getrübt ist und obendrein sich kein Lüftchen regt, sondern draußen am Vaipeu-Riff. Dort war der Sandgrund sichtbar, das Riff zum Schnorcheln nicht weit entfernt und immer fächelte eine kühlende Brise übers Deck. Gerti war sehr happy, täglich planschte sie im Wasser, der Bauch wurde schwerelos und diese Erleichterung war nicht zu überbieten.

Die Hurrikansaison ging zu Ende, ohne dass die Gesellschaftsinseln in Mitleidenschaft gezogen wurden. Nur einmal brachten zwei fast stationäre Tiefdruckgebiete starke Winde und zehn Tage Regen. Für den Fall aller Fälle hatten wir uns schon kurz nach unserer Ankunft nach einem sicheren Liegeplatz umgesehen, denn weder der Hafen von Papeete noch die Ankerplätze hinter dem Faaa-Flugplatz sind optimal. Das hatte sich bei Wirbelstürmen in vorangegangenen Jahren gezeigt, in denen bei auflandigen Winden haufenweise Yachten zu Bruch gingen und weitere vor diesem Schicksal nur durch Eingreifen der französischen Hafenboote bewahrt wurden. Auch die beiden großen Buchten an der Nordseite von Moorea sind nicht ideal. Die Opunohu wie auch die Cooks Bay sind zwar durch das Außenriff geschützt, aber windmäßig nach Norden offen. Dazu kommt ein gewisser Trichtereffekt, den man nicht unterschätzen darf. Während wir einmal auf unserem Ankerplatz lagen und auflandige Winde von acht Windstärken hatten, strandeten drei Yachten weiter drinnen in der Bucht. Bevor die Anker en masse zu schlieren begannen, hatten sie noch Gelegenheit, Windgeschwindigkeiten von 70 Knoten (12 Beaufort) zu messen, aber nicht den Funken einer Chance, unter solchen Bedingungen einen zweiten Anker auszubringen.

In Französisch Polynesien gibt es keine hundertprozentig sicheren Ankerplätze, so lautet die oft geäußerte und wiedergekaute Ansicht. Nach meiner Erfahrung ist das Nonsens und ich wüsste gerne, wer dieses Gerücht in die Welt gesetzt hat.

Auf den Gesellschaftsinseln gibt es sicherlich mehrere sichere Schlupfwinkel, die Schutz gegen alle Windrichtungen bieten, man muss sie nur finden, und das geht nicht mit dem Finger auf der Seekarte. Sie liegen natürlich abseits der frequentierten Plätze, ansonsten wären sie ja notgedrungenermaßen bekannt. Wir fanden unseren perfekten Platz während eines Segeltörns an der Südküste von Tahiti. Mit dem letzten Licht rutschten wir durch den Rautiare-Pass und schlängelten uns dann weiter im Kanal zwischen Außen- und Saumriff. Kurz danach zeigte sich eine winzige Öffnung, durch die der Kat gerade noch passte und die in eine kleine Lagune führte. Das Wasser war spiegelglatt und ringsum von Land umgeben. Seewärts bot die breite, mit Palmen und Casuarinas bewachsene Halbinsel Schutz, danach kam die tiefe Fahrrinne, die wir eben benutzt hatten, und noch weiter draußen das Außenriff. Es war schlechthin der perfekte Platz, nur ein Erdbeben konnte hier Wellen machen.

An der Steinpier war Platz für ein halbes Dutzend Boote, während die Lagune selbst kaum groß genug zum Ankern war, aber es gab auch ausreichende Möglichkeiten, sich an den Uferbäumen festzubinden und dort einen Anker auszubringen.

Ich selbst sah Tahiti zum ersten Mal 1961 vom Deck eines Frachters, der nach Australien unterwegs war und für eine Woche an der Mole von Papeete lag, während Stückgut ausgeladen wurde. Container waren noch nicht erfunden. Es gab zwar schon Flugzeuge, aber noch keine Linienflüge nach Tahiti. Besucher kamen nur in relativ geringen Zahlen über das Wasser und wurden gebührend empfangen.

Noch während das Schiff anlegte, war bereits eine Tanzgruppe in voller Aktion, und jede an Land gehende Person wurde mit Blumenkränzen behangen und abgeküsst, ob sie wollte oder nicht.

Wo sich heute das Vaima-Einkaufszentrum befindet, standen damals malerische, aus Bambus gefertigte Lokale, in denen man bei einem Hinano-Bier die Gelegenheit hatte, engere Kontakte mit der lokalen Bevölkerung zu schließen und Eindrücke von bleibendem Wert zu sammeln. So z. B. wenn man ahnungslos auf die Toilette ging und im Hintergrund des Gebäudes in einen Raum mit gemischtem Publikum kam, in dem Männlein wie Weiblein unbekümmert und unbehindert durch Trennwände nebeneinander tratschenderweise ihre Geschäfte verrichteten.

Eindrücklich war auch, wie ich einmal im Schlepptau einer langhaarigen Schönheit zu ihrem Haus tapste und sie sich plötzlich in einem Türeingang hinhockte. Was tut sie jetzt, dachte ich, sucht sie vielleicht etwas? Die Frage wurde beantwortet, als sich ein nicht unbeträchtliches Rinnsal zum Straßenrand zu schlängeln begann.

In diesen Tagen fand nicht nur der Neuankömmling die Einheimischen sehr interessant, sondern auch umgekehrt. Gewisse Neugierden mussten befriedigt werden und auch der kurzfristige Besucher brauchte sich um eine persönliche Betreuung keine Sorgen zu machen. Die Einheimischen starben ja fast vor Langeweile und konnten sich höchstens was auf der Gitarre vorklimpern, es gab weder Fernsehen noch Videofilme oder Diskos – die einzige echte Abwechslung war ein Schiff aus fernen Landen.

1972 kam ich aus eigener Kraft mit meinem 9,6-Meter-Katamaran TABOO an und fand bereits eine veränderte Situation vor. Regelmäßiger Flugverkehr, ermöglicht durch eine in die Lagune hinausgebaute Piste, hatte die Schleusen für Tausende von Touristen pro Woche geöffnet. In Papeete hatten moderne Gebäude die urigen Bambusbuden verdrängt, Souvenirläden boten Ramsch an und Hotels organisierten Grasrocktänze. Das verschlafene Städtchen begann unter einem bisher unbekannten Zustand zu leiden: Stress. Papeete hatte seinen eigenen, wenn auch vielleicht ungewollten Rhythmus gefunden, außerhalb der Metropole plätscherte das Leben jedoch dahin wie bisher.

Bei meinem jetzigen Besuch, zusammen mit Gerti auf TABOO III, sah ich Tahiti wiederum in einem anderen Licht. Bessere Straßen, mehr Autos, aber auch mehr Verkehr und Gestank. Das Straßenbild ist moderner und unpersönlicher geworden. Bambus als Außen- oder Innenfassade wurde wieder akzeptabel, allerdings nur in einer gediegenen Form, die den Touristen sicherlich das Gefühl einer tropischen Umgebung suggerierte. Viele der *vahines* hatten ihre langen Haare gegen eine kurze, modische Frisur und den *pareau* gegen die letzte Pariser Mode eingetauscht. Am Abend auf der Straße herumsitzen und Musik machen wie in früheren Jahren – das gab es nicht mehr. Auch ohne das passierten schon genügend Verkehrsunfälle und dann hatte jetzt auch kaum noch jemand Zeit für die Musik. Stattdessen gab es endlich Television und Videofilmverleih und das Aufholbedürfnis war einfach riesig.

Musik wird nun in den Diskos geboten, die gleichzeitig geeignete Plätze sind, um Mädchen zu treffen. Doch nicht immer muss man so weit laufen.

Eines Abends saßen wir mit Freunden an der Bar des Beach Comber Hotels und bemerkten eine äußerst zierliche Serviererin. Gerti und ich wissen von den Philippinen, dass dort viele Mädchen manchmal kaum 40 kg auf die Waage bringen und dieses Persönchen lag in etwa in derselben Klasse. Unsere Freunde konnten es nicht glauben, und um die Sache zu klären, ging ich ihr nach und fragte sie nach ihrem Gewicht.

Entweder missverstand sie mich oder sie hielt das Ganze überhaupt für einen plumpen Annäherungsversuch. Ihre Antwort lautete nämlich, dass sie jetzt arbeiten müsste, aber danach hätte sie Zeit.

1 Bird Island, Perlas Inseln

2 Die amerikanische Küstenwache im
   Einsatz gegen Drogen im Golf von
   Panama. Auch TABOO III wurde unter
   die Lupe genommen

3

4

3   ...und ewig lockt die Südsee

4   In Costa Rica musste ich den Mast legen
    und reparieren

5   Die Nachbarinsel Moorea ist zum
    Greifen nah

6   Ansteuerung von Haka Hetau, Marquesas

7   Der tägliche Pottwal-Besuch

8 Inselschönheit auf Dublon, in der Lagune von Truk

9 Grün schimmert die Lagune von Moorea

10 Unser Lieblingsankerplatz gleich nach der Einfahrt in die Opunohu-Bucht

11 Beim Willkommensfest auf Aur werden wir herzlich begrüßt

9

8

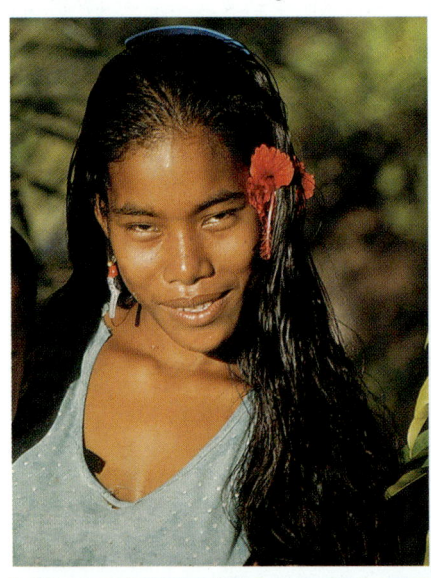

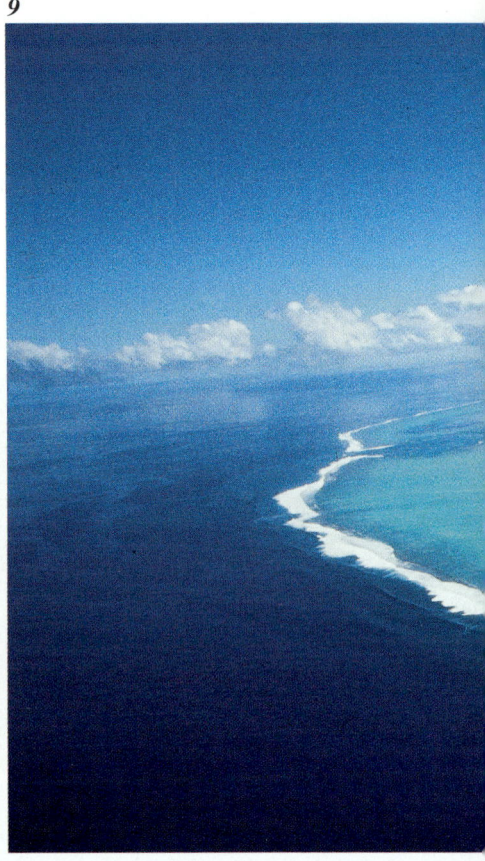

10

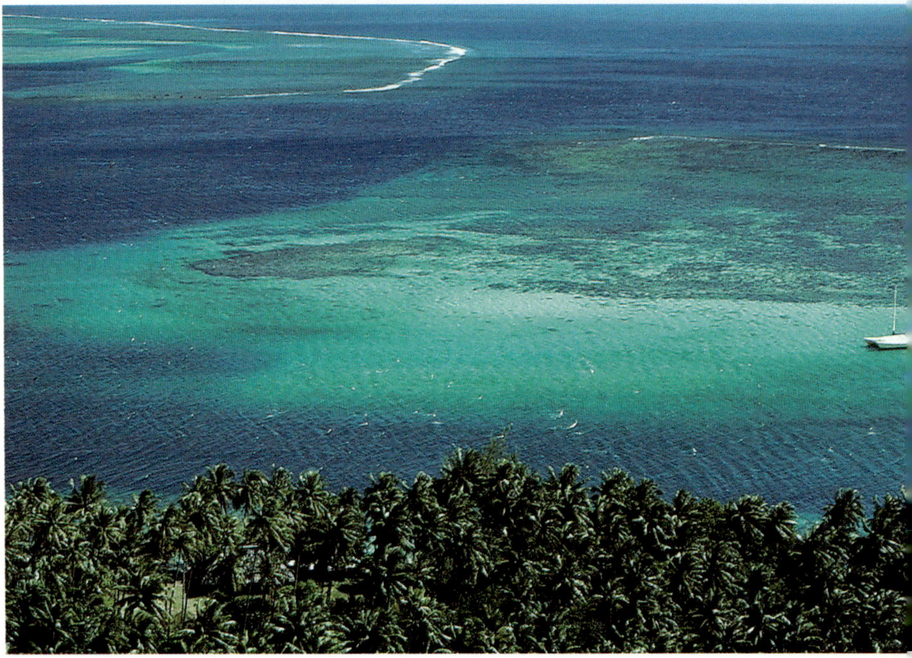

11

12

13

12 In Mikronesien ist die Mehrzahl der
    Inseln unbewohnt

13 Die Segelkanus von Ifalik sind echte
    Proas, der Ausleger wird immer in Luv
    gefahren

14 Die rätselhaften Ruinen von Nan Madol,
    Ponape

15 Auf Ifalik tragen alle Blüten in den Haaren

16 Das Haus des alten Mannes Lopon, der mir
    Grundstück schenken wollte

14

15

16

17

17 Die Bauzeit beträgt etwa
    drei Jahre, verwendet wird
    das Holz alter Brotfrucht-
    bäume

18 Die einzige Einnahme-
    quelle der Insulaner ist
    die Kopra

19 Über Bretter und Rund-
    hölzer wird der 18-Meter-
    Kat wieder auf die
    Riffplatte gerollt

18

19

Unser Freund Michel, ein junger Franzose aus dem Elsass, der schon einige Jahre in Tahiti arbeitet, hat in diesen Dingen eine für manche sicherlich beneidenswerte Routine entwickelt. Während der Woche haust seine Freundin Anita bei ihm, führt den Haushalt und fährt dann am Freitagnachmittag zu ihren Eltern ins Dorf an der Südküste. Samstagabend macht Michel die Runde durch Diskos und Bars und nimmt in den frühen Morgenstunden eine *vahine* mit nach Hause, die, wie er sagt, auch nur eine gute Zeit haben will und nicht unbedingt auf eine feste Bindung erpicht ist. Tags darauf kann Anita durch Beschnuppern des Polsters nicht nur sagen, dass da ein fremdes Mädchen im Bett geschlafen hat, sondern oft auch, woher sie war. Schuld daran ist das *monoi*, ein nach Blüten und Kräutern duftendes Kokosnussöl, das sich alle Mädchen in die Haare reiben; sie werden dadurch noch schwärzer und glänzender. Die Ingredienzen unterscheiden sich von Insel zu Insel, so auch die Duftnote, und die begehrteste kommt von den Marquesas.

Es würde Anita nicht im Traum einfallen, dieses wöchentliche Eindringen in ihre Privatsphäre ernst zu nehmen oder gar eine Szene zu machen. Diese Seite des polynesischen Lebens, genauso wie die lose Bindung zu Kindern, die oft nicht bei den Eltern aufwachsen, sondern dort, wo es gerade passt oder wo man welche braucht, hat schon manche nach anderen Maßstäben ausgerichtete Natur vor den Kopf gestoßen. Aber die Polynesier haben zu fast allen Dingen eine ziemlich natürliche Einstellung und das gilt eben auch für Sex. Er wird weder unter- noch überbewertet, und den meisten fällt es schwer, deswegen in Ekstase zu geraten. Warum auch? Es ist etwas, was man gerne tut, aber dabei nicht unbedingt Sternschnuppen oder Feuerwerke erwartet.

Feuerwerke in etwas anderem Sinne wurden auf Mururoa geboten, wo die Franzosen seit den sechziger Jahren ihre Atombombenversuche durchführen.

Während meines vorherigen Aufenthaltes in Polynesien konnte ich auf den Gambier-Inseln, unweit von Mururoa, den Wellblechbau mit Berieselungsanlage bewundern, der den Inselbewohnern bei einer Winddrehung Schutz vor dem atomaren Niederschlag gewähren sollte. Unter normalen Verhältnissen verteilte er sich in verdünnter Form auf die restlichen in Lee liegenden Atolle der Tuamotus, die ja nur spärlich besiedelt sind.

Zwischendurch heirateten wir auf typisch polynesische Manier. Da der Staat jede ledige Mutter unterstützt, und darauf wollen die meisten jungen Paare nicht verzichten, ist der Drang zum Heiraten hier stark zurückgegangen. Die Zeremonie auf dem imposanten Bürgermeisteramt dauerte nur wenige Minuten, die Vorbereitungen dazu aber Monate. Wir gerieten in die Fänge der verschnörkelten französischen Bürokratie und verstrickten uns hoffnungslos. Verschlimmert wurde die Lage durch sprachliche Schwierigkeiten und eine ältere Amtsperson in einer gewissen Schlüsselposition. Diese Dame chinesisch-polynesischer Abstammung schickte uns kreuz und quer durch Papeete, um ein weiteres Papierchen von einem weiteren Amt zu apportieren. Dann begutachtete sie es und ließ eine ihrer beiden englischen Standardformeln vom Stapel. »*This paper is good*« war, was wir hören wollten.

Niemand war aber auf ihr »*This paper is not good*« erpicht, denn oft hatte der Grund nichts mit uns, sondern mit ihrer Auslegung der Paragraphen zu tun. Einmal hatte der Wisch nicht die richtige Farbe oder man hatte uns den falschen Durchschlag ausgehändigt.

Liebend gerne hätte sie Gerti persönlich irgendwohin geschickt, aber da musste ich protestieren, deponierte Gerti auf einer Parkbank und holte selbst dieses Papier, das hoffentlich auf der Endstation *good* war.

Mir wurde jetzt ein weiterer Grund klar, warum auf Tahiti das Heiraten so unpopulär ist: Die meisten geben einfach auf. Man sollte jede Eheschließung durch eine saftige Prämie belohnen. Sie wäre nicht nur ehrlich verdient, es würden auch notgedrungen viel weniger ledige Mütter abkassieren gehen. Einen Teil dieser gesparten Steuergelder könnte man in Form von Kinderbeihilfe dem Inselvolk wieder zugute kommen lassen.

Gegen Ende des Papierkrieges begann sie mich zu schikanieren, indem sie mich dauernd darauf hinwies, was ich anzuziehen hätte.

Die rigorosen Vorschriften bezogen sich anscheinend nur auf meinen Oberkörper (Jacke und Krawatte) und Gerti stand es überhaupt frei anzuziehen, was sie wollte. Aber eine Viertelstunde vor dem Termin, bereits seit Wochen festgelegt, hätten wir bei ihr zur Inspektion zu erscheinen.

Auch Trauzeugen unterlagen diesen Bestimmungen und damit

schieden gleich einige unserer Freunde aus, denn nicht jeder konnte eine Jacke sein eigen nennen, geschweige zwei Krawatten, wovon eine für mich sein sollte. Ein Sakko im eigentlichen Sinn hatte ich auch nicht, aber ein kurzärmeliger Tropenanzug erfüllte meiner Meinung nach diese Vorschrift. Im Vorgarten des Standesamtes schlüpfte Fred in seinen blauen Blazer und ich begann einen Zweikampf mit meiner Krawatte, der nur durch fremdes Eingreifen beendet werden konnte. Die Damen, Zita und Gerti, waren bereits fertig erschienen, Gerti in vornehmem Dunkelblau. Auf die Minute genau traten wir in das ebenerdige Standesamt, wo die Beamten in Bereitschaft harrten. Mitterrand blickte streng in fast voller Lebensgröße von einem Gemälde, während wir »oui« quakten, uns vorschriftsmäßig küssten und unzählige Unterschriften verteilten. Zehn Minuten später waren wir wieder draußen, noch bevor sich die allgemeine Rührung legen konnte. Und jetzt nichts wie raus aus Jacke und Krawatte und bei der Paragraphenreiterin vorbeischlendern. »Sie haben sich verspätet«, kreischte sie, »und wo ist …« – »Ist schon alles vorbei«, sagten wir und lächelten ihr zum Abschied zu.

Trotz der bürokratischen Schwierigkeiten war Tahiti ein geeigneter Platz, ein Kind zu bekommen. Schwangere Frauen haben einfach Vorrang. Selbst der reißendste Verkehr kommt zum Halten, sobald sich ein runder Bauch dem Straßenrand nähert. Am Markt wurde Gerti im Hinblick auf ihren Zustand regelmäßig mit Früchten beschenkt. Auch die Behörden sahen unsere wiederholten Ansuchen um längeren Aufenthalt in einem gnädigen Licht.

Wir waren gerade von einer Untersuchung im Spital von Papeete zurückgekommen, als Gerti von echten Wehen gekrümmt wurde, die ihr die Luft nahmen. Ich ruderte die paar Meter zum Beach Comber Hotel, um den Ambulanzwagen anzufordern. Nichts wie zurück, obwohl man uns zwei Stunden vorher noch versichert hatte, dass es noch mindestens eine Woche dauern würde. Wir waren noch auf dem Hotelgelände, als die beiden Krankenhelfer das Auto anhielten, weil sie dachten, Gerti würde das Baby jede Sekunde bekommen. Ich erhob Einspruch, die Mamao Clinic war ja schließlich kaum mehr als zehn Minuten entfernt. Wir rasten dorthin, Gerti wurde in den Kreißsaal eingeliefert, auf dem

67

zweiteiligen Bett zurechtgerückt und das war's fürs Erste. Außer heftigen Wehen passierte nichts. Zwei Stunden später hätte es so weit sein sollen, Gerti drückte und drückte, jedoch ohne Erfolg. Es dauerte noch etwas länger, bis der Grund klar wurde: Unser Kind hatte sich in die sogenannte Gesichtslage gedreht, die nach der Querlage die ungünstigste Stellung überhaupt ist und so selten vorkommt, dass darüber kaum Statistiken vorliegen.

Ein Lautsprecher übertrug die Herzschläge unseres armen Wurmes. Meist war es wie ein Maschinengewehr, so um die 160 pro Minute, aber während der Wehen stolperten sie runter auf 45 und blieben so lange unten, dass nur noch besorgte Blicke gewechselt wurden. Später steckte das Baby im Geburtskanal, und die Herztöne konnten während der Wehen nicht mehr eindeutig gemessen werden. Ein Kaiserschnitt wurde erwogen. Gerti brach in Tränen aus, man schickte nach dem Chefarzt. Der kam, befühlte mit seinen feingliedrigen Händen die Lage und verkündete Gerti: *no problem.* Die verblüffte Belegschaft erhob keinen Einspruch, alle starrten wir wie gebannt, als eine weitere Zange, die vierte oder fünfte, aus der sterilen Schachtel ausgepackt und in Position gebracht wurde. Mit den nächsten Wehen drückte Gerti mit letzter Kraft und der Chefarzt zerrte so verbissen an der Zange, mit einem Bein gegen das Bett gestemmt, dass sich meine wieder gefundene Hoffnung rapide in Angst wandelte.

Doch Sekunden später kam unsere Tochter Vaitea auf die Welt, das arme blaue Wurm hatte nach neun Stunden intensivster Quetscherei keine Lust mehr zu einem Schrei und musste erst dazu ermuntert werden. Aufgrund der schweren Geburt kam Vaitea (3,6 kg und 52 cm) zur Beobachtung auf die Intensivstation für Säuglinge und Gerti, durch drei Stockwerke von ihr getrennt, war dementsprechend todunglücklich. Stunden später, nachdem Gerti versorgt und in einem Bett untergebracht war, legte man mir nahe, endlich abzuhauen.

Bei meinem nächsten Besuch im Spital fand ich Gerti unterwegs auf der Treppe, um Vaitea zu stillen. Das ständige Stufensteigen war kein besonderer Hit für sie, aber die Entbindung ja auch erst einige Stunden her. Schließlich durfte ich ganz kurz in die Station, um Vaitea aus der Nähe zu betrachten. Sie war einfach süß, im Schlaf zuckte sie mit der Nase und ballte die winzigen Fäustchen.

Zwei Tage später wollten wir nach Hause auf Taboo III, stießen aber auf energischen Widerspruch. Obwohl Vaitea pumperlgesund war, dachte die Oberärztin der Kinderabteilung daran, Vaitea mindestens zehn bis vierzehn Tage zu behalten – reine Routinesache bei schweren Geburten, meinte sie. Wir fanden diese Fürsorge einfach rührend, auf der anderen Seite kostete sie uns umgerechnet mehr als 650 Dollar pro Tag. Die Versorgung war optimal, aber die Trennung auch, Mutter und Kind waren ja separat in verschiedenen Stockwerken untergebracht. Gerti konnte nur zu den Stillzeiten zum Baby und ich durfte lediglich durch die Glasscheibe zugucken.

Unter diesen Umständen konnten wir von Glück reden, schon nach sechs Tagen dem Mamao Hospital zu entkommen. Tahiti ist eben teuer, aber dafür konnte ich die saftige Rechnung mit dem Erlös hier verkaufter Muschel- und Schneckenschalen bestreiten. Viele davon hatte ich erst seit Gertis Schwangerschaft gesammelt. Der Gedanke war daher nahe liegend, unser Kind nach einer Muschel zu benennen, aber dann fanden wir einen polynesischen Vornamen doch passender. Vaitea ist der Name einer polynesischen Göttin und bedeutet »klares Wasser«.

Kurz vor der Entlassung wurde noch eine Röntgenuntersuchung für Gerti angeordnet. Sie litt noch immer unter Schmerzen, die selbst in ihren Augen kaum gerechtfertigt waren. Siehe da, ihr Steiß war gebrochen, eine kleine Nebenwirkung der technischen Geburtshilfe. Bei so einem Fall gibt es keine sinnvolle Behandlung, der halbierte Knochenfortsatz des Rückgrats würde im Laufe der Zeit wieder von selbst zusammenwachsen. Die Parole war also, die Zähne zusammenzubeißen und nach Möglichkeit harte Stühle zu vermeiden.

Unser neues Familienleben an Bord fiel bald in ungeregelte Bahnen, natürlich drehte sich alles um Vaitea. In der Nacht erinnerte sie uns alle paar Stunden, dass sie jetzt auch da war. Als ob wir das je vergessen könnten.

Wenige Wochen nach der Geburt segelten wir wieder, rutschten bei Mondlicht in unsere Opunohu-Bucht und verbrachten einige Tage dort, bevor wir uns zu den anderen Gesellschaftsinseln aufmachten.

Perlen und Fliegen

Die Cook-Inseln

Sechs Wochen war unsere Tochter Vaitea alt, als wir unsere Reise über den Pazifik fortsetzten. Mutter und Kind waren wohlauf, auch wenn Gerti noch immer unter ihrem gebrochenen Steiß litt, doch Vaitea war quietschlebendig. Inzwischen wussten wir auch, woher dieser Ausdruck stammt ... Wenn sie jedoch schlief, war Vaitea durch nichts zu erschüttern: als eine Concorde mit heulenden Triebwerken über uns aufstieg und einen unbeschreiblichen Krach machte, schlummerte Vaitea einfach weiter.

Fürs Erste parkten wir sie in unserer großen Doppelkoje, in der wir auch spielend Zwillinge untergebracht hätten. Von einem Kinderzimmer in einer der beiden Gästekabinen sahen wir ab, es hätte das Bordleben nur unnötig kompliziert. So war die ganze Familie in einem Bett vereint, Vaitea war immer griffbereit, das Bad nur wenige Schritte entfernt, und wenn sie etwas wollte, brauchte sie nur zu brüllen. Das geschah regelmäßig so alle zwei Stunden. Gerti kippte sich das Baby an die Brust und die Schreierei wurde von einem zufriedenen Schmatzen abgelöst. In der Nacht mussten wir uns an etappenweisen Schlaf gewöhnen; es war so ähnlich wie ununterbrochen Wache schieben. Wir konnten also genauso gut segeln, und das taten wir auch. Wir schlängelten uns die Gesellschaftsinseln hoch, verbrachten noch ein paar nette Tage in Bora Bora und segelten zu den Cook-Inseln.

Unser erstes Ziel war Penrhyn, die nördlichste Insel dieser Gruppe. Mond und Jupiter ergaben ein Fix vor Sonnenaufgang des fünften Tages und zwei Stunden später war das Atoll von der Saling aus zu erkennen. Es war zwar noch immer 15 Seemeilen entfernt, aber der dünne Strich am Horizont nicht zu übersehen.

Später schob die Maschine TABOO III durch den engen Taruia-Pass. Die auslaufende Strömung war so stark, dass wir nur im Schneckentempo vorankamen. Es war Sonntagnachmittag, nicht gerade Bürozeit, aber kaum hatte ich vor der Ortschaft Omoka geankert, als auch schon ein Beamter von der Immigration rauskam und uns mit einer Vielzahl von Formularen überschwemmte, immerhin ohne Überstundengebühren zu verlangen.

Penrhyn ist einer der wenigen Plätze auf der Welt, auf dem regelmäßig Naturperlen gefunden werden. Perlenaustern von geringer Größe wachsen zu Abertausenden auf den Korallenriffen in der Lagune und erneuern sich ständig, obwohl sie regelmäßig von den Einheimischen geerntet werden. Oft müssen 100 oder mehr Schalen geknackt werden, bis eine Perle, *poi pipi* genannt, zum Vorschein kommt. Diese kann unscheinbar klein bis circa 10 mm im Durchmesser und nicht unbedingt rund sein. Trotzdem sind Perlen zu einer wichtigen Einnahmequelle der Inselbevölkerung geworden. Praktisch jede Familie besitzt eine kleine Sammlung, deren Stücke man für bare Münze oder gegen Waren eintauschen kann. Alle der spärlich gesäten Besucher des Atolls werden als potentielle Käufer betrachtet, egal ob sie wollen oder nicht. Wir konnten kaum durch das Dorf wandern, ohne zu einer erfrischenden Trinknuss eingeladen zu werden, die angenehm temperiert aus dem Kühlschrank kam. Kurz darauf werden dann die Perlen ausgepackt und fast zeremoniell präsentiert. Aber Gerti und ich waren uns einig: Unter keinen Umständen würden wir *cash* bezahlen und uns auch nur von Sachen trennen, die wir entbehren oder leicht ersetzen konnten. Denn diese Inselbewohner waren trotz ihrer Freundlichkeit auch als die Araber der Südsee verschrien, die schon auf eine lebenslange Erfahrung im Feilschen zurückblicken und einem alles Mögliche aufschwatzen können.

Bei diesen Tauschgeschäften wurden wir im Nu Leintücher, Handtücher, Fischleinen, Haken und dergleichen los. Im Nachhinein und Wochen später, als wir das Atoll wieder verließen, war uns klar, dass man uns Anfängern Perlen von geringem Wert ausgehändigt und bessere Stücke überhaupt zurückbehalten hatte.

71

Aber was soll's, irgendwie muss man seine Erfahrungen sammeln und wir konnten unsere für unseren nächsten Ankerplatz an der Ostseite der Lagune gebrauchen.

Vor Ormoka war der Passat auflandig und während der Nacht hatte es stundenlang geregnet, während uns heftige Böen um die Ohren pfiffen, Grund genug also, um sich zu verlegen.

Zwei Mädchen hatten sich als Passagiere angemeldet und mit ihnen überquerten wir die Lagune und ankerten in Lee vor dem Dorf Tetautua. Sofort wurden wir von tauschwütigen Polynesiern überfallen, die ihre *poi pipis* schwenkten und uns mit Früchten beschenkten. Der Anstand verbot es, sie kurzerhand wegzuscheuchen. Andererseits löste ein Kanu das andere ab, Taboo III wurde zum Treffpunkt der Ansiedlung. Jedes Boot brachte einen neuen Schwall Fliegen mit, von denen die meisten nicht mehr zurück an Land wollten. Diese ununterbrochene Belagerung von Menschen und Insekten wurde nach einigen Stunden so unerträglich, dass ich ab sofort fixe *trading hours* festlegte, um unseren Tagesablauf etwas zu normalisieren.

Am nächsten Morgen kam Saitu, einer unserer Freunde, mit zwei großen Langusten an. Als ich sie entgegennahm, ließ ich sie fast fallen: Sie kamen geradewegs aus dem Kochtopf und waren noch brennend heiß. Diese nette Geste war mit dem Versuch verbunden, uns winzige Perlen einzureden. Später kam Mamia mit Bananen und jemand anderer brachte zwei frisch gefangene Fische. Oft waren das wirklich reine Geschenke, getauscht wurde später. Nachdem wir vier Sessel, ein Liegebett, Kochtöpfe, Geschirr und Krüge losgeworden waren, entbrannte ein Kampf um den noch vorhandenen Schaukelstuhl. Aber gerade dieses Stück wollten wir nicht verschleudern. So vergingen einige Tage und dann hatten wir erst mal andere Sorgen:

Am Nachmittag kamen plötzliche westliche Winde auf, die den Ankerplatz zu schaukelig für Besucher machten. Erbarmungslos scheuchten wir die Fliegen aufs Deck, wo sie gleich weggeblasen wurden. Bei Sonnenuntergang blies es mit acht Windstärken und 100 Meter hinter uns brachen sich die Wellen am Korallenriff. Für uns war es bereits zu spät, um sich noch zu verlegen. Aber der Haltegrund, fester Sand, war verlässlich und einen zweiten Anker hatte ich schon vorher ausgebracht.

Nach einer ruppigen und größtenteils schlaflosen Nacht begrüßten wir das erste Licht des nächsten Tages und schlängelten uns kurz darauf zwischen den unzähligen Korallenpilzen in den nördlichen Teil der Lagune, um Schutz hinter einer Insel am Außenriff zu finden. Der Sturm hatte zwar schon etwas nachgelassen, aber der Seegang war unvermindert rau. Damit fiel auch der Kirchenbesuch aus, so leid es mir tat. Zu diesem wird man auf Penrhyn förmlich gezwungen, so dass ich am Sonntag zuvor auf Druck der gesamten Bevölkerung mal wieder eine Kirche von innen sah. Gerti war wegen Vaitea entschuldigt, bei mir zählte aber keine Ausrede und wehe dem abtrünnigen Dorfbewohner, der nur die Idee gehabt hätte fernzubleiben.

Aufgrund meiner Anwesenheit wurde auch auf Englisch gepredigt. Noch nie sah ich eine Glaubensgemeinschaft so verängstigt in den Holzbänken verschwinden, während auf sie hinuntergebrüllt wurde. Für jede Sünde wurde gleich eine Strafe angedroht, die von ewiger Verdammnis bis zu Haibissen rangierte, ich traute meinen Ohren nicht. Tatsächlich, erzählte man mir später, wurde ein Fischer, der sich etwas zu Schulden hatte kommen lassen, vor einigen Jahren von einem Hai gebissen. Dieser Beweis von göttlichem Eingriff in den Alltag von Penrhyn wird seitdem immer wieder schamlos zitiert, bis den einfachen Leuten der Angstschweiß auf der Stirn steht. Aber das hinderte einige junge Mädchen nicht, mit mir zu kokettieren. Nur die schrillen Hymnen brachte die Versammlung zum Leben, es war die einzige Gelegenheit, sich den Frust aus der Seele zu schreien.

Der Einfluss der Kirche auf Penrhyn, im krassen Gegensatz zu den anderen Cook-Inseln, ist so stark, dass es für einen Burschen genügt, nur einmal ein Mädchen zu berühren, um die Hochzeitsglocken zum Läuten zu bringen. Und da ist vom Küssen noch gar nicht die Rede. Diese aufgezwungene puritanische Einstellung drückt sich auch in der Kleidung aus. Jungmädchenhafte Formen werden in solide Büstenhalter gezwängt, lange Röcke verbergen so viel Bein wie möglich. Welch ein Gegensatz zu Tahiti, wo sich *vahines* oben ohne in der Sonne bräunen und beim *tamure* verführerisch die Hüften kreisen lassen.

Unser neuer Ankerplatz war zwar vor Seegang und Besuchern geschützt, nicht aber vor Fliegen. Zu Tausenden lebten sie auf dieser ansonsten unbewohnten Insel und überfielen regelmäßig unser Schiff. Es war also eine Erleichterung, nach Besserung der Wetterlage wieder zu unserem Liegeplatz vor Tetautua zurückzukehren.

Dort hatten wir ja einige Tauschgeschäfte noch nicht beendet, auch die Verhandlungen über den Schaukelstuhl mussten weitergehen. Im Nachhinein kommt mir diese Situation etwas abnorm vor, aber ich weiß jetzt wenigstens, was Goldrausch bedeutet. Wir unterlagen eindeutig dem Perlenrausch, denn freiwillig hätten wir uns sonst von einigen Sachen bestimmt nicht getrennt. Die *poi pipis* übten einen magischen Zwang aus, dem wir nicht widerstehen konnten. Andererseits war die Dorfbevölkerung sehr gastfreundlich, aber auch arm. Sie brauchte einfach den Schaukelstuhl, die Tonbänder samt Radio, den Edelstahlkrug und unzählige Dinge mehr. Für mich war es Auslandshilfe im übertragenen Sinn, wir ließen eine Menge unserer Sachen auf Penrhyn und segelten mit einer Kinderhand voll Perlen ab. Nicht zu vergessen die vielen Muschelketten, die mir von den Mädchen beim Abschiednehmen um den Hals gehängt wurden. Erstaunlicherweise mit Kuss – noch war es der Kirche selbst in dieser strenggläubigen Gemeinde nicht gelungen, diese polynesische Tradition zu unterbinden.

Beladen mit Kokosnüssen, Brotfrüchten und Papayas segelten wir am nächsten Tag nach Suvorov, einige hundert Seemeilen weiter im Südwesten. Wir waren überrascht, dass uns gleich ein Dutzend Leute vom Ufer aus zuwinkten und -riefen. Eine Frau zog die Cook-Islands-Fahne auf dem Flaggenmast am Steinpier hoch. Sie war die Amtsperson und bestand darauf, zunächst per Funk in Raratonga um Erlaubnis für unseren Aufenthalt nachzusuchen. Sollte sie ruhig, wir hatten ja im Unterschied zu den meisten Yachten, die direkt von Bora Bora kamen und somit einen etwas illegalen Status hatten, weil Suvorov kein offizieller Einklarierungshafen ist, in Penrhyn einklariert. Doch gerade diesen Punkt wollte Frau Kora nicht einsehen und noch weniger von mir erklärt haben. Abgesehen davon war ihre Familie und die übrige auf Suovorov lebende Truppe, angeführt von dem jungen australischen Meeresbiologen Neil, sehr gastfreundlich. Als ich später mit Gerti und Vaitea an Land kam, wurden wir zu einer Mahlzeit eingeladen, die direkt aus dem Erdofen kam. Die sorgfältig in

Bananenblätter gewickelten Fische und Brotfrüchte hatten eine Zeit lang über heißen Steinen geschmort, nur bedeckt von einer Schicht Sand. Es war einfach köstlich. Auch am Abend hätten wir an Land essen sollen, das war aber Frau Kora zu viel. Diplomatisch überreichte sie uns bereits gekochten Fisch, Kokosnussbrot und Brotfrüchte und bestand darauf, dass wir diese Sachen aufs Boot mitnahmen.

Tags darauf wurde ich von den Fischereileuten eingeladen, mit zu einer anderen Insel zu kommen, um Kokosnusskrabben zu fangen. Ich ließ mir diese Gelegenheit nicht entgehen, denn mittlerweile hatten wir entdeckt, dass Suvorov ein Naturschutzgebiet war. Man durfte nur bei Anchorage Island ankern, für alle anderen Inseln bestand Besuchsverbot und Tauchen in der Lagune war natürlich ebenso strikt untersagt. Wir wünschten uns, wir hätten Suvorov besucht, als es noch unbewohnt war.

Ioane, ein älterer Cook Islander, war der Experte beim Kokosnusskrabben-Aufspüren. Mit einem Stock stocherte er im Erdreich, bis er einen Krabbenbau fand, schaufelte dann wild drauflos und hatte in den meisten Fällen Glück. Mit einem Dutzend dieser Schalentiere kehrten wir zurück, am Abend gab es wieder ein Festessen an Land. Die Stimmung war übermütig, woran die von uns mitgebrachte Flasche Bacardi nicht ganz unschuldig war. Frau Kora hielt sich im Hintergrund, noch hatte sie keine uns betreffende Nachricht von Raratonga erhalten.

Auch am nächsten Tag war ich mit Neil und seinen Leuten unterwegs. Zuerst verankerten wir Leinen in der Lagune, die durch Schwimmkörper an der Oberfläche gehalten wurden. An den jeweiligen Enden waren sie mehrfach an Korallenköpfen vertäut. Von diesen horizontalen Leinen hingen in regelmäßigen Abständen senkrechte hinunter, die mit großen lebenden Perlmuscheln bestückt waren. Von diesen strömungsbegünstigten Stellen sollte die Austernbevölkerung einen Aufschwung erhalten und später Perlmutter in größeren Mengen produzieren.

Danach fuhren wir mit dem Motorboot zu den Gull Islands, um die Vogelkolonien zu besichtigen. Ioane nahm zwei noch flugunfähige Fregattvögel mit, um sie auf der nächsten Insel zu grillen. Das war aber zur Abwechslung ein totaler Misserfolg: außen waren sie schwarz verbrannt und innen roh. Mehr Glück hatte er mit der Kokosnusskrabbe, die er aufgespürt hatte. Der Panzer schützte das Fleisch vor den Flammen. Mit einer vollen Ladung gepflückter Trinknüsse kehrten wir zur Anchorage Island zurück.

Es war der letzte Abend mit unseren Freunden, am nächsten Morgen wurden sie nach ihrem mehrwöchigem Aufenthalt vom Versorgungsschiff abgeholt. Frau Kora hatte wieder Grund, die Flagge zu hissen, ihre trägen Söhne wurden aktiv, fingen Fische und bekamen dafür einige Tiegel Eiscreme geschenkt, die sie noch an Bord des Schiffes aufschleckten.

Noch am selben Tag segelten auch wir aus der Lagune, die Bestimmungen auf Suvorov waren zu einengend für einen längeren Aufenthalt.

Die fette Gewalt

American Samoa

Die vulkanischen Gipfel der Insel Tutuila waren das Erste, was wir vom Samoanischen Archipel zu sehen bekamen. Um Mitternacht stand TABOO III vor der Hafeneinfahrt von Pago Pago – eine erneute Bestätigung der Regel, dass die Wahrscheinlichkeit eines Landfalles während der Nacht größer als bei Tag ist. Sechs Stunden kreuzten wir die Küste auf und ab, ehe wir mit dem ersten Licht in die Bucht segelten. Mit einer Seekarte hätte man das auch in der Nacht machen können, aber die befand sich zusammen mit weiteren sowie zwei Klapprädern aus England bereits in anderen Händen. Zwar erhielt ich eines Tages die Bestätigung, dass die bestellten Sachen auf Tahiti eingetroffen wären und ich sie abholen könne, aber im Lagerhaus war absolut nichts zu finden. Fahrräder sind sehr beliebt auf Tahiti, und der Verdacht liegt nahe, dass jetzt zwei polynesische Ärsche auf ihnen herumreiten.

Wir ankerten nahe dem kleinen Pier und konnten den ganzen Tag totschlagen. Sonntags arbeitet niemand in Pago Pago, am wenigsten die Behörden. Nur der Markt war offen, denn Essen ist wichtig auf Samoa.

Monique und Jesus von der schweizer Yacht AMANITA kamen vorbei, brachten Früchte und offerierten uns, Sachen vom Markt zu bringen, da wir ja offiziell nicht an Land durften.

Montagmorgen checkten wir dann endlich ein und mussten für Mimmi 250 Dollar Kaution hinterlegen. Begründung: Es könnte ja sein, dass unsere Bordkatze aufs Land abhaut. Das war zwar noch niemals vorher der Fall gewesen, aber sicherheitshalber begannen wir uns nach ähnlich aussehenden Tieren umzusehen.

Als wir die Post abholten, war ein Brief samt Scheck unserer englischen Versicherung dabei. Volle Entschädigung für die in Tahiti gestohlenen Sachen.

Der mit einer leichten Alkoholausdünstung behaftete amerikanische Hafenkapitän wies uns eine riesige Ankertonne am Ende der Bucht zu, an der wir uns zu vertäuen hatten. Die AMANITA hing zwar auch schon dran, aber das war unser Problem, nicht seins. Nachdem wir weder auf der rostigen Tonne noch auf der kleinen Yacht herumwetzen wollten, brachte ich zwar ein Seil zur Tonne aus, aber auch einen weiteren Anker, der uns auf Distanz hielt.

Seit unserer Abfahrt von Tahiti waren schon einige Monate vergangen. Hier war die erste Gelegenheit, Vaitea in ein modernes Spital zu bringen und von einer qualifizierten Fachkraft durchchecken zu lassen. Die Routineuntersuchung verlief, wie wir erwartet hatten: Unsere Tochter war pumperlgesund und voller Lebensfreude.

Pago Pago ist die einzige amerikanische Niederlassung im Südpazifik. Sie einmal zu sehen reicht eigentlich. Wenn Fischmehl produziert wird, was sehr oft der Fall ist, zieht der Gestank der beiden großen Thunfischfabriken über die Bucht. Die Fabrik ist auch verantwortlich für die unterschiedlichen Farbtöne im Hafen, die das Wasser manchmal rot, schwarz oder gelb erscheinen lassen. Mit der einkommenden Tide wird aber das Wasser im oberen Bereich wieder klar genug, um schemenhaft die Hunderte von Plastikeinkaufstüten erkennen zu können, die einen halben Meter unter der Oberfläche schweben. Gerade die richtige Tiefe, um sich im Propeller des Außenborders zu verfangen. Die Wegwerfgesellschaft hat mit den Samoanern in Pago Pago neue Anhänger gefunden. Diese haben nämlich einen Hang zum Wegschmeißen. Bei unserer Ankunft schleuderten sie gerade den großen schmiedeeisernen Grill der Malaloa Marina ins Wasser. Er wurde daraufhin geborgen und mit einer Ankerkette samt Vorhängeschloss gesichert. Das war aber nur ein besonderer Anreiz für die jungen Burschen, von denen manche wie beschäftigungslose japanische Ringkämpfer aussehen. Von ihren 150 oder mehr Kilo mag zwar viel Fett sein, aber kommt diese Masse erst einmal in Bewegung, ist sie genauso schwer zu stoppen wie ein galoppierendes Nashorn. Kurzum, der Grill wurde trotz Befestigung ausgerupft und erneut versenkt. Seitdem steht er ohne Kette herum. Damit war

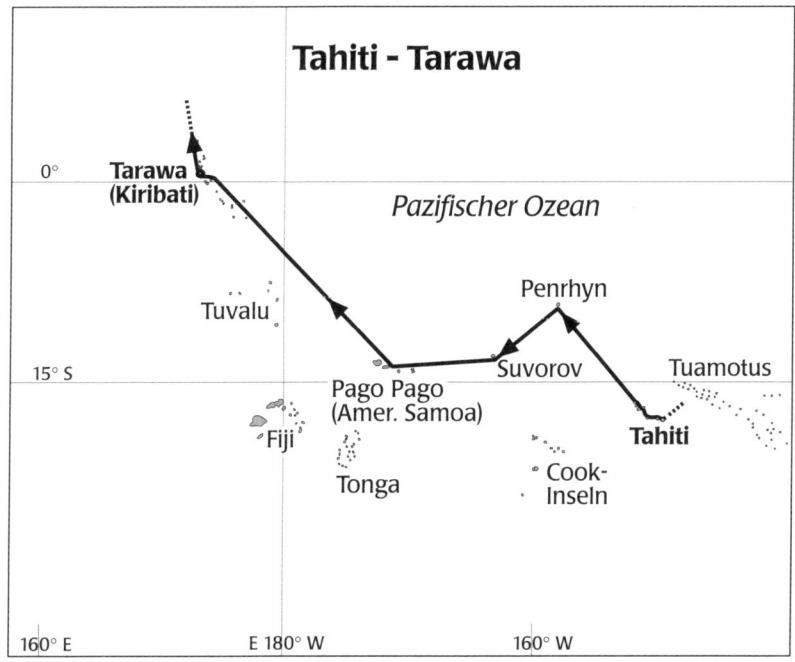

Tahiti - Tarawa

0° Tarawa
(Kiribati)

Pazifischer Ozean

Penrhyn

Tuvalu

15° S

Suvorov   Tuamotus

Pago Pago
(Amer. Samoa)

Fiji   **Tahiti**

Tonga   Cook-
Inseln

160° E   E 180° W   160° W

uns auch klar, warum die öffentlichen Bänke aus überdimensioniert starkem Beton und obendrein noch verankert sind. Sie müssen sowohl die Last der fetten Leute tragen als auch dem Ansturm der Wegwerfer standhalten. Auf der Plusseite dieser modernen Gesellschaft auf einer Tropeninsel stehen ein gutes Straßennetz, regelmäßiger Autobusverkehr und das schon erwähnte LBJ Tropical Medical Center in Fagaalu. Nur fährt man höchst selten über die malerische Uferstraße dorthin, ist aber täglich mit enormem Gestank und Müll konfrontiert.

Unser Aufenthalt in Pago Pago fiel in die Hurrikansaison. Bald begann ich die unförmige Tonne zu schätzen, an der wir zwangsweise lagen, denn der Anker begann regelmäßig zu schlieren, sobald der Wind durch das Tal südlich von uns pfiff, interessanterweise nie konform mit den tief dahinhetzenden Wolken über uns.

Die starken Winde bliesen aus Nordwesten, am Ankerplatz aber heulten uns die Böen aus Süden um die Ohren. Pago Pago ist an der Nordseite von steilen Bergen umgeben, die im oberen Teil

79

Hunderte von Metern senkrecht in den Himmel ragen. Höchstwahrscheinlich handelt es sich bei der Bucht um einen versunkenen Krater.

Diese Klippen dürften einen Venturi-Effekt erzeugen, der die Luft den Berg hinaufreißt und so dieses lokale Phänomen erzeugt. Das kleine Tal unweit von uns sorgte zusätzlich für eine verstärkende Düsenwirkung. Nach einer Nacht, in der heftige Böen das Wasser von der Oberfläche rissen und mir das Salz in den Augen brannte, brachte ich ein zweites Ankerseil zur Tonne aus. Mit dem Tauchgerät tastete ich mich in der trüben Suppe an der dicken Schiffskette die acht Meter zum Grund hinunter, wo sie dann in Schlick und Schlamm verschwand. Das Ankergeschirr war nicht zu ergreifen, aber um das machte ich mir keine Sorgen. Vor kurzem lagen während eines Hurrikans zwei koreanische Fischerboote sicher an dieser Tonne. Ich entfernte einige rostige Drahtseile, sicherlich Überbleibsel der asiatischen Thunfänger, und befestigte mein Tau mit Hilfe einer Kette ziemlich nahe am Grund. So konnte TABOO III unabhängig von der AMANITA schwingen, denn unser Seil war genügend tief unter ihrem Kiel und es bestand keine Gefahr einer Berührung. Den Anker brachte ich nach jedem Schlieren erneut aus, nachdem ich ihn von Drahtseilen, Rohren oder Autoreifen befreit hatte.

Im Zuge der Amerikanisierung kamen auch die großen Supermärkte und damit uneingeschränkte Einkaufsmöglichkeiten nach American Samoa. Wir nutzten sie, um preiswert einen Jahresbedarf an Wegwerfwindeln zu erstehen. Damit wurde uns schlagartig bewusst, dass nicht nur Samoaner Sachen wegschmeißen, sondern auch wir.
Auch Babynahrung ist in vielen Varianten vertreten. Wir ließen Vaitea durch alle Geschmacksrichtungen kosten und kauften dann dementsprechend einige Kisten ein. Sehr bald sollte sich das als Fehlschlag herausstellen, aber einstweilen gab uns die volle Vorratskammer ein beruhigendes Gefühl.

Den ersten Schub Impfungen hatte Vaitea noch in Tahiti erhalten, den zweiten sollte sie hier kriegen. Das war auch der Grund, warum wir drei Monate blieben, denn die ärztliche Versorgung auf den einsamen Inseln Mikronesiens war aus unserer Sicht ungewiss. Außerdem mussten wir für Vaitea einen Pass beim österreichischen Konsulat in Los Angeles beantragen und den Empfang abwarten. In Tahiti hätte es zu lange gedauert und unsere Abreise um weitere Wochen verzögert. Fast wäre Vaitea daraufhin die Einreise in Samoa verweigert worden; sie hatte kein Reisedokument, nur einen Geburtsschein auf französisch, den hier keiner lesen konnte.

Ähnlichen Schwierigkeiten wollten wir in Zukunft aus dem Wege gehen.

Pago Pago ist eigentlich als Regenloch bekannt, doch uns peinigte dafür die absurde Windsituation oft genug. Mit jedem tropischen Tiefdruckgebiet heulten die Winde über die Berge, peitschten das Wasser auf und brachten manche Yacht samt der Muring zum Schlieren. Aber selbst wenn AMANITA sich vor uns während einer Böe hart überlegte, fühlten wir uns hundertprozentig sicher – zu Unrecht, wie sich herausstellen sollte, denn eines Morgens waren wir geschlossen unterwegs, die Tonne, AMANITA und TABOO III. Glücklicherweise frühstückten wir gerade und bemerkten diese unfreiwillige Reise sofort. Den Tag zuvor hatten Yachten in der Bucht bis zu 70 Knoten Windgeschwindigkeit gemessen; warum uns jetzt bei kaum 20 Knoten so etwas passieren konnte, war ein Rätsel. Rasch befestigte ich Bojen an den Trossen und warf diese los, während Gerti die Maschine startete, ich den Anker aufholte, der sowieso wie immer schlierte, und wir gerade noch wegmotoren konnten, bevor wir auf Grund liefen.

Die AMANITA strandete kurzzeitig, hauptsächlich deswegen, weil der vollkommen bewachsene Propeller keinen Vorwärtsschub erzeugte. Wir ankerten dann an einer anderen Stelle des Hafens. Auf selbstständiges Verlegen stand zwar eine hohe Geldstrafe, aber darum konnten wir uns momentan wirklich nicht kümmern.

Später barg ich die Ankertrossen. Die schwere Kette war noch immer mit der Tonne verbunden, der Anker selbst ruhte unter dem schwarzen Schlamm der Bucht.

Unser neuer Liegeplatz direkt vor dem Supermarkt war auch kein Hit. In der ersten Nacht schlierten beide Anker in 40-Knoten-Böen, erst der dritte, den ich rasch mit dem motorisierten Dingi ausbrachte, stoppte die Schlierfahrt. Aber unser Aufenthalt in

Pago Pago war glücklicherweise nur noch auf wenige Tage beschränkt. Vaitea hatte ihre Impfungen erhalten und wir wollten lediglich noch die 250 Dollar Kaution für Mimmi kassieren. Zuerst wurde festgestellt, dass sich die Katze überhaupt noch an Bord befand. Es genügte, sie hochzuhalten, während ein Beamter sie vom Ufer aus beäugte. Dem folgte eine Fahrt zum *Department of Agriculture* in Tafuna, wo mir gesagt wurde, ich hätte zwei Wochen früher kommen sollen, damit die Papierarbeit rechtzeitig erledigt werden könnte. Eine überaus fette Person bequemte sich dann doch, den Wisch zu tippen, es dauerte weniger als fünf Minuten. – In Samoa, so heißt es treffend, hört man nicht zu essen auf, wenn man satt, sondern wenn man müde ist.

Von dort ging es zu dem *Accounts Payable Office,* einer Amtsstelle, die Geld auszahlt. Donnerstag nachmittags war anscheinend ein schlechter Termin, das Wochenende stand schließlich vor der Tür.

»Sie bekommen Ihren Scheck am Montag«, hieß es kurz. Wie vorher musste ich eindringlich mit dem Manager reden, um doch noch den Scheck zu erhalten. Zu diesem Zeitpunkt war es allerdings zu spät für die Bank.

Dafür ging es beim Hafenkapitän relativ flott, ich musste allerdings bis zum letzten Tag für die Benutzung der Tonne zahlen, obwohl wir für eine Woche geankert hatten.

82

Atolle am Äquator

Der Inselstaat Kiribati

Kaum hatten wir American Samoa verlassen, machte ein gewaltiger Schwell uns alle drei seekrank. Für Vaitea war es das erste Mal; nachdem sich ihr Gleichgewichtssinn entwickelt hatte, war sie genauso anfällig wie ein Erwachsener. Gerti gab ihr eine winzige Menge flüssigen Dramamine-Sirups, der auch für Kleinstkinder geeignet ist, und damit waren wir wenigstens dieses Problem los.

Die nächsten Tage waren ein Alptraum. Der frische Wind drehte auf Nordwest und blies uns auf die Nase. Es regnete in Strömen, 1300 mm in vierundzwanzig Stunden.

Ein Vorsegel riss im oberen Teil ein, kurz darauf zerfetzte es die Genua. Eine Reparatur konnten wir uns aus dem Kopf schlagen, der Schlafmangel und die ständige Müdigkeit ließen eh alles wie durch eine Mattscheibe erscheinen. Vaitea konnte zwar mit immer kleineren Dosen Dramamine vor Übelkeit bewahrt werden, aber ausgerechnet jetzt brachen ihre oberen Schneidezähne durch. Sie war quengelig und schlief schlecht. Trotzdem gelang es Gerti, mich in der Nacht hin und wieder abzulösen.

Drei Tage später war die Welt wieder in Ordnung. Leichtwettergenua und Groß zogen uns langsam über den Stillen Ozean, der jetzt seinem Namen gerecht wurde. Gerti nutzte die laue Brise und den Sonnenschein, um einen Waschtag einzulegen. Seit Tahiti hatten wir eine kleine Waschmaschine an Bord, betrieben durch denselben Generator, der auch die Nähmaschine in Schwung hält. Das Ding rangierte im Nu im Spitzenfeld jener Geräte, die wir auf Taboo III als unentbehrlich einschätzten.

83

Die Tage verrannen, die Etmale reihten sich aneinander, mal 50, mal 150, Genua runter, Spi rauf. Als wir in die Nähe des Äquators kamen, hörten die allnächtlichen Gewitter auf, der Wind pendelte sich auf eine nordöstliche Richtung ein und an der Schleppangel begannen Fische anzubeißen. Starke, unregelmäßige Strömungen und der Umstand, dass die Sonne genau über uns stand (was in weiterer Folge Standlinien in nur nord-südlicher Richtung bedeutete), machten die Navigation interessanter als üblich.

Die Insel Abemama hätte schon längst auftauchen müssen, doch sie blieb selbst von der Saling aus unsichtbar. Erst ein Abend-Fix von Arkturus und Venus offenbarte, dass uns die Strömung mit zwei Knoten nach Norden versetzt hatte.

In der folgenden Nacht sahen wir den Schein der Lichter des Ortes Betio auf Tarawa. Ich drehte bei, hielt aber ein Auge auf die Strömung, die uns nun nach Nordwesten versetzte.

Bei Tagesanbruch segelten wir am Außenriff des Atolls entlang und prompt biss eine große Bernsteinmakrele an. Die Sonne war noch zu niedrig, um in die Lagune zu segeln, also ankerte ich fürs Erste. Wir hatten es nicht sehr eilig, nach Betio zu kommen, es war ohnehin Sonntag. Meist ragt das Riff eines Atolls bis knapp unter die Oberfläche des Meeres und fällt an der Außenseite steil ab. Nicht so auf Tarawa. Das Riff selber war einige Meter versunken und fiel langsam seewärts ab. Als wir bei gutem Licht weitersegelten, verzichtete ich bald auf den betonnten Kanal. Auf der direkten Route nach Betio war es fünf Meter tief und jede Koralle am Grund zu sehen.

Montagmorgen verlor ich keine Zeit, die Behörden ausfindig zu machen, noch war niemandem unsere Anwesenheit aufgefallen. Betio ist der einzige Einklarierungshafen auf Kiribati und die Beamten waren zufrieden, dass wir nicht schon eine der südlicheren Inseln besucht hatten. Wir bekamen unsere Visa und konnten uns frei im Inselstaat bewegen. Und bewegen wollten wir uns, denn der Ankerplatz nahe der Stadt ist voll dem Passat ausgesetzt und wurde mit jeder Stunde unerquicklicher.

Schaumkronen rollten unter TABOO III durch, es verlangte akrobatisches Geschick, um vom Boot ins Dingi zu klettern. Glücklicherweise bildeten Gerti und Vaitea eine feste Einheit, denn das Baby war mit einem Tragsitz fest an Gerti angeschnallt.

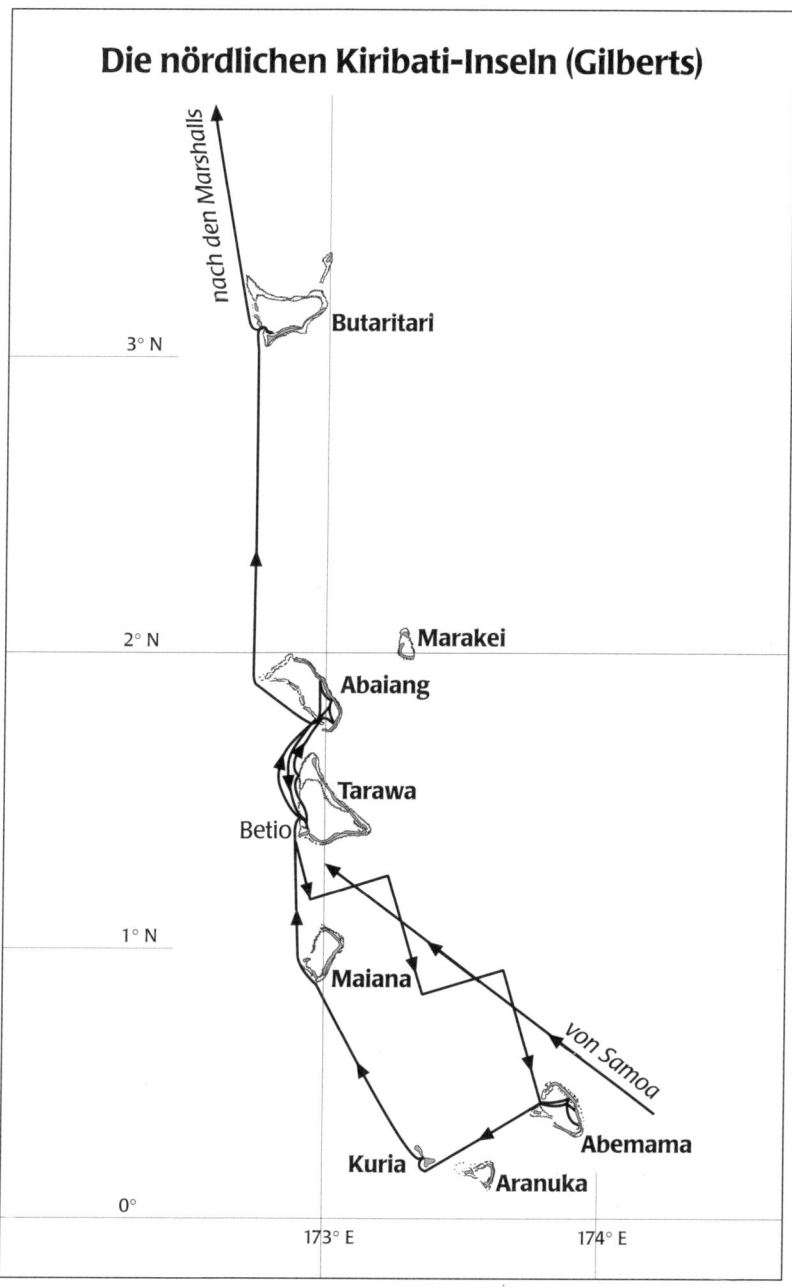

Die nördlichen Kiribati-Inseln (Gilberts)

nach den Marshalls

3° N

Butaritari

2° N

Marakei

Abaiang

Tarawa

Betio

1° N

Maiana

von Samoa

Kuria

Abemama

Aranuka

0°

173° E

174° E

Mit Samoa hatten wir Polynesien hinter uns gelassen und befanden uns jetzt am unteren Ende von Mikronesien, dem Beginn einer wahllos hingestreuten Kette von über 2000 Inseln, die bis zu den Philippinen reichen.

Auch an den Einheimischen merkte man, dass wir uns in einem anderen Teil des Pazifiks befanden. Sie waren kleiner von Statur, dunkler und machten einen weniger trägen Eindruck als die Polynesier.

Mit Ausnahme der südlichen Inseln von Kiribati liegt der Rest von Mikronesien im Nordpazifik. Das klingt nicht so romantisch wie die sagenumwobene Südsee, wo Namen wie Tonga, Fidschi oder Tahiti die Phantasie beflügeln. Mikronesien war Neuland für mich und es versprach interessant zu werden.

Vorerst durchpflügten wir die blaue Lagune von Tarawa nordwärts und überquerten wieder das versunkene Riff, wo prompt zwei Barrakudas anbissen. Am späten Nachmittag ankerten wir im Lee des Außenriffs, um eine gute Fischmahlzeit zu genießen und den Rest in Gläser auf die übliche Art einzukochen. Das Schleppangeln war zwar in dieser Gegend ertragreich, aber bestimmt würden uns wieder fischkarge Tage ins Boot stehen.

Nur wenige Meilen nördlich von Tarawa liegt die Insel Abaiang. Dorthin segelten wir am nächsten Morgen, mussten aber warten, weil eine Böenwalze das gesamte Atoll samt Außenriff und Einfahrt verschwinden ließ. Eine halbe Stunde später war der Spuk vorbei und wir kreuzten durch den Bingham-Kanal in die grüne Lagune. Grün deswegen, weil sie so seicht ist, dass wir einen halben Kilometer vom Ufer weg auf nur zweieinhalb Metern ankerten.

Dafür war es vollkommen ruhig, der helle Sandgrund leuchtete förmlich und am Strand glitzerten die noch nassen Palmen. An Land zeigten sich die Einheimischen freundlich, luden uns in ihre Häuser, gaben uns Kokosnüsse zu trinken und waren begierig zu wissen, wo wir herkamen und wie es auf anderen Inseln im Pazifik zuging.

Während unseres Landganges fiel die Tide und das Schlauchboot saß am Trockenen. An und für sich keine Seltenheit, nur befand sich dieses Mal das Ufer über 200 Meter weit weg. Also probierten wir erstmals die Dingiräder aus, die ich während unseres Zwangsaufenthaltes in Samoa aus den USA schicken ließ. Mit zwei Handgriffen klappte ich sie nach unten und rollte das Schlauchboot samt 6-PS-Außenborder über den holprigen Sandgrund. Herrlich! Vorbei war die Zeit des mühsamen Schleppens und Schleifens.

Innerhalb der Lagune segelten wir langsam die Küste entlang und landeten bei einer riesigen Kirche. Der Steinbau war alt und hätte gut in eine europäische Winterlandschaft gepasst. Dicke Mauern und winzige Fenster erstickten jegliche Belüftung, während von oben die Äquatorsonne aufs Blechdach brannte. Die Kirche wird nicht mehr benutzt, irgendwann dürfte den Insulanern ein Licht aufgegangen sein und sie übersiedelten in ein Gebäude ihrer Wahl: Nicht ganz so imposant, aber mit Seitenwänden, die hauptsächlich aus Fenstern bestehen, und errichtet an einer Stelle, die immer der Meeresbrise ausgesetzt ist.

Der Zufall wollte es, dass wir den Pfarrer trafen, der uns sogleich zu einer Mahlzeit in sein Haus lud. Ostern stand vor der Tür und überall wurden Vorbereitungen getroffen. Feste wie dieses brachten die gesamte Inselbevölkerung zusammen und nur ein Gebäude war groß genug für alle: das Gemeinschaftshaus, *maneaba* genannt. Es besteht hauptsächlich aus einem riesigen, tiefreichenden Dach, das von Pfeilern aus Korallenblöcken getragen wird und ausschließlich aus lokalen Naturprodukten gefertigt ist. Kein einziger Nagel verunziert die Holz- und Bambusstruktur, alles ist ineinander verzahnt und mit Hilfe von selbst geflochtenen Kokosfaserschnüren zusammengehalten. Der Boden ist mit grob geflochtenen Matten ausgelegt, auf denen die Leute in Familiengruppen beisammensitzen.

Am folgenden Tag hatten wir die Gelegenheit, so einer Massenveranstaltung beizuwohnen. Inmitten der rund tausend Menschen kamen wir uns wie in einem Bienenhaus vor. Das Summen hörte nur auf, wenn eine Inselpersönlichkeit etwas zu sagen hatte. Nach der Vorführung von lokalen Tänzen begann das eigentliche Festgelage, zu dem wir herzlichst eingeladen waren. Die Folgen waren fürchterlich: Gerti wurde am nächsten Tag von Übelkeit, Erbrechen und Durchfall geplagt, alles deutete auf eine

87

Lebensmittelvergiftung hin. Als sich ihr Zustand verschlechterte, segelte ich zurück nach Tarawa, wo sich ein Spital befand. In Betio konnte sich Gerti kaum mehr auf den Beinen halten und war bereits im Delirium.

Wir fuhren mit der Ambulanz über die schmale Küstenstraße an das Ostende der Lagune. Im Spital wurde Gerti Tetracyclin verpasst, das sie prompt erbrach. Sonst geschah nicht viel, aber man schlug vor, sie dazulassen. Damit war niemand von uns einverstanden, am wenigsten Gerti. Wir fuhren also wieder zurück zu Taboo III. Diese Art der Nichtbehandlung konnte ich meiner Frau auch selbst angedeihen lassen. Die Entscheidung war richtig gewesen, denn später hörten wir, dass die meisten Patienten dieses Spital im Sarg verlassen. Nicht, dass sie dort zu Tode kuriert werden, es kann auch sein, dass die Kranken erst im hoffnungslosem Zustand gebracht wurden. Fest steht jedenfalls, dass für die Einheimischen das Spital auf Tarawa zum Sterben da ist.

Glücklicherweise hatte Vaitea nichts abbekommen, obwohl sie überall mitgenascht hatte. Mit Hilfe von Kamillentee und Tierkohle begann sich Gertis Zustand langsam zu bessern. Der Passat blies zwar noch immer über die ganze Lagune, aber Windgeschwindigkeit und Schaukelei waren erträglich.

Während unseres Tarawa-Aufenthalts hatte ich Zeit, mich auf Betio umzusehen. Am Strand standen riesige japanische Kanonen, deren Läufe seewärts gerichtet waren, stumme Zeugen eines Krieges, der hier vor einem halben Jahrhundert getobt hatte. Heute erfüllen sie keinen Zweck mehr, außer dass jemand ab und zu mit dem Schweißbrenner ein geeignetes Stück Stahl herausschneidet.

Die meisten Fremden waren hierher gekommen, weil sie etwas wollten: Die einen suchten Gold, die anderen Arbeiter für Kopraplantagen, andere wiederum strebten die Herrschaft über den Pazifik an. Alle gingen wieder und seit über zwanzig Jahren können die Einwohner der Kiribati-Inseln ihr Schicksal selbst bestimmen.

Nachdem es Gerti wieder leidlich gut ging, segelte ich nach Abemama, einem Atoll im Südosten von Tarawa.

Bei unserem ersten Landgang trafen wir die Frau des Lehrers, die uns kurzerhand zu sich nach Hause mitnahm, bewirte-

88

te und uns später Trinknüsse, Brotfrüchte und zwei Kürbisse mitgab. Anna vereinbarte ein weiteres Treffen mit uns, damit wir auch ihren Mann kennen lernen würden. Diese Einstellung gegenüber Besuchern war bezeichnend für die Inselbewohner von Kiribati. Sie freuten sich, dass sich jemand die Mühe machte, Tausende von Meilen zu segeln, um ihre einsamen Atolle zu besuchen. Wir waren angetan von der spontanen Herzlichkeit der Leute, die nichts kannten außer ihrem schmalen Landstreifen, der sich einige Kilometer lang über den Riffgürtel zog. Einige waren in Tarawa gewesen, aber die meisten hatten Abemama nie verlassen.

Von weiter her kam Charles Viva, der Direktor der *Seventh Day Adventist School*. Er und seine Frau stammten von den Solomonen und stachen durch ihre fast schwarze Hautfarbe und das krause Haar hervor. Bei ihnen waren wir Sonntag zum Essen eingeladen. Hinter der Missionsschule hatten sie einen riesigen Gemüsegarten angelegt, um festzustellen, welche Arten auf dem sandigen Boden gedeihen würden. Erfolge hatten sich bereits eingestellt, aber viele Einheimische konnten sich mit so fremdländischen Genüssen wie Salat oder Tomaten nicht anfreunden.

Hier in der Lagune von Abemama war es wieder an der Zeit, dem Unterwasserschiff von TABOO III einen Anstrich zu geben.
Ich hatte noch nicht lange Bewuchs abgekratzt, als ein Mann seine Hilfe anbot. Das war ungewöhnlich, denn um diese Arbeit reißt sich selten jemand. Umso mehr, als sich im Laufe der Zeit herausstellte, dass Itaia einen gut bezahlten Job bei der Regierung hatte. Seine Aufgabe war es, die sanitären Einrichtungen der Wohnhäuser zu überprüfen. Der Wandel der Zeit machte auch vor dem abgelegenen Abemama nicht halt. Das traditionelle Plumpsklo am Strand wurde vom Örtchen an Land mit Sickergrube verdrängt.
Nachdem Itaia mir stundenlang geholfen hatte, bestand er darauf, dass wir zu seinem Haus mitkamen. Während wir mit ihm auf einer Bank saßen und eine Trinknuss schlürften, bereiteten seine Frau und die beiden hübschen Töchter das Essen zu. Wir überlegten lange, was wir ihnen im Gegenzug schenken konnten, und hatten mit einer großen, bunten Weltkarte ziemlichen Erfolg.

Einige Meilen weiter südlich, bei Binoiano, befindet sich das Grab von Tem Binoka, dem letzten Herrscher von Abemama. Sein Enkel zeigte uns das Haus, in dem R. L. Stevenson gelebt hatte, während er seine Aufzeichnungen über die despotischen und grausamen *High Chiefs* machte, Vorgänger von Tem Binoka, die einst die Inseln regierten.

Wir segelten noch einmal zur Sieben-Tage-Adventisten-Schule, um Abschied von unseren Freunden zu nehmen. Anna, die Lehrerin, überraschte Gerti und Vaitea mit Blusen im traditionellen Kiribati-Stil. Sie hatte sie während der Nacht genäht und die sieben Zentimeter breiten Spitzen mit dünnstem Garn daran gehäkelt. Die Familie half uns, Gemüse und Früchte zum Strand zu tragen, wir hätten es unmöglich selber geschafft. Als wir aus der Lagune segelten, waren wir uns einig: Einen so schönen Platz mit so netten Leuten würden wir so schnell nicht wieder finden.

Über die Inseln Kuria und Maiana segelten wir zurück nach Tarawa. In Betio klarierte ich aus und bekam die Erlaubnis, das nördlichste Atoll von Kiribati, nämlich Butaritari, zu besuchen.
Als wir uns zwei Tage später im Morgengrauen dieser Insel näherten, befanden wir uns an deren östlichen Ende. Die Strömung hatte Taboo III wieder einmal versetzt und den Skipper überkompensiert. Bei leichtem Regen segelten wir westwärts, umrundeten den südlichsten Punkt der Insel und rauschten dann raumschots Richtung Flint Point, in dessen Nähe sich die Einfahrt befindet. Auf diesem letzten Schlag von drei Meilen legte der Wind langsam, aber stetig zu. Ich dachte, es wäre eine der häufigen, kurzlebigen Böen, und war schon dabei, in den South Channel zu kreuzen, als es plötzlich zu pfeifen begann und heftiger Regen alle Landmarken auslöschte.

Mein erster Gedanke galt dem morschen Groß. Ich fiel ab, reffte gehörig und ging wieder an den Wind, doch zwei Minuten später platzten zwei Nähte im oberen Drittel. Selten habe ich so geflucht. Ich zerrte den Lappen runter und machte mir nun auch Sorgen um das ebenfalls neun Jahre alte Stagsegel. Der jetzige Schaden reichte für den heutigen Tag. Wiederum fiel ich ab, barg auch dieses Segel und begann, nach dem Sturmsegel zu suchen. Es war zwar genauso alt, aber praktisch neuwertig, weil es nur

90

zwei- oder dreimal gesetzt worden war. Ein halbes Dutzend klemmender Stagreiter gaben mir das untrügliche Gefühl, dass es seit dieser Zeit friedlich in seinem Sack geschlummert haben muss. Vielleicht nicht ganz seemännisch, aber *who wants to be perfect?*

Währenddessen machten wir gute Fahrt, wenn auch in die falsche Richtung, und gerieten so aus dem Lee des Atolls, das sowieso nicht mehr zu sehen war. Die Seen begannen sich zu türmen, die Gischt blies unvermindert übers Deck, die brüchige Öljacke leckte an allen Enden und trotz Äquatornähe war es empfindlich kalt. Ich kreuzte zurück und war froh, zwei Stunden später wieder Palmen zu sehen, die sich in Wind und Regen bogen. Wir ankerten in Lee von Flint Point am Außenriff und blieben für die nächsten vierundzwanzig Stunden dort, denn es blies unvermindert aus dem Osten mit dreißig und mehr Knoten.

Während der nächsten Nacht flaute der Sturm ab: Passatwolken zogen unter blauem Himmel langsam dahin, kleine Schaumkronen kletterten auf die Wellenkämme und die Lagune des Atolls leuchtete grün hinter dem Außenriff. Als wir uns der Ortschaft näherten, liefen ein paar Dutzend Leute zusammen und Kinder winkten vom Steinpier. Im seichten Wasser lag ein großes, viermotoriges Flugzeugwrack, ein sehr gut erhaltenes Überbleibsel aus dem Zweiten Weltkrieg, dem das Salzwasser nicht viel angetan hatte.

Wie auf Abemama trafen wir auch hier sehr nette Leute und die herzliche Gastfreundschaft verblüffte uns aufs Neue. Dumpfes Getrommel am Abend verriet uns, dass die Einwohner eines nahe liegenden Dorfes zu einem traditionellen Tanzfest zusammengekommen waren. Ich äußerte den Wunsch, so einer Veranstaltung beizuwohnen, und zwei Tage später war es soweit.

An die achtzig Männer und Frauen tanzten in lokalen Kostümen, während die doppelte Menge sang und Musik machte. Rundherum scharte sich die Dorfbevölkerung und füllte das *maneaba* bis auf den letzten Platz. Wir wurden auf eine Matte direkt vor den Tänzern platziert und bekamen gleich eine leckere Mahlzeit serviert. Schriller Gesang und dumpfes Getöse ließen das Dach der Halle erzittern. Die Trommel bestand aus einem riesigen Block Styropor, auf den einige Männer in immer schneller werdendem Tempo mit den Fäusten droschen, während andere leere Keksdosen bearbeiteten. Jeder Tanz, egal ob er eine kriegerische Bedeutung oder das Inselleben zum Inhalt hatte, begann ziemlich langsam und gar nicht so lautstark, steigerte sich aber zu einem ohrenbetäubenden Crescendo, das die Schmerzgrenze fast überschritt. Vaitea verfolgte das Geschehen mit großem Interesse, später schlief sie ein.

Der letzte Tanz war ruhiger, er wurde nur von einem Mann vorgetragen. Dafür johlten und lachten die Zuschauer umso mehr. Der Mann mimte eine Frau, die bei Niedrigwasser auf dem Riff nach Muscheln sucht, dabei eine Muräne aufstöbert und mit ihr Geschlechtsverkehr hat. Diese Darbietung war so erfolgreich, dass sie wiederholt werden musste. Danach kamen wir an die Reihe, mussten aber zum Glück nicht tanzen.

Die Leute wollten einfach wissen, wo wir herkamen, welche anderen Inseln wir besucht hatten und wie wir als Familie mit einem Baby auf dem weiten Meer zurechtkamen. Zu diesem Zeitpunkt erfuhren wir auch, dass dieses abendfüllende Programm nur für uns, die Besucher, organisiert worden war.

Während der letzten Tage hatten wir das kaputte Großsegel repariert und unserer Abfahrt stand nichts im Wege, außer dass wir von Mr. Kaboro Kanoua, dem Präsidenten des *Island Councils*, zur Einweihung des neuen katholischen *maneaba* eingeladen worden waren. Diese Veranstaltung artete wieder in ein riesiges Festgelage aus, für das man schon zwei Tage vorher zu kochen begonnen hatte. Gerti meldete zwar Bedenken an, nachdem sie nach ihrem letzten öffentlichen Festschmaus für eine Woche sterbenskrank gewesen war, aber das war eine andere Insel und andere Leute. Wir schmausten hervorragend, blieben von Nachwehen verschont und mussten uns nur einen Tag von der übermäßigen Esserei erholen, ehe wir endgültig Abschied nahmen.

Schrott und Strahlung

Die Marshalls

»Wo ist Ihr *Vessel Entry Permit?*«, fragte der Beamte bei der Immigrationsbehörde.

»Ich habe es nie bekommen, nachdem ich bei Ihnen darum angesucht habe«, antwortete ich.

»Wir haben kein Schreiben von Ihnen erhalten«, sagte er. Ich gab ihm eine Kopie des Orginalbriefes.

»Es ist hier nicht angekommen«, kam es unfreundlich zurück.

»Ich schickte es eingeschrieben«, sagte ich und überreichte den kleinen Zettel vom Postamt in Tarawa auf den Kiribati-Inseln. Gut lesbar ausgefüllt und vor zehn Wochen abgestempelt.

Das Spiel war zu Ende und der Beamte auf Majuro, den Marshallinseln, hatte keine andere Wahl, als das in Mikronesien so wichtige *Vessel Entry Permit* im Nachhinein auszustellen.

Bei der Zollbehörde wurde mir ein Besuch für den Nachmittag angekündigt. Allerdings kamen die beiden Beamten erst nach Dienstschluss an Bord und konnten auf diese Weise 20 Dollar für Überstunden kassieren. Spätestens jetzt wurde Gerti und mir klar, dass die Südsee endgültig hinter uns lag. Hier, nördlich des Äquators, weht ein anderer Wind, wenn auch nicht immer aus derselben Richtung.

Die Marshallinseln sind spärlich besiedelt und relativ unbekannt. So unbekannt, dass ein australischer Rechtsanwalt, der sich auf eine Zeitungsannonce hin in Majuro um einen Job bewarb, erst einmal den Atlas zu Rate ziehen musste. Wir trafen diesen Mann. Er war einer der Juristen vom *Nuclear Claims Tribunal*, das einen endgültigen Schlussstrich unter die Entschädigungsforderungen der Atollbewohner ziehen sollte, die durch die Atomtests in Mitleidenschaft gezogen wurden.

Keine leichte Aufgabe, denn allein 1988 stellten beispielsweise über 5000 Kranke und Hinterbliebene Anträge. Bei siebenundzwanzig amtlich anerkannten Krankheiten gibt es Geld ohne den direkten Nachweis, dass sie durch Strahlung entstanden sind. Hoch oben auf der Liste und dementsprechend dotiert sind Leukämie, Schilddrüsenkrebs und Speicheldrüsentumore.

Es war die Abgeschiedenheit dieser weit verstreuten Atolle, die die USA bewogen haben muss, das ihr anvertraute Treuhandgebiet als Atomtestgelände zu verwenden.

Eine Parallele zu den französischen Versuchen in Polynesien, die sich aber vergleichsweise wie Kinderspielereien ausnehmen. Nicht nur hatten die Amerikaner zeitlich einen gesunden Vorsprung, sie gingen auch mit einer seltenen Rücksichtslosigkeit vor, ungeachtet dessen, dass die Regierung in Washington versprochen hatte, die Rechte, Interessen und Grundfreiheiten der Insulaner zu schützen.

Zwischen 1946 und 1958 zündeten sie »nur« sechsundsechzig Uran-, Plutonium- und Wasserstoffbomben. Die eher geringe Zahl wurde aber durch die Sprengkraft der Explosionen mehr als wettgemacht. Die erste H-Bombe der Welt stanzte einen Krater von zwei Kilometer Ausdehnung und 50 Meter Tiefe in das Eniwetok-Atoll. Die Insel Elugelab wurde pulverisiert und in die Stratosphäre geblasen. Sie kam als Fallout wieder zurück und kontaminierte umliegende bewohnte Atolle. Noch heute leiden die Bewohner der Rongelap- und Utirik-Atolle und ihre Nachkommen an den Folgen des atomaren Niederschlages. Sie wurden nämlich zu spät ausgesiedelt und viel zu früh wieder auf ihre verseuchten Inseln zurückgebracht.

Ebenso müssen die Bewohner Eniwetoks mit dem Strahlenrisiko leben. Die Kokosnüsse und das wenige Gemüse, das sich überhaupt anbauen lässt, sind mit radioaktivem Cäsium und Strontium belastet.

Bei Plutonium ist es nicht so schlimm, da macht sich die Wirkung »erst« dreißig oder vierzig Jahre später durch Krebs bemerkbar.

Unter amerikanischen Seglern ist Majuro als das *Asshole of the Pazific* bekannt. Das ist sicherlich unfair, denn es gibt schlimmere Plätze, aber wenn man von Hawaii hierher kommt, kann der Unterschied doch umwerfend sein.

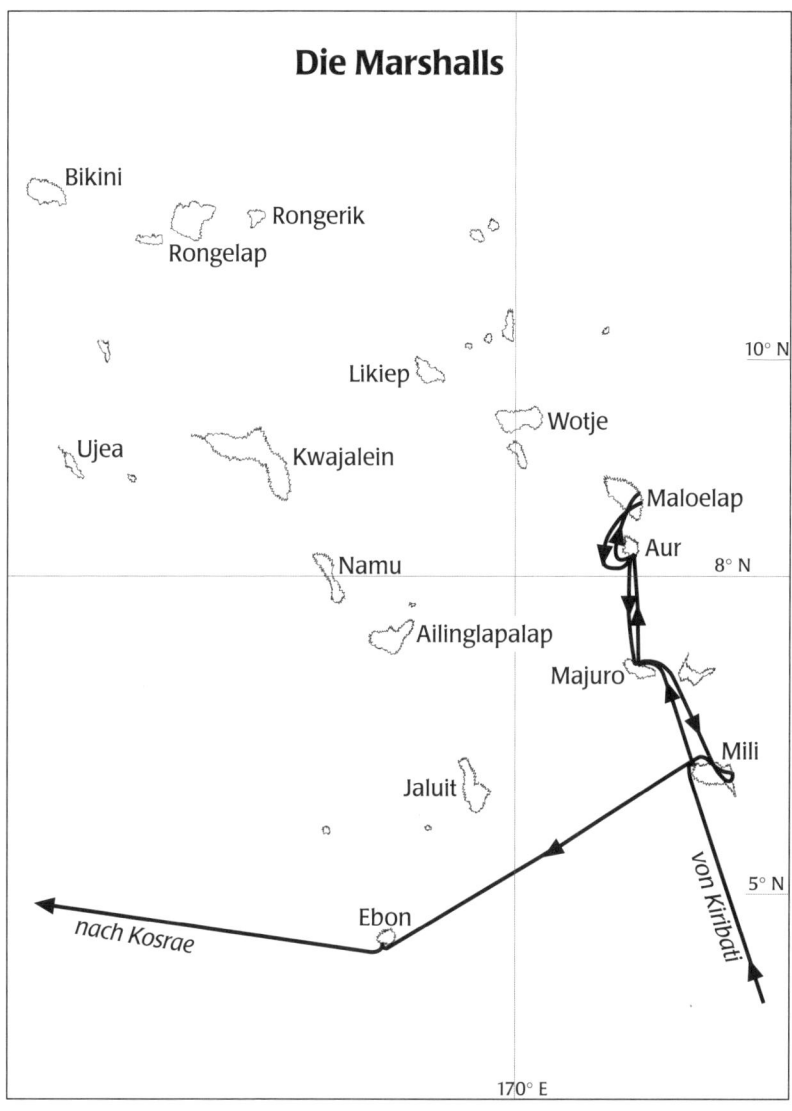

Die Marshalls

Bikini

Rongerik

Rongelap

10° N

Likiep

Wotje

Ujea

Kwajalein

Maloelap

Aur

8° N

Namu

Ailinglapalap

Majuro

Mili

Jaluit

5° N

von Kiribati

nach Kosrae

Ebon

170° E

Anstatt eines tropischen Paradieses trifft der Neuankömmling, der vor der Hauptansiedlung Uliga ankert, auf Gerümpel und Müll. Ein kleines, auf der Seite liegendes Wrack, ausrangierte Gabelstapler und andere Metallteile haben sich fest in das Korallenufer integriert. Alles rostet und macht den Eindruck, als ob es schon ewig hier gewesen wäre. Häuser und Lagerschuppen aus derselben Epoche verstärken diesen Eindruck. Nur ein paar hundert Meter weiter brechen an der Außenseite des Atolls die langen Wellen, die über Tausende von Meilen heranrollen. Die salzige Gischt, Erzfeind des allgegenwärtigen Wellblechs, wird fast in die Lagune getragen, so dünn ist der darmartige Streifen sandiger Erde, auf dem sich drei Dörfer entlangwinden. Erst weiter südlich und fast außer Sichtweite befinden sich die modernen Regierungsgebäude und ein riesiges Kaufhaus.

Während wir auf die Bewilligung warteten, andere Atolle besuchen zu dürfen, segelten wir die große Lagune von Majuro ab. Ein paar Meilen von der Stadt entfernt befindet man sich in einer anderen Welt. Auf den kleinen Inseln am Außenriff raschelte der Wind in den Palmen und Fische tummelten sich zwischen den Korallen.

Das nächste Atoll, Aur genannt, liegt nur 60 Seemeilen weiter im Norden. Noch vor Tagesanbruch schob der Nordostpassat TABOO III dorthin und alles lief wie geplant, bis eine plötzliche Böe das Unterliek des Großsegels zerriss. Der alte Lappen war wirklich am Ende, aber das Segel musste uns noch die letzten paar tausend Meilen zu den Philippinen zurückbringen. Es tat es schließlich auch, allerdings nur mit einem permanenten Reff. Momentan war es jedoch außer Gefecht und die Genua musste doppelte Arbeit leisten.

Nachmittags schnitten wir durch die Einfahrt und genossen die ruhige Fahrt durch die Lagune. Das änderte sich schlagartig, als Gerti plötzlich aufschrie. Eine Bootslänge vor uns hatte sie einen riesigen Korallenkopf bemerkt, der senkrecht aus der Tiefe bis knapp unter die Wasseroberfläche ragte. Ich sprang nach achtern, hängte den Autopiloten aus und riss die Pinne herum. Das erwartete Krachen kam nicht, aber es kann sich nur um Zentimeter gehandelt haben. Später ankerten wir vor der Insel Tabal. Vom Ufer aus winkten uns Leute zu, aber Vaitea war hungrig und ein Fisch wartete auf die Pfanne.

Als ich am nächsten Morgen zum Strand fuhr, traute ich meinen Augen nicht. Eine Gruppe von Insulanern wartete bereits, Tiara-Blütenkränze wurden mir um den Hals gelegt und ein Korb mit Früchten in die Hände gedrückt. Es war wie Polynesien vor zwanzig Jahren, vielleicht noch besser. Ich hätte gleich die ganze Familie mitbringen sollen, aber Gerti war noch mit Vaitea beschäftigt und ich wollte erst einmal die Stimmung an Land auskundschaften. Also nahm ich eine Dingiladung dieser netten Menschen mit auf das Schiff. Darunter war auch Nancy, eine junge amerikanische Entwicklungshelferin, die als einzige Weiße auf der Insel einen großen Mitteilungsdrang hatte.

Noch während wir alle Saft tranken, kam die Sprache auf den desolaten Monohull, der unweit von uns vor Anker lag. Die Dorfbelegschaft wollte dieses schwimmende Wrack nach Majuro bringen lassen. Ob wir es nicht dorthin schleppen könnten? Es sollte repariert und danach als Personen- und Frachttransporter eingesetzt werden. Wir waren sprachlos, denn wie kamen diese Leute nur in den Besitz einer Yacht, die noch dazu RUNNING GALE hieß?

Nancy klärte uns auf, als wir mit ihr allein waren. Ein Amerikaner hatte vor wenigen Monaten das Pech gehabt, mit dem 34 Fuß langen Stahlboot am Außenriff von Aur zu stranden.

Das war sicherlich ein Fehler, aber ein noch größerer war, kein *Vessel Entry Permit* gehabt zu haben. Das Boot wurde sofort geplündert, die Einheimischen bedienten sich wie im Supermarkt und nutzloses Zeug, wie z. B. Bücher, den Sextanten, Tauchflaschen und dazugehörige Ausrüstung und vieles mehr, kippte man einfach in die Brandung. Danach wurde die komplette Inneneinrichtung systematisch zerstört, Lukendeckel abgerissen und das Glas der Bullaugen eingeschlagen. Aus war der Traum von der unbeschwerten Existenz auf dem Wasser.

Nicht so für das Schiff, für das ein zweites Leben beginnen sollte. Abgesehen von dem von Menschenhand zugefügten Schaden hatte es die Strandung bis auf einige Dellen heil überstanden, der Rumpf war dicht und der Mast stand noch. Kaum waren die Insulaner mit der sinnlosen Zerstörung fertig gewesen, erzählte Nancy, kamen sie auf die Idee, das Segelboot zu bergen, um es selber zu verwenden. Mit der nächsten hohen Tide brachten sie das Wrack über das Riff in die Lagune und seitdem ankerte es vor dem Dorf. Diese Situation erinnerte mich sehr an die Malediven im Indischen Ozean. Wer immer dort aufs Riff geht, macht seine Yacht zum Strandgut, verliert sämtliche Rechte und wird obendrein noch ins Gefängnis geworfen.

97

RUNNING GALE schwamm wieder, nur hatten die jetzigen Besitzer keinen blassen Dunst vom Segeln; die traditionellen Auslegerkanus mit den geflochtenen Pandanussegeln gehörten schon lange der Vergangenheit an. So passierte notgedrungenerweise nichts, bis plötzlich TABOO III auftauchte, eine moderne Yacht, deren Crew sicherlich helfen konnte. Dies ließ die herzliche Begrüßung in einem anderen Licht erscheinen. Aber das war nur der Anfang, die Leute hatten Stil mit ihrer Süßholzraspelei. Für den Nachmittag war bereits ein Willkommensfest angesagt.

Gerti, Vaitea und ich wurden mit Blumenkränzen behangen und im Schulgebäude zu Tisch gebeten. Während wir uns den Bauch mit Schildkrötenfleisch, Brotfrucht und Langusten füllten, spielte ein Trio Gitarre, ein Blinder sang dazu und eine Frau scheuchte die Fliegen vom Tisch. Ein Teil der Dorfgemeinschaft drückte die Schulbänke, während der Rest durch die Fenster zusah. Nach lokalem Brauch waren wir die einzigen, die essen durften. Danach patrouillierten alle anwesenden Personen vorbei, um uns die Hand zu schütteln, Vaitea inbegriffen. Zur selben Zeit wurden uns weitere Geschenke überreicht.

Nachdem ich den Schleppdienst kategorisch verweigerte, entwickelten die Männer eine neue Idee: Sie würden RUNNING GALE im Kielwasser von TABOO III nach Majuro segeln, um so dort sicher anzukommen. Eine weitere Ironie. Die Einwohner der Marshalls waren einst bekannt für ihre sogenannten *stick charts*. Mit Hilfe dieser Stabkarten konnten sie sich mühelos zwischen ihren weit verstreuten Inseln zurechtfinden. Das Prinzip beruht auf Dünungen, die von den Atollen in Form von Kabbelungen reflektieren und in großen Entfernungen noch gedeutet werden können. Art und Richtung dieser Seebewegungen geben einen Hinweis darauf, wo sich Inseln befinden.

Aber gesegelt wurde schon lange nicht und damit war auch die überlieferte Navigationstechnik ausgestorben. Die jetzt hergestellten Stabkarten werden nur noch als Souvenirartikel verkauft.

Alles, was sie brauchen würden, um Majuro zu finden, erklärte ich ihnen, wäre ein Kompass. Das Atoll ist knappe 60 Seemeilen entfernt, ein weiteres, Arno, liegt in Sichtweite daneben und zusammen präsentieren sie ein Ziel, das ebenfalls 60 Seemeilen breit ist. Man kann es also beim besten Willen nicht verfehlen.

Den nächsten Vormittag verbrachte ich auf RUNNING GALE, um das Schiff segelklar zu machen. Der Steuerkompass wurde wieder zurückgebracht, nur war bei der ungestümen Demontage die Halterung kaputtgegangen. Auch die Segel tauchten auf sowie ein Haufen von Seilen. Alles musste sortiert, Fallen neu geschoren, Schoten angeschlagen und Blöcke montiert werden. Unter Deck erstreckte sich vom Bug zu Heck eine gähnende Leere, selbst die Bodenbretter fehlten.

Lunch wurde an diesem Tag bei Gerti auf dem Katamaran abgeliefert: gekochtes Huhn, gegrillte Brotfrüchte und eine Ladung Trinknüsse. Später kam Nancy auf Besuch und erzählte von ihrer Tätigkeit als Entwicklungshelferin auf dem abgeschiedenen Atoll. Nach ihrer Ankunft hatte sie gefragt, was ihre sechs oder sieben Vorgängerinnen gemacht hatten. »Nicht viel«, war die Antwort oder die Insulaner konnten sich überhaupt nicht erinnern. Jetzt war sie nicht sicher über ihre eigene Aufgabe. Sie versuchte den Frauen in Fragen der Ernährung und Geburtenverhütung zu helfen und steckte zu diesem Zweck regelmäßig Kondome unter die Palmwedeldächer. Es ist der gängige Platz, um kleine Gegenstände aufzubewahren; die Leute verwenden weder Tische noch Stühle und haben auch keine Schränke oder sonstige Ablagen. Die wenigen Habseligkeiten liegen in einer Ecke oder hängen vom Dach herunter.

Aufgrund der Vitamin-A-armen Kost war Nachtblindheit sehr verbreitet, was für das *night crawling* ein echtes Handicap bedeutete. Dieses nächtliche Herumkriechen kann man mit dem »Fensterln« in den Alpenregionen vergleichen. Nur ist hier keine Leiter notwendig. Geschlafen wird am Boden und gleich daneben ist immer eine aufklappbare Öffnung, durch die der Liebhaber zum Ziel seiner nächtlichen Wünsche robben kann. Vorausgesetzt natürlich, er sieht überhaupt, wohin er unterwegs ist.

Zwei Tage später war RUNNING GALE segelfertig, Luken sowie zerschmetterte Bullaugen abgedichtet und letzte Instruktionen gegeben.

Wir wollten auch weiter, diese Tätigkeit an Bord des so mutwillig zerstörten Schiffes war deprimierend gewesen.

Nach unseren letzten Erfahrungen waren wir gespannt, was auf Maloelap, dem nächsten Atoll, zu erwarten war. Nicht viel, wie sich herausstellte. Bei einem Rundgang durch das Dorf stießen wir auf allgemeines Desinteresse. Junge Männer lümmelten im Schatten riesiger Brotfruchtbäume herum und konnten sich kaum überwinden, in unsere Richtung zu blicken. Die allgemeine Lethargie erreichte einen Höhepunkt, als wir von einem Mann angesprochen wurden, der innerhalb seiner Hütte auf dem Rücken lag, aber mit dem Kopf ins Freie ragte. Er war neugierig genug, den Mund aufzumachen, veränderte aber seine Haltung um keinen Millimeter. Es war einfach zu viel. Wir antworteten knapp, gähnten herzhaft und gingen weiter.

Maloelap war während des Krieges Befehlszentrale der Japaner gewesen. Überall stießen wir auf Spuren dieser Zeit. Am Ufer und teilweise im Dschungel verborgen stehen Kanonen und Flaks, während der Strand mit Munition in jeglicher Größe übersät ist. Im Landesinneren befinden sich riesige zerbombte Betongebäude und in der Lagune ragen die Masten eines versenkten Schiffes aus dem Wasser. Dort ging ich tauchen. Das Wrack war verblüffend wenig mit Korallen bewachsen, aber in dem freigelegten Bauch des ehemaligen Frachters tummelte sich eine Unmenge bunter Fische. Ein halbes Jahrhundert war vergangen und Bomben hatten durch das Deck geschlagen, trotzdem lagen in der untersten Etage noch immer unversehrte Sakiflaschen in Reih und Glied geschichtet. Etwas höher waren sieben große Fässer auf wackeligen Gestellen gelagert. Erst später, als wir wieder in Majuro waren, erfuhr ich, dass es sich dabei um noch scharfe Bomben zur Bekämpfung von Unterseebooten handelte, die automatisch in einer Tiefe von zehn Metern explodieren. Sie befanden sich in acht Meter Tiefe, aber darunter war es ein freier Fall von mehreren Metern in die Bilge.

Am nächsten Tag trafen wir Ruben, einen Filipino, der für die UNO arbeitete. Er versuchte dem Inselvolk beizubringen, Gemüse anzupflanzen, hatte jedoch wenig Erfolg. Dass alles wuchs und gedieh, war anhand seines sorgfältig angelegten Gartens offensichtlich. Aber niemand wollte etwas anbauen, sagte er, ernten schon eher. Was immer das Reifestadium erreichte, verschwand in der Nacht. Sein Bambushäuschen hatte ein Nippadach und Blumen vor der Veranda, eine wahre Augenweide im Gegensatz zu den Teerpappenhütten der Einheimischen.

100

Ich möchte aber den Leuten von Tarao nicht unrecht tun, man könnte ja glatt den Eindruck einer allgemeinen Faulheit gewinnen. Das stimmt nicht ganz, immerhin brauen sie sich den eigenen Alkohol. Im Pazifikraum wird Palmenwein getrunken, aber das verlangt einen gewissen körperlichen Einsatz, hauptsächlich das tägliche Hinaufklettern in die hohe Krone. Palmen gibt es zwar auch hier zur Genüge, aber niemanden, der sie erklettern will. Warum auch diese Umstände machen, wenn man einfach nur warmes Wasser mit Trockenhefe und Zucker ansetzen muss, um nach dem Gärungsprozess ein alkoholisches Getränk zu erhalten, das einen aus den Gummischlappen schmeißt?

Je mehr wir Einblick in dieses spezielle Inselleben gewannen, desto absurder erschien die Situation. Die Lagune wimmelte von Fischen, aber keiner wollte sie fangen. Es war bequemer, eine kostenlose Makrelendose einer Hilfsorganisation aufzuknacken.
Anscheinend war diese Einstellung der Leute seit Urgedenken immer gleich. Laut einer alten Sage befand sich Tarao inmitten der Lagune, bis die legendäre Figur L'Etao auftauchte und Tribut forderte. Er war aber mit den Leistungen der Insulaner so unzufrieden, dass er Tarao dorthin kickte, wo es sich jetzt befindet, nämlich am Rande des Atolls.
Uns reichte es, wir segelten zurück.
Unser Liegeplatz bei der Insel Panzen war friedlich, keine Menschenseele weit und breit. Spät in der Nacht hörte ich jedoch Geräusche am Rumpf. Drei Gestalten waren im Begriff, an Bord zu klettern. Ich war gerade noch rechtzeitig zur Stelle, um es zu verhindern. Ärgerlich wollten sie wissen, ob wir Erlaubnis hätten, das Atoll zu besuchen. Auf jeden Fall müssten wir jetzt zur Hauptinsel mitkommen, der Bürgermeister wollte mit uns sprechen. Eine absolut absurde Forderung, es ging auf Mitternacht zu und regnete. Auch der Wisch vom *Outer Islands Affairs Office* machte keinen Eindruck, die Männer wollten noch immer an Bord kommen. Wahrscheinlich dachten sie, hier wäre eine weitere RUNNING GALE und sie hätten den ersten Anspruch. Nachdem sie aber keinen Erfolg hatten, zogen sie mürrisch ab. Ich warnte sie davor, noch einmal zu versuchen, unbemerkt an Deck zu klettern. Obwohl wir den folgenden Tag noch dort blieben, zeigte sich niemand, aber daran kann auch das stürmische Wetter schuld gewesen sein.

Über Nacht segelten wir nach Majuro zurück und standen um acht Uhr vor der Einfahrt. Später trafen wir bei der Stadt die erste Fahrtenyacht, seit wir Samoa fünf Monate zuvor verlassen hatten. Es war die amerikanische Slup VALHALLA mit Terry und Sooz, die von Hawaii losgesegelt waren und ebenfalls die Inselwelt Mikronesiens erforschen wollten. Für uns alle war es eine willkommene Gelegenheit, Erfahrungen auszutauschen.

Vaitea hatte ihre letzten Impfungen in Pago Pago erhalten, jetzt war sie für den nächsten Schub fällig. Der junge amerikanische Arzt, der unsere Tochter einer Routineuntersuchung unterzog, war an diesem Tag deprimiert. Ein Kind war zwei Tage zuvor eingeliefert worden und am Morgen gestorben. Der Grund war schlichtweg Unterernährung. Vier Jahre lang wurde es nur mit Reis und gezuckertem Tee gerade noch am Leben erhalten. Leider war das kein Einzelfall, sagte der Doktor, gebracht werden die Kinder aber immer erst im Endstadium, wenn jede Hilfe zu spät kommt. Das arme Wurm wog zuletzt genauso viel wie unser einjähriges Baby, obwohl kostenlose Babynahrung erhältlich ist und Früchte und Gemüsesorten zur Verfügung stehen.

Zehn Tage lang versuchten wir das offizielle Okay für das Ebon-Atoll zu bekommen. Unmöglich. Terry ging es genauso, er plante einen Trip nach Maloelap, aber die wollten zur Zeit nichts von Yachten wissen. Oder sie warteten darauf, dass jemand ohne Bewilligung kam. Mili war das einzige Atoll, das relativ leicht zu besuchen war. Der Papierkram dauerte nur zwei Tage, zum Glück war es ein vorgedrucktes Formular, denn jedes der eingesetzen Wörter wie unsere Namen und Angaben über das Boot waren fehlerhaft getippt.

Gemeinsam mit der VALHALLA segelten wir dorthin und trafen auf weitere Fahrtensegler. Ron und Susan beaufsichtigten die kommerzielle Aufzucht von Riesenmördermuscheln.
Gearbeitet wurde an Land, aber die Familie lebte nach wie vor auf ihrer Yacht CATANIA, die hier auf Wa'u Island vermurt war. Die beiden jungen Buben, Ocean und Forrest, tollten den ganzen Tag im Wasser und am Strand herum. Susan zeigte Gerti später Bilder einer weiteren Tochter, die vor mehreren Jahren ertrunken war. Das Baby war damals genauso alt gewesen wie Vaitea jetzt. Wäh-

rend einer Schlafperiode war es bei einer Luke hinausgeklettert – etwas was es vorher noch nie getan hatte – und über Bord gefallen. An der einzigen Stelle übrigens, die wegen des Ankerns nicht eingenetzt war. Erst Stunden später wurde das tote Kind gefunden. Wir wunderten uns, mit welcher Ruhe Susan über dieses Unglück reden und die Bilder zeigen konnte. Damals allerdings hätte sie sich beinahe umgebracht, sagte sie, wenn sie nicht bereits mit Ocean schwanger gewesen wäre.

Ron und Terry hatten Tauchflaschen, aber keinen Kompressor. Taboo III wurde daher zur Füllstation erklärt und Ron begann uns die besten Tauchplätze in der Umgebung zu zeigen: Vielfältiges, vollkommen unzerstörtes Korallenwachstum, Unterwasserhöhlen und jede Menge von Haien am Außenriff. Es wimmelte von leckeren Essfischen und Langusten und auf den kleinen unbewohnten Inseln waren noch Kokosnusskrabben zu finden.
Jeden späten Nachmittag versammelten wir uns am Strand und nahmen einen Sundowner ein. Es wurden Reis und Krustentiere gekocht, Fische gebraten und Kokosnüsse aufgeschlagen. Das gemeinsame Abendessen danach, unter dem unwahrscheinlich klaren Sternenhimmel, war die Krönung dieser unvergesslichen Tage.

In Majuro hatte uns der zunehmend aufsässige junge Mann im Büro für die *Outer Islands Affairs* kein Permit für Ebon ausstellen können.
Dazu sei die Erlaubnis des jeweiligen Bürgermeisters notwendig, sagte er, und es sei ihm nicht möglich gewesen, Kontakt aufzunehmen. Nur stimmte seine faule Ausrede nicht. Die Bürgermeisterin, Frau Mary Anne Ruben, war die Freundlichkeit in Person und hatte, trotz täglicher Funkverbindung mit Majuro, nie von unserem Ansuchen gehört. Natürlich erlaubte sie uns zu bleiben.
Wir waren angenehm überrascht von dem Dorf, nette Häuser entlang eines sauberen Pfades, freundliche Leute, die einen arbeitsamen Eindruck machten, aber manchmal auch so scheu waren, dass sie uns nur eine frisch gebackene und noch heiße Brotfrucht in die Hand drückten, bevor sie gleich wieder verschwanden. Wir konnten keinen Spaziergang machen, ohne

103

etwas geschenkt zu bekommen. Eine Frau gab uns eine Hand voll kleiner, süßer Bananen für Vaitea, etwas, was sie besonders gern naschte. Gerti schenkte ihr Babykleidung, aus der unser Kind bereits herausgewachsen war. Sofort schickte sie ihren Mann aus, um eine Bananenstaude für uns zu kappen, die innerhalb der nächsten Tage reifen würde. – Die Inseln Mikronesiens sind offensichtlich höchst unterschiedlich und voller Gegensätze.

Ruinen aus Basalt

Kosrae und Ponape

Es war zwei Uhr morgens und eine der häufigen Schauerböen trieb TABOO III durch die finstere Nacht. So, wie sich der Katamaran unter meinen nackten Fußsohlen bewegte, fühlte ich, dass wir gut über 12 Knoten machten. Regen prasselte auf das Deck und fand Einlass in die brüchige Öljacke, während ich Wache hielt. Aber ich hätte genauso gut meine Augen zumachen können, die Sicht war gleich null, und je mehr ich nach vorne starrte, desto weniger sah ich. Ich war eingesponnen in einem sich bewegenden Kokon von Lärm, Wind und Wasser.

Laut Koppelrechnung sollte Kosrae, die östlichste Insel der *Federated States of Micronesia,* nicht mehr als 15 Seemeilen voraus liegen. Nachdem sich die Situation wieder beruhigt hatte, barg ich die Genua und ging unter dem gerefften Groß hoch an den Wind. Es war fast wie Beidrehen ohne Abdrift; der langsame östliche Kurs kompensierte die westliche Meeresströmung.

Drei Stunden später war TABOO III wieder auf dem ursprünglichen Kurs unterwegs. Mit dem erwachenden Tag wuchsen die Berge von Kosrae aus dem Wasser, das goldene Sonnenlicht ließ die Wolken in den Tälern aufsteigen und brachte den nassen Dschungel zum Glitzern. Freundliche Menschen winkten uns vom Ufer zu, als wir in den Hafen von Lelu tuckerten und bei der großen Kirche mit dem rostigen Wellblechdach ankerten. Der Platz strahlte eine fast fühlbare Ruhe aus, unser Kat war das einzige Schiff weit und breit.

Die Kirche und die dazugehörende Ansiedlung befinden sich auf der kilometerlangen Insel Lelu, die über einen Damm mit Kosrae verbunden ist. Eine Uferstraße säumt die bewohnte Gegend und ist man diese abgelaufen, glaubt man, alles gesehen zu haben. Aber das täuscht. Hinter den Geschäften, Häusern und Gärten mit Brotfrucht- und Orangenbäumen befinden sich überwucherte Ruinen, die mindestens 500 Jahre alt sind. Hier hat im Mittelalter die herrschende Klasse von Kosrae gelebt und würde es wahrscheinlich noch immer tun, wenn nicht die Walfänger des letzten Jahrhunderts in immer größeren Scharen aufgetaucht wären. Nach anfänglichen Schwierigkeiten, in deren Verlauf die amerikanischen Segelschiffe in Brand gesteckt und komplette Mannschaften massakriert wurden, einigte man sich auf schlichte Tauschgeschäfte. Die Inselherrscher sorgten für einen ständigen Nachschub an Trinkwasser, Holz, Nahrungsmitteln und Mädchen. Dafür erhielten sie Stahläxte, Kleidungsstücke und andere Zivilisationsgüter der damaligen Zeit. Womit sie allerdings nicht gerechnet hatten, waren Syphilis und weitere bis dahin auf der Insel unbekannte Ansteckungskrankheiten, die sie sich ebenfalls einhandelten.

Als zwanzig Jahre später die ersten Missionare aus New England kamen, hatten sie leichte Arbeit. Sie mussten nurmehr knappe 300 Einheimische bekehren, statt der ursprünglichen 5000. Die heutige Bevölkerung, inzwischen wieder auf 6000 Seelen angewachsen, ist streng religiös und lässt sonntags die Kirche mit Hymnen vibrieren, die vor vielen Generationen einst in Boston gesungen wurden.

Dafür sind die traditionellen Tänze und heidnischen Bräuche der damaligen Zeit so erfolgreich ausgetrieben worden, dass niemand mehr darüber Bescheid weiß. Nur ein Wort erinnert noch an die erste Begegnung mit dem weißen Mann, die jetzt über ein Jahrhundert zurückliegt. Die Walfänger verwendeten den Ausdruck *ah shit* so häufig, dass die Eingeborenen sie bald so nannten, und heute ist *ashet* noch immer die gängige Bezeichnung für bleichhäutige Ausländer.

Standon Andrew, ein Angestellter des Museums, führte mich durch die Ruinen der ehemaligen befestigten Stadt. Während wir im Regen über glitschige Steine turnten, erklärte er mir anhand der Mauern aus sechseckigen Basaltsteinen, wo sich die Wohnräume, Kochstellen und Grabstätten der herrschenden Elite befunden hatten. Die künstlich angelegten Kanäle von damals sind heute größtenteils überwachsen.

Auf dem Weg nach Ponape steuerten wir Pingelap an. Wir

sahen das winzige Atoll eines späten Nachmittags als kurzen Strich am Horizont, aber bei unserer Ankunft war es bereits finster. Während der Nacht hielten wir etwas Abstand und mit dem ersten Licht suchte ich die Passage in die Lagune. Sie war zwar vorhanden, aber selbst für den Tiefgang von TABOO III zu riskant. Überall sonst fiel das Außenriff steil in die Tiefe. Wir waren im Begriff weiterzusegeln, als ein Motorboot, das uns schon seit geraumer Zeit diskret beschattet hatte, plötzlich rasch aufholte. Einer der fünf Männer fragte in einem barschen Ton:»Was tun Sie hier überhaupt?« Kaum hatte ich rübergerufen:»Wir segeln weiter, es gibt keinen Ankerplatz«, kamen sie längsseits und hielten sich am Heck fest. Ein Polizist machte Anstalten an Bord zu kommen, um»etwas zu überprüfen«, wie er ankündigte. Was immer das hätte sein sollen, wir erfuhren es nicht mehr.»Tut uns leid, aber wir sind bereits auf dem Weg nach Ponape«, sagte ich ihm, stellte mich in den Weg und wies Gerti an, rasch abzufallen. Noch während die Insulaner untereinander diskutierten, gewann der Kat an Fahrt, ich sprang nach vorne, zog die Genua hoch und wir rauschten aus dem Lee des Atolls. Die Männer brüllten uns ärgerlich nach, hatten aber offensichtlich keine Lust, uns auf das offene Meer zu folgen.

Tags darauf segelten wir in die Bucht von Matalanim, an der Südostküste von Ponape. Unser Ankerplatz nahe einem zuckerhutähnlichen Hügel war spiegelglatt, eine willkommene Erholung nach dem ruppigen Wetter. Grüne, triefende Berge, wohin das Auge reichte, nur vereinzelte Hütten am Ufer wiesen auf menschliche Behausungen hin. Doch nicht immer war die Gegend so spärlich besiedelt. Kaum ein Meile entfernt befinden sich die Ruinen einer Stadt, an der Tausende für Generationen geschuftet haben müssen. Vor ca. 800 Jahren begann man, zweiundneunzig künstliche kleine Inseln auf dem Riff anzulegen. Als Baumaterial wurde ein vulkanisches Produkt verwendet: Basalt, der auf natürliche Weise abgekühlt und zu sechseckigen Säulen erstarrt war.

Alles ist riesengroß, imposant und wuchtig. Manche dieser schwarzen Klötze sind über acht Meter lang und wiegen Dutzende von Tonnen. Allein der Antransport auf Flößen muss mit immensen Schwierigkeiten verbunden gewesen sein. Diese Mauern, die aus ineinander verzahnten Steinen bestehen, erinnerten mich an die

107

Statuen auf der Osterinsel. In beiden Fällen wurden unwahrscheinlich schwere Steinklötze durch die Gegend befördert. Ein Netz von noch immer befahrbaren Kanälen verbindet diese Anhäufung von Festungen, Tempeln und Versammlungsplätzen. Von hier aus tyrannisierte der äußerst grausame Clan der Saudeleurs Ponape für einige Jahrhunderte, bis er wieder spurlos von der Bildfläche verschwand. Heute meiden die Einheimischen diesen verwunschenen Platz und als 1907 der deutsche Gouverneur eine Grabstätte in Nan Madol freilegte und daraufhin aus unerklärlichen Gründen starb, wurde der Aberglaube kräftig geschürt.

Die Entstehung eines Atolls ist bis heute noch nicht zufriedenstellend geklärt worden, noch weniger aber, wie sich ein so kompliziertes Riffgebilde unmittelbar neben einer Insel vulkanischen Ursprungs bilden kann. Eine Theorie besagt, dass unterseeische Berge durch Sedimentablagerungen über Jahrtausende hindurch bis in eine Höhe wuchsen, in der dann Korallenpolypen Fuß fassen konnten. Die andere vertritt die Auffassung, dass die Anhebung des globalen Meeresspiegels nach einer Eiszeitschmelze langsam genug vor sich ging, um den Korallen an der Oberfläche ein Mitwachsen zu ermöglichen. – Jetzt liegt aber Ant, ein echtes Atoll mit einer 60 Meter tiefen Lagune, nur 10 Seemeilen von Ponape entfernt und dazwischen beträgt die Meerestiefe 1000 Meter. Es ist eine Tatsache, die vielleicht von der Wissenschaft noch nicht richtig gewürdigt wurde. Wer weiß, vielleicht befindet sich hier der Nährboden für eine weitere Theorie?

Egal wie, wir ankerten in der Lagune des Atolls, genossen die Einsamkeit und das klare Wasser, das uns in Ponape abgegangen war. Beim Schnorcheln gab es viel zu sehen. Eine Unzahl von Fischen tummelten sich zwischen den Fächer- und Hornkorallen, die in der schmalen Einfahrt aufgrund der ständigen Strömung besonders reichhaltig vertreten waren. Haie patrouillierten die senkrecht abfallenden Wände und Wasserschildkröten schwammen in fast unmittelbarer Nähe ihren eigenen Wegen nach.

Alles, was wir bis jetzt über Truk, den größten Staat der Federated States of Micronesia, kurz FSM, gehört hatten, rangierte von nicht sonderlich verlockend bis zum Alptraum. Warum dann

108

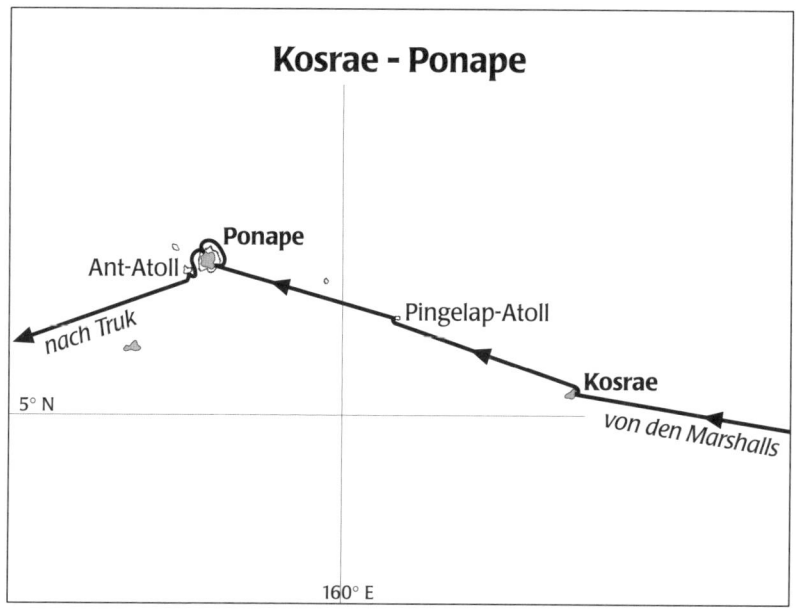

Kosrae - Ponape

Ponape
Ant-Atoll
nach Truk
Pingelap-Atoll
Kosrae
5° N
von den Marshalls
160° E

überhaupt hin? Ganz einfach, letztendlich zählen nur die eigenen Eindrücke. Vorerst näherten wir uns diesem Gebiet tangential und steuerten die vorgelagerten Mortlock-Inseln an. Das Kernstück von Truk konnte noch etwas warten.

Kaum hatten wir nach einer Fahrt von zwei Tagen im Atoll von Satawan bei der Insel Ta geankert, kamen auch schon zwei junge Männer angepaddelt. Neben zwanzig Trinknüssen überbrachten sie die Einladung des *Chiefs*, an Land zu kommen. Etwa fünfzig sehr neugierige Leute geleiteten uns zu ihm. Die allgemeine Stimmung war freundlich und Herbert empfing uns mit einer Herzlichkeit, die wirklich verblüffend war. Nachdem wir mit ihm eine Weile geplaudert hatten, nahmen uns zwei junge Frauen ins Schlepptau und luden uns zum Mittagessen ein. Später brachte uns Herbert Papayas und bat mich, die Antenne seines *SSB-Radios* zu überprüfen. Nicht gerade mein Fach, aber ich hatte das Glück, einen Kurzschluss im abgeschirmten Kabel zu finden.

Als wir am nächsten Tag an Land waren, überraschte uns ein alter Mann, der Lopon hieß. Zusammen mit seiner Frau, die sich allerdings scheu im Hintergrund hielt, fuhr er ein fertiges Mahl auf: ein leckeres Huhn, Gemüse und gekochte Knollen. Wir nahmen ihn kurzerhand mit an Bord und aßen an Deck, was ihm sichtlich Spaß machte. Eine Einladung folgte der anderen. Den nächsten Lunch hatten wir mit Herbert im Haus von Marsala, einer der jungen Frauen. Nur er und wir saßen am Tisch und aßen Kokosnusskrabben, Fische und andere Leckereien, während der Rest der Familie die Fliegen verscheuchte. Eine gute Weile nachdem wir schon fertig waren, fragten die Frauen, ob sie jetzt essen könnten. Sich gegen diesen im Pazifik häufig anzutreffenden Brauch zu wehren ist unmöglich. Erst später, als wir mehr Kontakt mit Marsala und ihrem Mann Advil hatten, lockerte sich die Haltung unserer Gastgeber.

Es war ein Glück, dass wir uns für die entgegengebrachte Gastfreundschaft erkenntlich zeigen konnten. Das Versorgungsschiff war nach mehr als drei Monaten längst überfällig und es mangelte an vielen Sachen, wie z. B. Taschenlampenbatterien, Benzin, Petroleum, Reis, Zucker und Mehl. Die beiden letzten Nahrungsmittel wurden als Zutaten für eine Süßspeise benötigt, deren Zubereitung Gerti Marsala zeigte. Das Rezept stammt von den Cook-Inseln. Kokosnusskeimlinge werden zerrieben, mit etwas Mehl, Zucker und ausgequetschter Kokosnusscreme vermischt und in Fett wie Pfannkuchen herausgebacken. Der Erfolg war groß und ein Kilogramm Zucker im Nu verbraucht. Die Kunde von dieser Leckerei lief wie ein Lauffeuer durch das Dorf und ständig kamen Nachbarn auf eine Kostprobe vorbei.

Zwischendurch brachte Herbert eine verrostete Haarschneidemaschine zur Reparatur. Das war kein Problem, aber Anvils Walkie-Talkie war eine Nuss, die ich nicht knacken konnte. Fünf der vorhanden Batterien bildeten einen rostigen Klumpen, und was mit den restlichen passiert war, konnte er nicht mehr sagen. Auch hatten Kakerlaken durch den gebrochenen Deckel des Radios Eingang gefunden und das Innere als Brutstätte benutzt. Eine alte Schicht von Exkrementen verdeckte die elektronischen Bestandteile, die einen angeknabberten Eindruck machten. Nachdem eine gründliche Reinigung und Ausblasen mit Pressluft keinen Erfolg zeigten, gab ich auf.

Wir besuchten den alten Mann Lopon, der uns das fertig gekochte Huhn gebracht hatte. Das Dach seines Hauses bestand zur Hälfte aus den üblichen geflochtenen Palmwedeln und zur anderen aus Wellblech, mit dem er Trinkwasser sammelte. Sollten wir hier bleiben, sagte er, würde er mir etwas von seinem Grundstück abgeben, damit ich am Strand ein Haus für meine Familie bauen könnte. Das ständige Leben auf dem Wasser sei nicht richtig, meinte er. Das ernst gemeinte Angebot war einfach rührend und kam uns gar nicht mehr so abwegig vor, als es später in der Nacht heftig stürmte.

Vor unserem nächsten Ziel, den Losap-Inseln, hatte uns Marsala gewarnt. Die jungen Männer dort würden den alten *Chief* nicht mehr respektieren und sich ansonsten wie Rowdys benehmen. Kaum war der Anker am Grund der Lagune, kam auch schon ein Motorboot zu uns rausgeflitzt. Aber nachdem der Polizist das *Vessel Entry Permit* überprüft hatte, lud er uns ein, auf die Insel zu kommen. Währenddessen brachte ein Auslegerboot eine Ladung Trinknüsse. Eine gemischte Schar von alten Leuten und Jugendlichen, vielleicht siebzig an der Zahl, brachen in ein unbeschreibliches Geschrei aus, als sie Vaitea erblickten. Noch nie hatte unsere Tochter so eine Reaktion hervorgerufen. Sie folgten uns auf Schritt und Tritt, bis wir beim Hause des *Chiefs* angelangt waren. Er war jung, sehr imposant und Bruder des Polizisten. Sie waren die Männer, vor denen uns Marsala gewarnt hatte. Der vorherige alte *Chief* weilte nicht mehr auf der Insel. Elf Monate zuvor hatte Taifun NINA die Insel verwüstet und kurz darauf war er mit der saftigen Entschädigungszahlung der Amerikaner verschwunden. Die »Rowdys« von Losap spürten ihn jedoch auf und drohten ihn umzubringen, falls er nicht mit dem Geld herausrückte. Der neugewählte *Chief* verwendete die stattliche Summe ausschließlich zum Wohl der Inselgemeinschaft und über jeden einzelnen Dollar wurde Buch geführt, ein echter Bruch mit der Vergangenheit.

Während wir über einer Tasse Kaffee dieser Geschichte zuhörten, drängten sich die Halbwüchsigen vor den offenen Fenstern um einen Logenplatz. Dahinter standen noch einige unbewohnte Zelte, die als Notunterkünfte nach NINA dienten. Alle begleiteten uns danach auf einen Rundgang durch das Dorf. Beim letzten Haus trafen wir auf den jungen Mann, der uns die Trinknüsse gebracht hatte. Zuvor saß er in einem Kanu, jetzt in einem Rollstuhl. Vor einigen Jahren hatte er bei einer Trinkerei auf Moen, der Hauptinsel in der Lagune von Truk, einen Messerstich in den Rücken abbekommen und war seitdem querschnittsgelähmt.

Mit dem fast vollen Mond hinter uns segelten wir am Abend über die Lagune und durch den Morappa Channel hinaus auf das Meer. Zwei Stunden später glitten wir im Lee der kleinen Insel Nama entlang. Ein langer weißer Strand leuchtete zu uns rüber und der rauchige Geruch der offenen Feuerstellen war unverkennbar. Plötzlich bemerkten uns die Einheimischen und der bis dahin ruhige Platz explodierte förmlich. Taschenlampen leuchteten auf, es wurde gebrüllt, gepfiffen und die Menschen tobten am Ufer entlang. All dies hielt noch lange an, nachdem wir schon längst vorbei waren.

Wir segelten weiter in die helle Mondnacht hinein. Dreißig Seemeilen voraus lag die riesige Lagune von Truk. Unter Wasser beherbergt sie die versenkte japanische Flotte und darüber leben Menschen, die im Ruf standen, Besucher rau zu behandeln. Inwieweit das stimmt, sollten wir während der kommenden Wochen und Monate rausfinden.

Das andere Gesicht Mikronesiens

In der Lagune von Truk

Mikronesien ist eine Welt der Gegensätze. Freundliche wie auch aufsässige Leute behausen diesen äußerst dünn besiedelten und größtenteils vergessenen Teil des westlichen Pazifiks. Nur die wahllos hingestreuten Atolle sind gleichbleibend in ihrer abgeschiedenen Schönheit, auch wenn sie regelmäßig von einem Taifun zerzaust werden.

Die Lagune von Truk ist eine der größten der Welt, der Riffgürtel umschließt über 2000 Quadratkilometer, aber die eigentliche Landfläche beschränkt sich auf magere 118 Quadratkilometer. Fünf Einfahrten gewähren Zufahrt und TABOO III segelte mit dem ersten Licht durch den Northeast Pass und ankerte später im Hafen von Moen. Eine Stunde danach hatten wir einklariert und waren unterwegs zum Liegeplatz vor dem Continental Hotel. Wer hatte jemals behauptet, dass die Behörden in Truk kompliziert seien?

Das war samstagvormittags. Montags erhielt ich die Nachricht, sofort zum Immigration Office zu kommen. Der Vorstand, Frau Koreti Mori, empfing mich kühl. »Ihre Unterlagen sind nicht vollständig«, sagte sie, »Sie müssen noch einmal einklarieren!« Ich protestierte, berief mich auf den Beamten, der uns eingestempelt hatte. Aber es half nichts, ich musste zurück zu TABOO III, um die Pässe und das *Vessel Entry Permit* zu holen. Halb so schlimm, wenn es nur ein paar Schritte über die Straße gewesen wären, aber das Büro war mehrere Kilometer entfernt und ich wollte den Kat nicht zu lange allein lassen. Tags zuvor hatten wir in starken, auflandigen Böen geschliert.

Unser momentaner Ankerplatz vor dem Hotel war Gold wert. Abgesehen von der netten Anlage bot er Schutz vor östlichen Winden und den Belästigungen Betrunkener. Schon am Wochenende hatten wir bemerkt, dass Alkohol ein fester Bestandteil des gesellschaftlichen Lebens auf Moen ist. Er ist zwar offiziell verboten, aber zu Schwarzmarktpreisen kann man alles bekommen. Hochprozentiger Mount Gay Rum aus der Karibik ist besonders beliebt.

Der Liegeplatz hatte nur einen Nachteil: zu leicht konnte uns Frau Mori über das Hotel eine Nachricht zukommen lassen. Ich empfing eine weitere Aufforderung, ihr Amt zu besuchen. Mittlerweile hatte ich erfahren, dass sie diesen Job von ihrem Onkel, dem Gouverneur von Truk, zugeschanzt bekommen hatte, denn eine Ausbildung dafür besaß sie bestimmt nicht. Gewarnt durch meinen vorherigen Besuch, brachte ich alle erdenklichen Unterlagen mit. Sie wollte auch nur eine unwichtige Kleinigkeit überprüfen und damit wurde ihre Taktik klar: reine Schikane.

Erst eine Woche nach unserer Ankunft in Truk war die Einklarierung zur Zufriedenheit von Frau Mori beendet. Zu dem Zeitpunkt hatten wir die Nase gestrichen voll und wollten die Hall-Inseln besuchen.

Am späten Nachmittag verließen wir die Lagune durch den North Pass und erkundeten in Ruhe die umliegenden Inselchen.

Nachdem wir mit betrunkenen und strenggläubigen, freundlichen und wirklich unverschämten Bewohnern unsere Erfahrungen gesammelt hatten, steuerten wir das Namonuito-Atoll an. Auf der Insel Pisarach trafen wir Kathy, eine 53jährige amerikanische Entwicklungshelferin, die uns immer wieder begegnen sollte und an deren Geschichte wir Anteil nahmen. Zur Zeit versuchte sie, im sandigen Boden Gemüse zu pflanzen, obwohl sie eigentlich unterrichten sollte. Aber seit Monaten wartete sie vergeblich auf Schulbücher, Hefte und Bleistifte.

Das Wellblechdach des Schulgebäudes hatte durch den letzten Taifun gelitten. Es war zwar schon über ein Jahr her, aber es hatte sich noch niemand zu einer Reparatur aufraffen können.

Kathy klagte über ihre eintönige Ernährung: Reis, viermal in der Woche Fisch, Bananen und ab und zu eine Brotfrucht. Die ersten zwei Wochen nach ihrer Ankunft auf Pisarach hatte sie sich immer hundsmüde gefühlt. Seitdem besserte sie ihre Kost mit Vitaminpräparaten auf, die normalerweise nur von schwangeren Frauen genommen werden. Der allgemeine Dreck rundherum erfüllte sie mit Grausen, vor den Einheimischen ekelte sie sich

114

und sie hatte eine höllische Angst vor tropischen Krankheiten. Aber dagegen hatte Kathy ein privates Abwehrrezept: Vor der Tür zu ihrem versperrten Palmwedelhaus stand immer ein Kübel mit Wasser, dem etwas Chlor beigemengt war. Darin wusch sie sich Hände und Gesicht, ehe sie ihr privates Quartier betrat. Selten hatten wir so einen Unfug gehört. Gerti machte sie gleich darauf aufmerksam, dass auf diese Art zwar alle Keime, aber auch die natürliche Abwehrkraft der Haut zerstört und damit die Bahn für Pilzerkrankungen frei gemacht werden würde. Kathy klagte bereits über Ohrenschmerzen, wollte aber trotzdem nicht auf ihre Bleichlaugenwaschungen verzichten.

Sobald der Wind wieder auf Ost gedreht hatte, segelten wir zurück nach Truk und erforschten die kleinen Inseln am nördlichen Teil des Außenriffs. Danach war es an der Zeit, nach Moen zurückzukehren; Weihnachten stand vor der Tür.

Wir waren gerade im Begriff, in die Stadt zu fahren, als wir die Nachricht erhielten, die Immigration sei auf dem Weg zu uns. Es war aber nur ein Beamter, der eine neu angekommene Yacht vermutet hatte. Damit wusste Frau Mori von unserer Ankunft und noch am selben Abend erhielten wir die schriftliche Nachricht, dass unser Ansuchen um Aufenthaltsverlängerung abgelehnt worden sei. Spätestens am 20.12. hätten wir Truk zu verlassen und bei Nichtbeachtung drohe uns eine Geldstrafe von 100 Dollar pro Tag und Person. Noch während unseres Aufenthaltes in Ponape hatte ich mich wegen einer Verlängerung erkundigt, worauf mir versichert wurde, dass dem nach einem schriftlichen Antrag nichts im Wege stehen würde. Das Ansuchen hatte ich vor Wochen Frau Mori übergeben.

Irgendetwas war faul an der Sache, und dieser Meinung war auch Konrad, ein Mann, der für den nationalen Sicherheitsdienst arbeitete. Er war von den Mortlocks, den Inseln, die wir zuerst besucht und die uns positiv beeindruckt hatten. Als er, um die Sache zu klären, Ponape anrief, wurde alles bestätigt: Raus am 20. Dezember oder die tägliche Strafe zahlen. Daraufhin riet mir Konrad, mit Senator Nick Bossy zu reden. Nachdem ich diesem die Situation erklärt hatte, war auch er der Meinung, dass man mit Besuchern so nicht umspringen sollte. In meinem Beisein rief er das Immigrationsbüro in Ponape an und sprach des Längeren mit dem Stellvertreter Lucio Remoket, der sich zwar positiv äußerte, aber die Entscheidung dem Chef, Uriel Hadley, überlassen musste.

115

Als Nächstes hörten wir von einem sehr ärgerlichen Nick Bossy. Uriel Hadley hatte ihn angerufen und uns beschuldigt, überhaupt kein *Vessel Entry Permit* zu haben. Damit waren wir illegal im Land und sollten sofort rausgeschmissen werden. Die bis jetzt ernste Situation begann eindeutig lächerlich zu werden. Der Senator beruhigte sich erst, nachdem ich ihm meinen ganzen Schriftverkehr mit Ponape und auch das *Vessel Entry Permit* zeigte, das die Unterschrift von Hadley trug. Jetzt richtete sich seine Wut gegen den Chef der Immigration, der ihn wissentlich angelogen hatte. Bei dem darauf folgenden Gespräch war ich nicht dabei, aber der Senator sagte später, er hätte sie ordentlich zur Hölle geschickt. Danach setzte er die Staatsanwaltschaft von dieser Angelegenheit in Kenntnis.

Koreta Mori hatte einen Tag vor dem 20. eine weitere Nachricht für uns: die tägliche Strafe von 100 Dollar pro Person gelte natürlich auch für Vaitea, es wären also 300 Dollar pro Tag, die wir hinblättern müssten. Nick Bossy sagte, die Staatsanwaltschaft sei im Begriff, eine Untersuchung anzuordnen, und fürs Erste sollten wir einmal bleiben. Natürlich hätten wir auch absegeln können, das ganze Truk war sowieso kein besonderer Hit, aber ich wollte noch in der Lagune tauchen und ohne gültiges *Permit* konnten wir nicht Yap besuchen.

Mittlerweile ging das Leben in der Lagune von Truk wie gewohnt weiter. Im Dorf nahe dem Hotel erstach ein junger Mann während einer Trinkerei seinen Cousin. Laut lokalem Brauch entschuldigte er sich öffentlich bei der Mutter des Toten und nahm dann dessen Platz ein. Das ist besonders wichtig, falls dieser eine Familie zu ernähren hatte.

Ein Motorboot mit fünf Besoffenen flitzte unter unserem Ankerseil durch, ohne damit oder mit dem Bug zu kollidieren, was selbst im nüchternen Zustand eine tolle Leistung ist. Aufgrund meiner nachgebrüllten Kommentare begannen sie schimpfend enge Kreise um den Kat zu ziehen. Erst als ich mich auf Gertis Bitte unter Deck begab, zogen sie nach fünfzehn Minuten ab. Am nächsten Morgen entschuldigten sie sich für ihr Verhalten, was uns sehr verwunderte. Nachmittags kamen sie im angetrunkenen Zustand erneut an, entschuldigten sich nochmals und wurden gleichzeitig wieder aufsässig. Zwischendurch kam ein größeres Kanu und wollte anlegen, um unsere Toilette zu benutzen. Ich musste diesen groben Unfug lautstark abweisen.

116

Später ging ich zu einem nahen Riff harpunieren und wurde prompt von einem jungen Mann angesprochen. Seit sein Onkel gestorben sei, dürfe niemand in der Trauerperiode über das Riff fahren, das zu dem Land der Familie gehörte. Wer es trotzdem tue, riskiere eine Strafe und verliere sein Boot. Aber bei mir, einem Ausländer, wollten sie eine Ausnahme machen.

»Wie soll man das überhaupt wissen?«, fragte ich. »Es stecken Palmwedel am Riff«, sagte er. Ich schaute zurück, nichts war zu sehen. »Wo denn?«, fragte ich. »Die Wellen haben sie weggewaschen«, antwortete er. Da gab ich's kopfschüttelnd auf.

Im Supermarkt trafen wir Kathy, die Entwicklungshelferin aus Pisarach wieder. Sie war nicht glücklich mit der Familie, bei der sie nun untergebracht war. Ihr Status als »goldene Gans« ließ sie für sämtliche Lebensmittelkosten und das Marihuana aufkommen, das alle rauchten. Eine Liste der gewünschten Weihnachtsgeschenke wurde ihr bereits unterbreitet. Lieber wäre sie auf ihrer Insel, klagte sie, wo sie ihr 320-Dollar-Monatsgehalt nicht ausgeben konnte. Als ehemalige Alkoholikerin versuchte sie eigentlich gerade krampfhaft, einen Notgroschen für die Zukunft anzusparen.

Weihnachten kam und ging. Die Immigration hatte auf Sendepause geschaltet und Nick Bossy sagte, eine Untersuchung wäre im Gange; uns war alles recht.

Jeden Tag unternahmen viele der Hotelgäste Tauchfahrten zu den fast sechzig Wracks, die über den Lagunengrund verstreut lagen. Beim Zurückkommen wurden sie am Steg von den *security guards* einer Leibesvisitation unterzogen. Das Mitnehmen von Wrackteilen und Korallen war streng untersagt. Am Weg zum Hotel gingen sie dann an einem drei Meter hohen, beleuchteten Christbaum vorbei, der aus Hunderten von gebleichten Geweihkorallen bestand.

Nach Einführung des Touristentauchbetriebes kamen sehr viele Japaner, um die Gebeine ihrer Kriegstoten aus den Schiffen zu bergen und zu bestatten. Nur so konnten die armen Seelen endlich zur Ruhe kommen. Im Laufe der Jahre reduzierten sich die Knochenhaufen unter Wasser und der Strom japanischer Taucher begann zu versiegen, bis man auf die Idee kam, Knochen als Lockvögel auszulegen. Sie wurden zwar geborgen, aber bald als Überreste von Tieren erkannt.

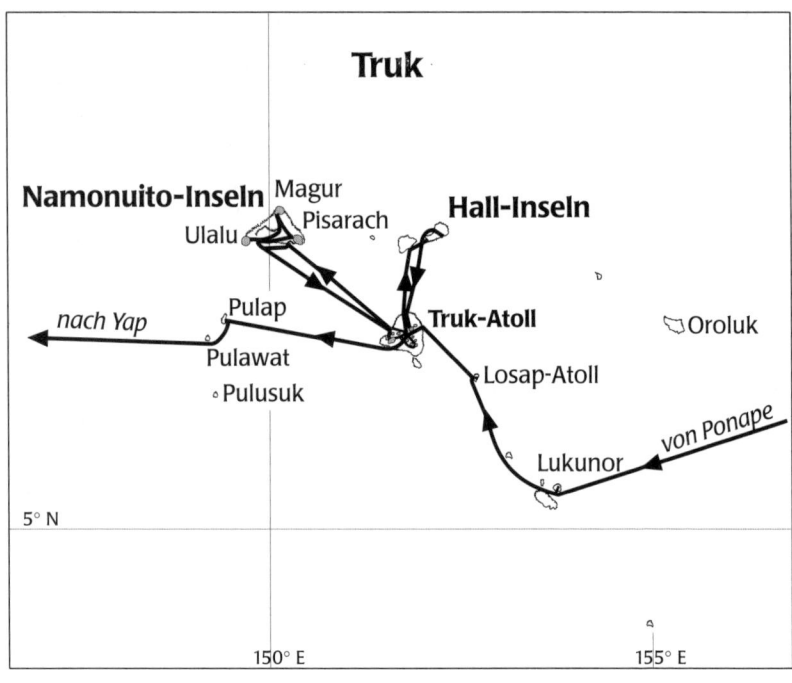

Truk

Namonuito-Inseln Magur
  Ulalu Pisarach   Hall-Inseln

nach Yap   Pulap   Truk-Atoll   Oroluk
            Pulawat
            Pulusuk   Losap-Atoll

                                  Lukunor   von Ponape

5° N

150° E   155° E

Die Leute von Truk haben eine seltene Fähigkeit, Geld zu kassieren. Viele beziehen noch immer Kriegsentschädigungen – von Japan wie auch den USA. Das geht in Einzelfällen oft in die Hunderttausende von Dollar. Eine weitere verlässliche Quelle sind die häufigen Taifune. In dem Fall zahlt allerdings nur die amerikanische Regierung. Die Kompensation für den letzten tropischen Wirbelsturm war so reichlich, dass die Bevölkerung inbrünstig auf den nächsten hofft. Wir sprachen mit einem Mann, der durch diese Naturkatastrophen wohlhabend geworden war. Er sagte, oft schlügen sie aus blauem Himmel zu, im Nu heule es mit 100 Knoten über das Außenriff und sechs Stunden später sei alles wieder vorbei. Ich fand diese Aussage beunruhigend, denn in der Lagune von Truk gibt es keinen Platz, der gegen alle Windrichtungen geschützt ist. Die einzige Rettung wäre die Flucht auf offene See, sofern man noch einige Stunden Tageslicht dazu hat. Deswegen hörte ich täglich auf 15 000 MHz die Wetterwarnungen für den westlichen Pazifik. Es ist dieselbe Kurzwellenstation in Hawaii, die auch minütlich die Weltzeit für Navigationszwecke ausstrahlt.

118

Am letzten Tag des alten Jahres überbrachte das Immigration Office ein neues *Vessel Entry Permit*, gültig für weitere drei Monate. Tags darauf traf ich Nick Bossy in der Stadt. Der Senator wollte aber nicht über Koreta Mori reden, ich hätte ihre Gefühle verletzt, meinte er. Mag sein, aber wer hat sich um unsere Gefühle gekümmert, als sie schadenfroh verkündete, wir müssten das Land verlassen oder die Strafe zahlen?

Bevor wir das ungastliche Atoll verließen, trafen wir Kathy ein drittes Mal. Dieses Mal machte sie einen so zerstörten Eindruck, dass wir sie aufs Boot mitnahmen. Ihr Gehör war jetzt permanent geschädigt und auch unter ihren Fingernägeln hatte sich Pilzbefall ausgebreitet. Trotz eines ärztlichen Attests wollten ihre Vorgesetzten nichts von einer vorzeitigen Entlassung aus Gesundheitsgründen wissen und beorderten sie nach Pisarach zurück.

Seit einiger Zeit wohnte sie im *Peace Corps House*, aber während ihrer Abwesenheit wurde eingebrochen und alle ihre Sachen gestohlen. Dann wurde sie auch noch von ihrer 25 Jahre jüngeren Zimmergefährtin verprügelt, weil sie nicht versprechen konnte, dass am Sonntag die Bude sturmfrei sein würde. Die Kollegin wollte ihren Freund einladen – in dem Doppelbett schliefen normalerweise nur die beiden Frauen, aber auch fallweise männliche Besucher, ein weiterer, Ekel erregender Zustand für Kathy. Bei ihrer Tätigkeit als Entwicklungshelferin wurde sie bis jetzt halbtaub, schamlos ausgenutzt, bestohlen und geschlagen. Sie fühlte sich körperlich wie psychisch so am Ende, dass sie nicht mehr den Rest ihrer zwei Jahre abdienen wollte: »Nichts wie weg!«, war die Parole. Ihr nächstes Ziel war Europa und ein Skiurlaub in den Alpen. Danach wollte sie in Washington den Rest ihres Gehaltes einklagen.

Nach wenigen weiteren Tagen hielt uns hier nichts mehr. Truk war eine Erfahrung, die wir nicht so bald vergessen würden. Aber dann waren die Einheimischen schon immer für ihr gestörtes Verhältnis zu Besuchern bekannt. Als 1565 das erste spanische Schiff, die SAN LUCAS, in die Lagune von Truk segelte, musste es durch die nächstbeste Ausfahrt wieder flüchten. Der Kapitän hatte nur Zeit gehabt, einige Kanonenkugeln abzufeuern, um Hunderte von einheimischen Kriegern abzuhalten. Diese Begrüßung ist heute nicht mehr üblich, aber an der Einstellung gegenüber Fremden dürfte sich wenig geändert haben.

Fenster in die Vergangenheit

Lamotrek, Ifalik und Yap

Über Inseln, die Pulat und Pulawat hießen, segelten wir weiter nach Westen, bis eines Tages die Palmenwipfel von Lamotrek als gezackter Strich am Horizont auftauchten. Während wir knapp am Außenriff des Atolls entlangsegelten, biss ein fetter Thun an der Schleppangel an. Auf diese Art zu fischen ist meist erfolgreich und Mikronesien war in dieser Hinsicht besonders ergiebig. Während ich den Fisch einholte, segelte Gerti in die Passage, die wie ein blauer Finger den Weg in die Lagune wies.

Truk war teilweise in den Sog der westlichen Welt geraten, nahm das Schlechteste davon an und ging unter, was am deutlichsten auf der Hauptinsel Moen zu sehen war. Dort erstickte das alte Brauchtum förmlich in Korruption, Alkohol, Drogen und Faulheit. Lamotrek hingegen, keine 400 Seemeilen weiter im Westen, gehörte zum Staat Yap und Tradition hatte noch Bedeutung.

Die Männer trugen einen kurzen Lendenschurz, *thu* genannt, und Frauen hüllten ihren Körper vom Nabel bis zu den Knien in einen *lava lava*, den sie selber am Webstuhl herstellten. Noch war niemand auf die Idee gekommen, die Brüste zu bedecken, andererseits war es unziemlich, die Oberschenkel zu entblößen.

Die Einheimischen waren eher scheu, aber es dauerte nicht lange, bis wir mit den Leuten, die sich auf englisch verständigen konnten, ins Gespräch kamen. Darunter war Joe Yetigmal, die männliche Krankenschwester der Insel, mit dem wir bald befreundet waren. Oft saßen wir beisammen und er erzählte uns über die Eigenheiten des abgeschiedenen Insellebens, das nur durch Besucher wie uns oder durch das Versorgungsschiff unterbrochen wird.

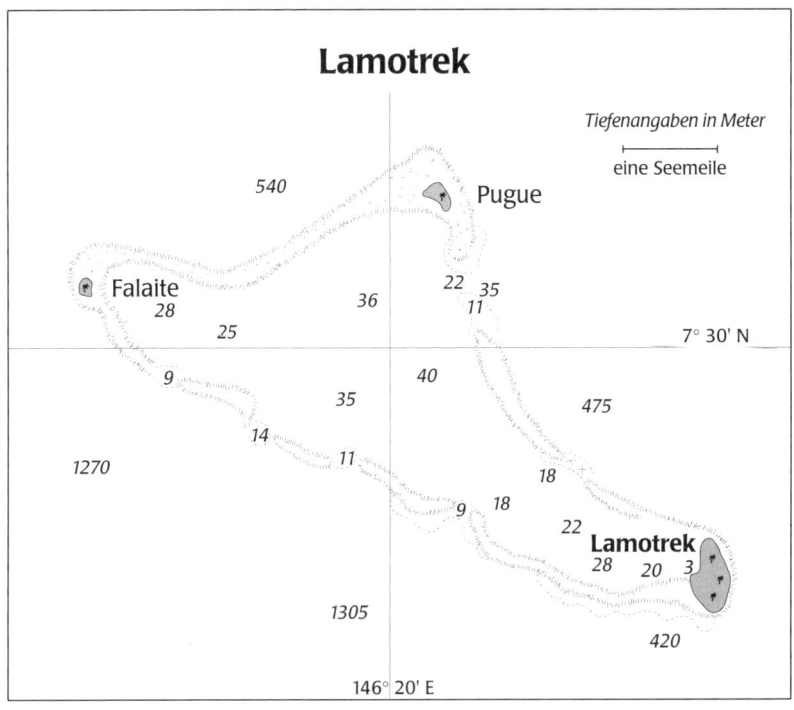

Lamotrek

Tiefenangaben in Meter

eine Seemeile

540   Pugue

Falaite
28   36   22   35
   11
25   7° 30' N

9   40
   35   475

14
1270   11   18
   9   18
   22   **Lamotrek**
   28   20   3

1305

420

146° 20' E

Es war noch nicht so lange her, dass Joe selber von einer un-
freiwilligen Reise zurückgekommen war. Mit einem Freund war
er in einem offenen Boot nach Elato, einer Insel nur sechs Meilen
weiter westlich, gefahren. Kurz nachdem sie das Atoll verlassen
hatten, begann der Außenborder zu husten und stoppte. Joe
konnte ihn aber wieder in Gang setzen und die beiden Männer
kehrten zurück. In der Lagune hatten sie ein weitere Panne, die
sie allerdings nicht mehr beheben konnten. Die Strömung riss sie
durch die Passage zurück aufs offene Meer und in der Nacht trieben sie an Elato vorbei.

Eine Woche später wurden sie von einem australischen Schiff
gesichtet, aber erst nach längerem Verhör und gründlicher Inspektion ihres Bootes an Bord genommen. Die Vorsicht der
Mannschaft war begründet: In philippinischen Gewässern waren
sie einem anscheinend sinkenden Boot zu Hilfe gekommen und
hatten bald in die Mündungen versteckter Schnellfeuergewehre
geblickt.

»Can you take us back to Lamotrek?«, fragte Joe den Kapitän, der das winzige Atoll erst auf der Seekarte suchen musste. Das war nicht möglich, aber er nahm sie mit nach Guam, was einen geringeren Umweg bedeutete. Dort wurden die Männer mit ihrem Boot wieder ins Wasser gelassen und von dem wartenden Küstenwachtschiff in den Hafen geschleppt. Joe tat seinen Schiffbruch als kleine Episode ab, andere Insulaner wurden unter ähnlichen Umständen erst viel später gerettet und alle hatten bis jetzt überlebt.

Kurz nach unserer Ankunft hatten wir die beiden *Chiefs* Taro und Urmai an Bord eingeladen und servierten den üblichen Saft, Kekse und Zigaretten. Normalerweise werden den besuchenden Schiffen fünf Dollar pro Tag abgeknöpft, aber nachdem unsere Papiere in Ordnung waren, sah man davon ab. Ein paar Tage später jedoch kam ein junger Mann an und behauptete, das wäre ein Missverständnis gewesen, wir müssten jetzt doch die tägliche Ankergebühr zahlen. Wir saßen gerade mit Joe vor seinem Haus zusammen und er meinte, wir sollten das nicht beachten, die *Chiefs* hatten anders entschieden und das sei das Wesentliche.

Trotzdem begann eine Gruppe von jungen Männern deswegen Unfrieden im Dorf zu stiften. Für uns war das eher ein interner Disput; hätten die *Chiefs* die fünf Dollar gefordert, hätten wir selbstverständlich sofort gezahlt; aber dem war eben nicht so.

Der Großteil der Bevölkerung war uns sehr freundlich gesinnt, unsere Tochter Vaitea war wie immer die Attraktion und wurde dauernd mit Früchten beschenkt. Wir besuchten Bianca, die Tochter des *Chiefs* Taro, und sahen ihr zu, wie sie im großen Kanuhaus an ihrem Webstuhl arbeitete. Joes Frau, Catarina, schenkte Gerti einen selbst gewebten *lava lava* und lud uns ständig zum Essen ein. Andererseits freute sich Joe über den Edelstahlspeer und Gummis für seine Harpune, die ich ihm brachte.

Eines späten Nachmittags kam ein Motorboot von Elato an und ich wurde an Land gebeten. Peter Ubemal, der ehemalige Senator für Lamotrek und Elato, hatte Radiokontakt mit den Behörden in Ulithi gehabt, und ich wurde aufgefordert, sofort dorthin zu segeln.

Nach einem einstündigen Palaver einigten wir uns auf eine Abfahrt am nächsten Morgen und Stopps auf der Route. Das Außergewöhnliche bei diesem Treffen war auch weniger das Gespräch als das Aussehen von Peter Ubemal: rötliches Gesicht, blaue Augen und helle Haare. Auf dem Münchner Domplatz würde ihm keiner einen zweiten Blick schenken, sofern er nicht gerade nur den Lendenschurz tragen würde. Seine Gene hatte er aus der deutschen Kolonialzeit Anfang des Jahrhunderts mitbekommen.

Das Dingi voller Früchte und behangen mit Tiara-Blütenkränzen nahmen wir Abschied von unseren Freunden und segelten über Nacht weiter zum Olimaro-Atoll. Es war unbewohnt und nach dem Trubel der letzten Tage eine willkommene Abwechslung. Bei der Insel Falifi ging ich meiner üblichen Beschäftigung an so einem Platz nach: Schneckensuchen am Riff, Schnorcheln, Fische harpunieren oder das Wrack eines asiatischen Fischerbootes untersuchen, das zur Hälfte aus dem Wasser ragte. Auf dem Weg dorthin stolperte ich über mehrere Langusten.

Hoch am Strand lagen riesige angeschwemmte Baumstämme und dazwischen bemerkten wir Spuren von Meeresschildkröten, die hier ihre Eier vergraben hatten. Die Insel war zudem die Brutstätte von Seevögeln. Tausende von Tölpeln, Möwen und Fregattvögeln waren ständig unterwegs und machten einen dementsprechenden Krach. Überall war der Boden mit Vogelexkrementen bedeckt.

Als ich einige Kokosnüsse runterholte, erlebten wir eine Überraschung. Ich hatte noch nie das Verlangen, Guano zu kosten, aber der Geschmack der Kokosnussmilch gab einen starken Hinweis in diese Richtung. – Von da an mieden wir Palmen in unmittelbarer Nähe der Vogelkolonien.

Schon seit den Marshalls hatte Vaitea eine Vorliebe für süße Keimlinge entwickelt. Abgesehen von einigen Wörtern konnte sie noch nicht reden, wusste aber bereits, dass es die heruntergefallenen braunen Nüsse waren, bei denen ein grüner Trieb zu sprießen begonnen hatte. Bald begann sie diese zu suchen und schleppte eine nach der anderen an. In unserer momentanen gemüselosen Zeit war das sicherlich ein gesunder Ersatz. Außerdem ließen sich mit den geriebenen Keimlingen leckere Pfannkuchen machen.

In Lamotrek wurden uns so viele Bananen geschenkt, dass wir einen Teil davon trockneten, während Gerti den Rest mit Ingwer

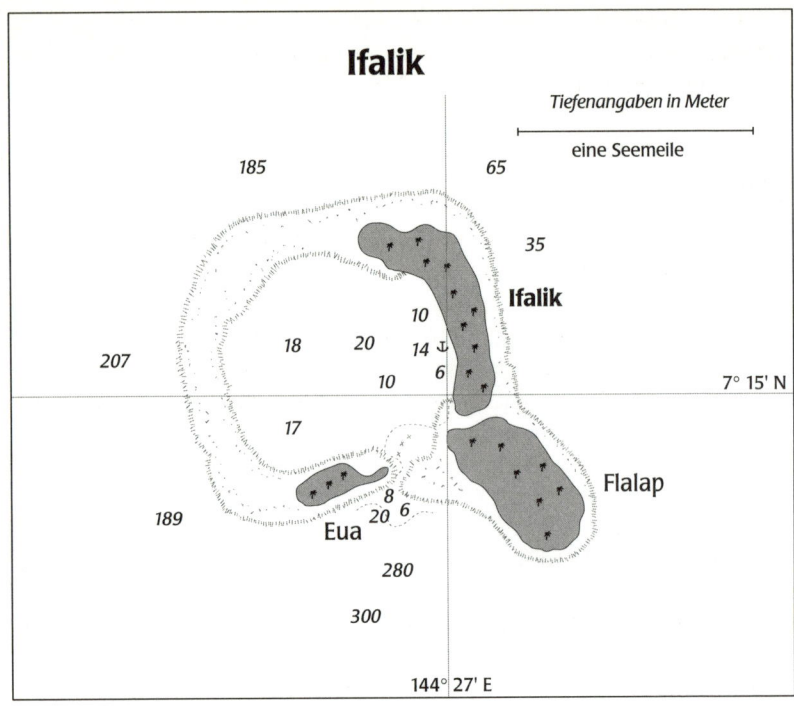

Ifalik

Tiefenangaben in Meter

eine Seemeile

185 65

35

Ifalik

10

207 18 20 14 ⏚

10 6

7° 15' N

17

Flalap

8
189 20 6

Eua

280

300

144° 27' E

und Zucker zu Marmelade verarbeitete. Dazu kam noch Limonensaft, den wir in gefrorener Form an Bord hatten.

Einige Tage später brachen wir nach Ifalik auf, einer Insel, die 120 Seemeilen weiter im Westen liegt. Als wir uns dem Atoll näherten, sah ich schon von weitem ein halbes Dutzend Segel, die trotz des hohen Wellenganges gute Fahrt machten. Es waren Mehrrumpfboote mit nur einem Ausleger, der sich immer auf der Luvseite befindet. Hinten saß jeweils ein Mann, der mit einem Paddel kraftvoll steuerte, während andere das Segel bedienten oder Schleppangeln in den Händen hielten. Ein Blick genügte, um zu sehen, dass diese Leute auf dem Meer zu Hause waren. Mit Interesse betrachteten sie Taboo III, ein Mehrrumpfboot der heutigen Zeit. Dann entdeckten sie kreisende Fregattvögel, winkten und zogen auf der Suche nach Fischen ab.

Wir zwängten uns durch die in der Lagune liegenden Riffe und fanden einen ruhigen Ankerplatz vor dem Dorf. Zwischen den

Palmen standen hochgiebelige, traditionelle Häuser und am Strand lagen weitere Segelkanus, die mit darüber gelegten Nippamatten vor der Sonne geschützt waren.

Yap ist der einzige Staat Mikronesiens, der versucht, die althergebrachte Lebensweise aufrechtzuerhalten und den westlichen Einfluss so weit wie möglich zu dämmen. Ifalik ist in dieser Beziehung einsame Spitze. Während auf Lamotrek Außenborder verwendet wurden, waren sie hier verboten. Der *Chief* war der Meinung, dass seine Leute auf sich gestellt und unabhängig sein sollten von sündteuren Maschinen, die obendrein noch die Lagune verstinken. Jeden Tag segelten einige der sieben bis acht Meter langen Kanus aufs offene Meer hinaus, um zu fischen. Diese Proas wurden mit einfachsten Werkzeugen aus dem Holz alter Brotfruchtbäume oder angeschwemmter Baumstämme gehauen.

Eine weitere Eigenheit dieser Kultur ist, dass man ständig um Erlaubnis fragen muss, sei es, um jemanden zu fotografieren oder zur anderen Seite der Insel wandern zu wollen. Jedes Fitzelchen Land ist Privateigentum, als Fremder trampelt man dementsprechend nahtlos von einem privaten Grundstück aufs andere, ohne es zu wissen, denn Begrenzungen gibt es keine. Die Einheimischen wissen sowieso, welche Palme welcher Familie gehört. Die einzige Ausnahme ist der *taro patch,* hier hält der Zaun die Schweine von den Knollengewächsen ab.
Dieser alte Brauch mag kompliziert erscheinen, aber der *Chief* gab uns beim Antrittsbesuch die generelle Erlaubnis, uns frei auf der Insel bewegen zu dürfen.

Das Versorgungsschiff war die einzige Verbindung zur übrigen Welt und kam in unregelmäßigen Abständen vorbei, meist erst nachdem die Insulaner genügend Kokosnüsse gespalten und das Kopra getrocknet hatten. Das Schiff war zudem ein schwimmender Laden, in dem eingekauft werden konnte, nachdem das Kopra abgewogen und verrechnet war. Auf diese Weise waren die weniger als zweihundert Leute auf diesem winzigen Atoll Selbstversorger. Gerade als wir da waren, befand sich das Dorf in einer Phase hektischer Betriebsamkeit. Berge von Koprasäcken wurden auf die beiden großen Motorboote des Schiffes gehäuft, zu-

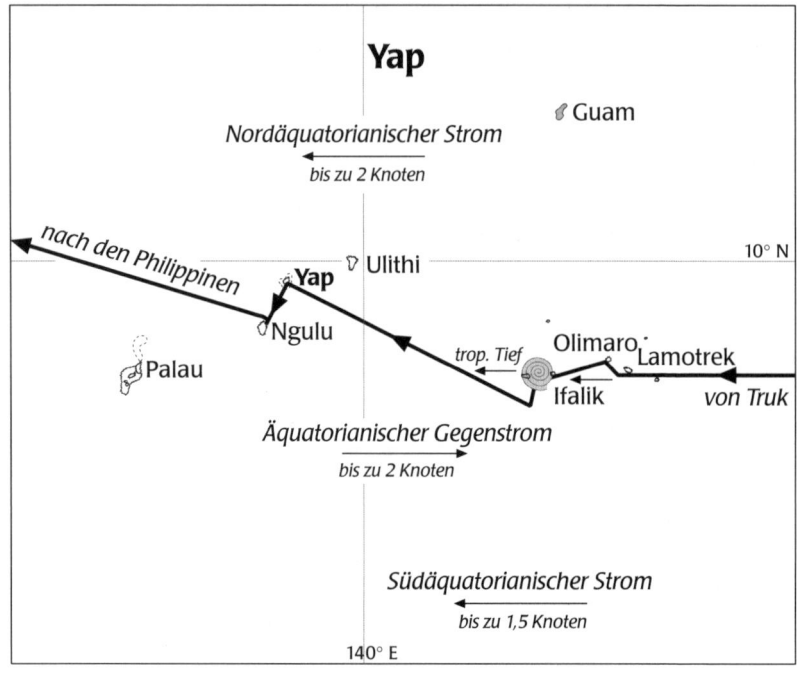

Yap

Guam

Nordäquatorianischer Strom

bis zu 2 Knoten

nach den Philippinen

Yap

Ulithi

10° N

Ngulu

Palau

trop. Tief

Olimaro

Lamotrek

Ifalik

von Truk

Äquatorianischer Gegenstrom

bis zu 2 Knoten

Südäquatorianischer Strom

bis zu 1,5 Knoten

140° E

rück kamen sie voll beladen mit Proviant und Passagieren, die in der kurzen Zeit ihre Freunde und Verwandten besuchten. Bei Sonnenuntergang dampfte der Inselfrachter ab und es kehrte wieder Ruhe ein.

Trotzdem war es keinesfalls langweilig, im Gegenteil. Fasziniert beobachteten wir immer wieder das freundliche Miteinander. So trafen wir bei einem unserer Spaziergänge drei Mädchen, die uns zu sich einluden. Während wir an einem Imbiss knabberten, wurde ein sehr alter Mann, der nur mehr aus Haut und Knochen bestand, in einer riesigen Metallschüssel gewaschen. Danach – abgetrocknet und sorgfältig auf einer Bambusliege gebettet – massierte ihm eines der Mädchen liebevoll die Füße.

Die schönste Zeit an Land war der späte Nachmittag, wenn die tief stehende Sonne das Dorf in goldenes Licht tauchte.

Kinder spielten am Weg, der Rauch offener Feuerstellen begann aufzusteigen und Männer stiegen Palmen hoch, um den täglichen *toddy* zu ernten.

126

Dieser Palmenwein wird im ganzen Pazifik erzeugt, indem die Blütenzweige eng zusammengebunden und am Ende abgeschnitten werden. Nach zwei Tagen beginnt aus der Schnittstelle ständig ein süßer Saft zu tropfen, der in der darunter gehängten Kokosnussschale sofort zu gären beginnt. Am Nachmittag hat man dann bereits ein leicht alkoholisches Getränk, das gar nicht so übel schmeckt.

In den Männerhäusern, zu denen Frauen keinen Zutritt haben, wird der *toddy* dann am Abend in kleinen Gruppen getrunken. Für Gerti wollte man eine Ausnahme machen, doch das war uns überhaupt nicht recht – also saßen wir alle am Strand vor dem Männerhaus und plauderten dort.

Überhaupt die Tradition. Auf der Insel sprangen mehrere halbwüchsige Mädchen noch in Blätterröckchen herum, was wahrscheinlich einzigartig in ganz Mikronesien sein dürfte. Erst ab der Pubertät würden sie dann auch den traditionellen *lava lava* tragen. Dieser wird normalerweise aus dünnem Garn gewoben, das spulenweise und in verschiedenen Farben auf dem Versorgungsschiff erhältlich ist. Nicht so auf Ifalik! Hier wurden auch zusammengeknüpfte, helle Fasern, die aus dem Stamm der Bananenstauden gewonnen wurden, verwoben. Das Beste in dieser Richtung war ein *lava lava* aus Hibiskusfasern. Wir konnten nicht umhin, dieses Überblcibsel aus der Vergangenheit zu erstehen.

Sehr schnell wurde uns klar, dass Ifalik noch ein Platz war, in dem die Einheimischen in ihrem bescheidenen Leben glücklich waren. In ihrer kleinen, abgekapselten Existenz gab es weder eine Flugpiste noch Fernsehen. Die übrige Welt existierte zwar, war aber so weit entfernt, dass sie lediglich abstrakten Charakter hatte. Wir hatten eine Art Paradies entdeckt.

Betelnüsse und Video

Eine Gesellschaft bröckelt auseinander

Kaum war das Atoll von Ifalik hinter dem Horizont versunken, meldete der Zeitsender WWV auf Hawaii das tropische Tief W1 östlich von uns. Mikronesien und Taifune gehören zusammen wie Pech und Schwefel, verwunderlich war nur, dass wir bis jetzt verschont geblieben waren. Dieser Sturm war zwar noch 200 Seemeilen entfernt, drohte uns aber aufgrund seiner hohen Marschgeschwindigkeit in Kürze einzuholen. Umzukehren wäre sinnlos gewesen, Ifalik bot keinen sicheren Ankerplatz, hier jedoch, auf dem offenen Meer, konnten wir ausweichen und lebensnotwendigen Seeraum gewinnen. Unter Vollzeug segelten wir nach Süden. Jede Stunde auf diesem Kurs würde unseren Abstand zum Zentrum des Sturms vergrößern, der sich nördlich von uns vorbeischrauben sollte.

In der Nacht begann es zu regnen und nach einer kurzen Flaute kam der Wind böig aus dem Süden zurück – wir waren in den Außenbereich des kreisenden Windsystems geraten. Unter gerefftem Groß- und Sturmvorsegeln kämpfte sich TABOO III weiter, und je schriller der Wind durch das Rigg pfiff, desto mehr befürchtete ich, dass ich die Situation vielleicht doch nicht so ganz im Griff hatte, wie ich dachte.

In den zeitlichen Morgenstunden erreichte das Barometer seinen Tiefpunkt. Der Wind heulte unverändert um uns herum, aber von jetzt an konnte es eigentlich nur noch besser werden. Tatsächlich war der Spuk mittags vorbei, lediglich der hohe Schwell erinnerte an die unangenehme Nacht.

Im Gegensatz zu den Atollen, die wir bisher besucht hatten, ist Yap vulkanischen Ursprungs. Erst beim Näherkommen erkannten wir, dass die beiden einzelnen Bergspitzen eine Insel bildeten, auf der eine Ansammlung großer Gebäude die Hauptstadt Kolonia bildete. In dem winzigen Hafenbecken lag TABOO III praktisch mitten in der Stadt. Vor uns lagen moderne Bauten und Lagerschuppen, während achteraus ein armseliges Pfahldorf an der Wasserkante klebte. Fast jede dieser ineinander verschachtelten Behausungen hatte eine Fernsehantenne auf dem rostigen Wellblechdach verspannt.

Auf der Straße liefen Männer in westlicher Kleidung herum und Mädchen in Jeans, was in vielen Teilen Mikronesiens einen Skandal heraufbeschworen hätte. Andererseits sahen wir auf dem Hafengelände auch zwei junge Frauen, die nur ihren *lava lava* trugen, wie wir es schon von Lamotrek und Ifalik gewohnt waren. Sie zerlegten eine ausgediente Palette und schleppten dann das Brennholz in Richtung des Pfahldorfes.

Madrich, das Pfahldorf, ist der einzige Platz, der Besuchern von den Atollen zur Verfügung steht. Freunde in Ifalik hatten uns schon davon erzählt. Sie passen einfach nicht in das komplizierte Kastensystem und rangieren daher zuunterst. Sie dürfen zwar durch die Stadt trippeln, nicht aber an Land leben oder die umliegenden Dörfer betreten. Viele Atollbewohner haben hier einen Job gefunden und leben permanent in diesem Blechslum zwischen Hoch- und Niedrigwasser. In Lamotrek hatten uns Leute gebeten, einen Brief bei Verwandten abzugeben. Auf schwankenden Stegen fragten wir uns zu der Familie durch und stießen dabei überraschenderweise auf einen betelnusskauenden Peter Ubemal. Auch er durfte, trotz seines Regierungspostens, aufgrund seiner Atollherkunft nur hier absteigen. Sein geflochtenes Täschchen, in dem er, wie jeder andere Mann, die Betelnüsse, Kalk und Pfefferblätter mit sich herumtrug, hatte auch eine andere Form als die der Städter. Es war einfach und ohne Verzierung. So waren die Männer der *outer islands* auf einen Blick zu erkennen.

Yap proper, wie die bergige Inselgruppe genannt wird, ist für Anthropologen aufgrund der komplizierten menschlichen Beziehungen eine wahre Fundgrube, die aber auch zum Alptraum werden kann. Das komplizierte Gefüge von drei Kasten mit einundzwanzig (!) Unterteilungen beginnt zwar langsam zu bröckeln und auch die Macht der *Chiefs* geht zurück, dennoch herrscht hier eine strenge archaische Struktur, die es zu erforschen lohnt. Doch allzu gerne wird den Völkerkundlern der größte Blödsinn verkauft. So schnappte der Pastor einmal auf, wie ein junger Mann damit prahlte, dass man den Weißen erzählen kann, was man will, sie glauben einfach alles.

Das Kastensystem beherrscht zwar das tägliche Leben, doch beim Betelnusskauen gibt es keine Schranken. Männer wie Frauen tun es von Kindheit an bis ins Grab, und wer im Alter keine Zähne mehr hat, ersetzt diese durch einen Mörser.

Auch Ausländer frönen dieser Sucht. Einer davon war Alex, allgemein als *the crazy Russian* bekannt. Er kam schon vor Jahrzehnten nach Yap, heiratete ein lokales Mädchen, war Bergungstaucher und reparierte jetzt in seinem Ruhestand Außenborder. Ein netter Typ, mit dem man reden konnte. Wenn andere Männer zur Zigarette greifen, holt er aus seinem Täschchen eine grüne Nuss, halbiert sie, streut das weiße Kalkpulver drauf, wickelt sie in ein Pfefferblatt ein und schiebt sich den nicht gerade kleinen Happen in den Mund. Erst durch den Speichel entsteht dann diese markante knallrote Farbe, die im Laufe der Zeit einem passionierten Kauer die Zähne schwarz färbt.

»Möchtest du's auch versuchen?«, fragte er mich einmal. Ja, warum nicht, lieber seine Nuss nehmen als die eines Einheimischen, die einem Ausländer gerne eine Überdosis von ungelöschtem Kalk und damit ein verbranntes Maul verpassen.

Ich kaute gründlich, denn ich wusste sofort, dass ich das ein zweites Mal nicht probieren würde. Ein widerlicher Geschmack wurde von meinen Nerven gemeldet, der aber bald durch das sich im Mund ausbreitende taube Gefühl verwischt wurde. Gleichzeitig schalteten meine Speicheldrüsen auf Vollgas. Jetzt wusste ich auch, warum so vielen Genießern oft ein rotes Rinnsal aus den Mundwinkeln läuft: Sie spüren es gar nicht. Obwohl meine Nuss sicherlich noch mehr hergegeben hätte, spuckte ich sie aus. Ich konnte dem Ritual beim besten Willen nichts Positives abgewinnen. Außerdem war ich überzeugt, dass sich die mündliche Betäubung bei längerem Genuss über den ganzen Körper und auch das Gehirn ausbreitet. Nur so ist die stundenlange Bewegungslosigkeit zu erklären, mit der viele Leute vor Geschäften, oder wo es sich gerade ergibt, herumliegen.

130

Außerhalb der Stadt Kolonia bot Yap ein ganz anderes Bild. Alte Tradition, wo man hinblickte, sei es die Bauweise der kunstvollen Männerhäuser oder die voluminösen Grasröcke würdiger Frauen. Überall lag das Steingeld herum, von knie- bis übermannshoch. Alle mit einem Loch in der Mitte, damit sie mit Hilfe eines durchgesteckten Bambusrohres getragen werden konnten. Das einstige Zahlungsmittel ist nurmehr eine allgegenwärtige Kuriosität. Trotzdem hat jede dieser Scheiben einen Besitzer.

In Gilman, dem fruchtbarsten Teil des Archipels, säumen Hecken von Hibiskussträuchern die engen Straßen, die sich durch Obstplantagen winden. Und überall stehen Betelnusspalmen, schließlich muss ja ein Heer von 10 000 Kauern täglich versorgt werden.

In dieser Gegend befindet sich auch ein altes Flugfeld aus der japanischen Zeit. An und für sich nichts Aufregendes, aber auf der grasüberwucherten Piste stehen noch die Wracks zweier *Zeros* herum. Je nach Betrachtungsweise ist eigentlich ganz Mikronesien ein Freiluftmuseum oder übersät mit Kriegsmüll. Egal wie, diese einmotorigen Flugzeuge haben eine magnetische Anziehungskraft auf japanische Touristen, die Kriegsandenken sammeln. Dagegen spricht nur die Abneigung der Yap-Leute gegen die Japaner, die während ihrer Besatzung mit harter Hand regierten und auch nicht davor zurückschreckten, wertvolles altes Steingeld zu zerschlagen, um die Einheimischen mehr auf Zack zu bringen. Wir erfuhren, dass einem Japaner, der Teile der Maschinen kaufen wollte, beim ersten Besuch das Leihauto verbrannt, es im Jahr darauf bei Niedrigwasser ins Meer geschoben und er selbst beim letzten Mal verprügelt wurde. Jetzt erwarteten sie gerade seinen nächsten Besuch.

Durch Freunde bekamen wir etwas Einblick in das Leben der umliegenden Dörfer. Besonders die Tänze öffneten uns die Augen. Wer hätte je gedacht, dass man dabei sitzen kann? Anscheinend ganz normal für die Männer von Yap. Nicht so aber für die Mädchen, die stöckeschwingend herumhopsten und sich die Seele aus dem Leib schrien. Kein Wunder, das weibliche Geschlecht hat eine sehr untergeordnete Stellung in der ohnehin komplizierten Rangordnung und vielleicht fungierte dieser aggressive Tanz als ein natürliches Überdruckventil für ihren Frust?

Unser letzter Stopp in Yap und zugleich in Mikronesien waren die unbewohnten Ngulu-Inseln. Sie liegen nur 70 Seemeilen von Kolonia entfernt, aber der Unterschied hätte nicht größer sein können. Ein dichter Palmenwald wiegte sich im Wind, Seevögel kreischten um uns herum und das klare Wasser lud zum Hineinspringen ein. Am Sandstrand waren die breiten Spuren von Seeschildkröten zu erkennen, die sich hochgerobbt hatten, um ihre Eier zu vergraben. Es sind Plätze wie diese, die in ihrer abgeschiedenen Schönheit, egal ob sie im Pazifik oder Indischen Ozean liegen, immer in Erinnerung bleiben und in uns den Wunsch erwecken, mehr dieser Eilande zu entdecken.

Wir genossen eine Zeit lang diese unberührte Welt. Vaitea liebte es, am Strand herumzuplanschen und Sandburgen zu bauen. Dann aber wurde es Zeit weiterzusegeln. Kein Taifun war weit und breit in Sicht und trotz der fortgeschrittenen Jahreszeit hatten wir konstant östliche Winde.

Ein paar Nächte später standen wir vor der Surigao-Straße, unweit von Suluan, aber weder diese Insel noch das Leuchtfeuer darauf waren zu sehen. Ich drehte bei und wartete, bis der Halbmond um Mitternacht aufging.

Alle wollen Geld

Die Philippinen

Die Philippinen sind das in diesem Jahrhundert am meisten von Desastern heimgesuchte Land der Welt. Nirgendwo sonst gibt es so viele Taifune, Überschwemmungen, Vulkanausbrüche und Erdbeben. Und als ob das nicht genug wäre, kämpft im Süden die *Moro Liberation Front* um Unabhängigkeit, während die kommunistische *New People's Army* im Rest des Archipels für blutige Waffenauseinandersetzungen sorgt.

Als wir 1980 absegelten, herrschte unter Ferdinand Marcos noch Kriegsrecht. 1983 wurde der aus dem Exil in den Vereinigten Staaten zurückkehrende Oppositionspolitiker und ehemalige Senator Benigno Aquino erschossen, als er in Manila das Flugzeug verließ. Dieser Mord, laut allgemeiner Meinung von den Militärs um die Marcoses eingefädelt, gab schließlich der zwanzig Jahre alten Diktatur den Gnadenstoß. Es folgten schwere Unruhen und im November 1985 kündigte Marcos Wahlen an. Benigno Aquinos Witwe wurde von sechs Oppositionsparteien als Präsidentschaftskandidatin aufgestellt und gewann die Stimmenmehrheit am 7. Februar 1986. Trotzdem proklamierte das Parlament Marcos zum Sieger, der sich zusammen mit seiner Frau zum Staatsoberhaupt vereidigen ließ. Aber das Volk, in einer einmaligen Demonstration von *People's Power*, ging auf die Barrikaden und der Marcos-Clan konnte gerade noch mit einem Teil seines flüssigen Reichtums an Bord eines Hubschraubers aus dem Malancanang-Palast zur US Clark Airbase flüchten und in weiterer Folge in Hawaii Exil finden. Die Hausfrau Corazon Aquino wurde Präsidentin. In der kurzen Zeit ihrer Regierung hatte sie bereits drei Putschversuche überstanden.

Für uns war während der Eingewöhnungsperiode der Anker-platz in Mandaue nahe der Mactan-Brücke gerade richtig. Die Ein-wohnerzahl von Cebu City hatte sich während unserer neunjähri-gen Abwesenheit verdoppelt, und dieses konstante Gewühl der Leute rundherum gab uns das Gefühl, in ein motorisiertes Bienen-haus geraten zu sein. Erst spät in der Nacht kamen die Menschen wie auch der chaotische Verkehr zur Ruhe, die Luft hatte eine kur-ze Chance, sich aufzuklaren. Aber noch vor Morgengrauen wur-den Zehntausende von offenen Feuern angefacht, katalysatorlose Auspuffe qualmten auf allen Straßen und die aufgehende Sonne quälte sich bereits wieder durch den grauen Dunst.

Unter den momentanen Windverhältnissen gab es keinen an-deren Ankerplatz nahe der Stadt, aber für kurze Zeit konnten wir es aushalten, auch wenn die Lebensqualität so ziemlich das Letz-te war. Aber nicht jeder teilte diese Ansicht.

Als wir das erste Mal über eine steile Bambusleiter die Uferbe-festigung hochturnten, lernten wir Don und Beverly Rock ken-nen. Das amerikanische Ehepaar hatte allen Ernstes vor, in die-sem abschreckenden Idyll seinen Lebensabend zu verbringen. Nach Dons Pensionierung als Militärarzt bauten sie das Haus auf einem Grund, der einst unter Wasser stand, später aufgeschüttet wurde und jetzt nicht einmal ihnen gehört. Sie okkupierten einen dünnen Streifen Land am nördlichen Ende des Hafens und waren landeinwärts von Schlammfeldern umgeben. Ihre winzige Yacht ankerte allerdings direkt vor der Haustür.

Wir konnten nur den Kopf schütteln. Und das war noch nicht alles. Tags darauf drehte der Wind und blies den Gestank von der nahen Müllverbrennungsanlage her. Der Name ist vielleicht irre-führend, gemeint ist damit ein brennender Müllablagerungsplatz, der immer neuen Nachschub bekommt, bei dem Plastikprodukte überwiegen.

Diese zum Husten reizende Situation gab uns dann den Rest, aber wir hätten auch aus einem anderen Grund das Weite ge-sucht. Beim letzten Landgang kletterte ich wie üblich zuerst die Bambusleiter zur Hälfte hoch, Gerti reichte mir Vaitea aus dem Schlauchboot und ich hievte sie nach oben mit der Ermahnung, schön brav stehen zu bleiben. Als wir selber hochkamen, sahen wir mit Entsetzen, dass unsere eineinhalbjährige Tochter inmit-ten hoch stehender Glasscherben stand. Darunter war eine halbe

Rumflasche, die mit dem Hals nach unten zwischen Steinen eingebettet war.

Gerti stürmte gleich ins Haus: »Beverly, hast du die Glasscherben bei der Leiter gesehen, wer hat das getan?«

»Ich hab's getan«, kreischte sie mit ihrem schrillen Organ, »damit da nicht jeder entlangtrampelt.«

Sie lebte in einer ständigen Angst, dass die nur lose aufeinander geschichteten Steine der Uferbefestigung ins Rutschen kommen könnten und in weiterer Folge die Brandungswellen der vorbeifahrenden Schiffe das aufgeschüttete Erdreich unterspülen und damit ihr Haus gefährden könnten. Aber dieses Verhalten war wohl der Gipfel von Rücksichtslosigkeit, denn sie wusste ja, dass Vaitea den Platz frequentierte. Wir schieden in schlechtem Einvernehmen und verlegten uns nach Liloan. Später hörten wir, dass noch in derselben Nacht sich ein Mann an den Scherben verletzte. Wutentbrannt bewarfen er und seine Freunde das Blechdach des Hauses mit Ufersteinen und schimpften auf Beverly, die sich hütete, auch nur einen Mucks zu machen.

TABOO III hatte nach der Weltumsegelung eine Generalüberholung nötig. Außerdem wollte ich zur selben Zeit einige strukturelle Änderungen durchführen und dazu mussten wir den Kat an Land schaffen. Die Gegend um Liloan war natürlich nahe liegend und wir sahen zuerst beim Grundstück der Witwe Pilapil vorbei, der Geburtsstätte von TABOO III. Der schöne Besitz war nicht wiederzuerkennen. Nach dem Ableben der Besitzerin konnten sich die Erben nicht einigen, viertelten das Grundstück und ließen es verkommen. Ein schwerer Taifun hatte das Ufer kaputtgemacht und so war es seitdem geblieben.

Zwei Kilometer weiter nördlich war Herr Seno bereit, die Hälfte seines Hauses mit Grund direkt am Meer an uns abzutreten. Abgesehen von der hohen Miete, zu bezahlen in US-Dollar, wie er ausdrücklich betonte, wollte er nur einen Vertrag über sechs Monate machen. Danach müsste neu verhandelt werden. Nachdem er aber als scharfer Rechtsanwalt bekannt war, winkten wir rasch ab. In so eine Schlinge wollten wir unseren Kopf nicht freiwillig legen.

Danach verhandelte ich mit einen Mann über einen sehr geeigneten Platz, der einer Frau gehörte. Das Gespräch fand in einem Restaurant am Strand inmitten einer Gruppe von Leuten statt, die

135

Mahjong spielten und tranken. Nichts Außergewöhnliches, außer dass die Besitzerin, die angeblich verhindert war, schon die ganze Zeit nur zwei Schritte weiter saß, zuhörte und mit der Zeit immer mehr selber zu sagen hatte. Als ich dann aufgefordert wurde, mein Angebot schriftlich einzubringen, machte ich dieser lächerlichen Situation ein Ende und brach den Kontakt ab.

Ein paar Tage später fanden wir dann doch ein Grundstück in Liloan, auf der anderen Seite des kleinen Flusses. Genau fünf Seemeilen von dem Platz entfernt, an dem Magellan 1521 seinen Tod auf der Insel Mactan fand. Dort steht jetzt die übermannsgroße, schwertschwingende Figur des Volkshelden Lapu-Lapu, der Magellan im Zweikampf besiegt haben soll. Schenkt man aber den spanischen Aufzeichnungen aus jener Zeit Glauben, wurde der portugiesische Navigator unrühmlich niedergemetzelt, nachdem er bereits durch Pfeil- und Speerwunden kampfunfähig gemacht worden war.

Die Miete war günstig, aber das unbewohnte Haus im *native style* musste entrümpelt und renoviert werden. Spinnen hatten mit ihren Netzen die Räume mehrfach unterteilt und allerlei Kleintier flüchtete bei unserer ersten Besichtigung. Als ich die Badezimmertür öffnete, fiel eine lebendige Schlange vom Türstock herunter.

Als erstes benötigten wir Tischler und suchten zu diesem Zweck José auf, unseren besten Mann beim Bau von TABOO III. Doch die Wiedersehensfreude begann sich bald zu trüben. Zehn Jahre zuvor schätzten wir ihn als verlässlichen Mann, jetzt war er betrunken und quasselte hauptsächlich Unsinn. Seinem Sohn Jerry, ebenfalls ein Tischler, war das sehr peinlich. Er wollte jedoch gerne für uns arbeiten und organisierte noch seinen Freund Felipe und den Helfer Carlito, den wir auch schon von vorher kannten.

Zuerst musste ein Bambuslattenzaun um das Grundstück gezogen werden, damit unser Nachbar Antonio mit seiner ganzen Familie nicht mehr durchtrampeln und die Strandhütte zu Saufgelagen missbrauchen konnte. Wir wollten die unmittelbare lebendige Umwelt in Form von Menschen, Ziegen und Hühnern etwas auf Distanz halten und innerhalb unseres Grundstückes nicht gestört werden. Inzwischen hatte der Südwestmonsun eingesetzt und wir konnten mit dem jetzt ablandigen Wind direkt vor unserem Strandtor ankern.

136

Aufgrund der häufigen tropischen Wirbelstürme versuchte ich einmal täglich die Wettervorhersage für den Nordwestpazifik der Station WWV auf Hawaii zu hören. Wie wichtig dieses Vorhaben war, sollte sich im Nu herausstellen.

Eines Abends kehrten wir etwas später zum Boot zurück, und weil ich den Tag vorher die Sturmwarnungen versäumt hatte, wartete ich eine halbe Stunde und peilte den Sender an. Ein Adrenalinstoß fuhr mir durch die Glieder. Der 80-Knoten-Taifun BRENDA war nur 150 Seemeilen weit weg und näherte sich mit rasender Geschwindigkeit. Wir waren genau in der Zugbahn, der noch geschützte Ankerplatz würde dann unweigerlich zur tödlichen Falle werden. Nichts wie weg, jede Stunde zählte jetzt. Im Regen und böigen Wind rauschten wir aus der Bucht von Liloan in die Camotes Sea, um Seeraum zu gewinnen. Es war Mitternacht und Minuten später platzte das gereffte Groß und begann sich knatternd vollends in Einzelteile zu zerlegen. Glücklicherweise lässt sich unser Kat auch nur unter den beiden Vorsegeln manövrieren.

Carmen ist ein ausgezeichneter Naturhafen, aber an ein Einlaufen in der stockdunklen Nacht war nicht zu denken. WWV hatte nichts Neues zu berichten, aber nachdem das Barometer um weitere 12 mb gefallen war, bestand kein Zweifel, dass wir bereits in den Bereich des Taifuns geraten waren.

Mit dem ersten Licht standen wir vor der Hafeneinfahrt und sobald die Brecher zu beiden Seiten der Einfahrt zu erkennen waren, preschten wir hinein und ankerten hinter dem Strand der vorgelagerten Halbinsel, weit weg von den Fischereifahrzeugen und Schleppkähnen, weiter drinnen im eigentlichen Hafen. Der Sturm blies jetzt mit 40 Knoten, legte aber ständig zu. Für uns war die Gefahr vorbei, wir lagen sicher vor zwei Ankern, und waren heilfroh, noch einmal davongekommen zu sein. Zu Mittag bewegte sich der Orkan wieder weg von uns, hatte sich aber im Zentrum bereits auf 90 Knoten hochgearbeitet.

Am nächsten Tag kehrten wir wieder nach Liloan zurück. Das Dach unseres Hauses hatte gelitten, aber das musste ja sowieso repariert werden.

Wir wollten jetzt den Kat so bald wie möglich an Land ziehen und nicht weiterhin Katz und Maus mit den Wirbelstürmen spielen. Doch zuvor mussten wir TABOO III auf den Strand setzen, den Mast legen und das Schiff erleichtern. In zwei Tagen war eine besonders hohe Tide, wie geschaffen für diesen Zweck. Also begannen wir ihn auszuräumen, ständig pendelte das voll bepackte Schlauchboot mit Kartons, Segelsäcken, Ankern, Seilen und vielem mehr hin und her.

Als wir TABOO III aufs Ufer setzten, war das Wetter ruhig, kein Taifun in der Nähe, es hätte nicht besser sein können. Wir legten den Mast um, entfernten die Ruderanlage und montierten den Unterwasserantrieb ab; kurz, alles, was schwer und eher hinderlich beim bevorstehenden Hinaufrollen war. Noch während dieser Arbeit bildete sich ein Tief etwas östlich der Philippinen. Tags darauf war es bereits der ausgewachsene Taifun CECIL mit einer Windgeschwindigkeit von 80 Knoten. Zum Glück für uns wurde es kein Wettrennen mit der Zeit, der Wirbelsturm zog 120 Meilen im Norden vorbei, so bekamen wir nur die Ausläufer in Form von böigen südwestlichen Winden zu spüren.

Mit einem Wagenheber platzierten wir schwere Planken und Rollen aus Palmenstämmmem unter den Kat, und wofür wir einst beim Stapellauf 100 Leute benötigten, das schafften wir jetzt mit Hilfe eines mechanischen Flaschenzuges zu dritt. Das ging zwar nur im Schneckentempo vor sich, aber dafür hatte ich jederzeit alles unter Kontrolle.

Als TABOO III endlich hoch und trocken zwischen der angrenzenden Mauer und den Palmen des Grundstücks saß, war die allgemeine Erleichterung grenzenlos. Nun musste das Haus bezugsfertig gemacht werden, denn wir lebten noch immer auf dem Kat und blickten durch die Seitenfenster auf grüne Sträucher.

Das Nippadach wurde ausgebessert, Stellagen montiert, Fußbodenbretter erneuert und alle Fenster mit Moskitonetzen versehen. Die Küche musste ebenfalls hergerichtet werden, wir brauchten einen Kühlschrank, Gasherd und diverse Armaturen. Der Küchenabfluss war verstopft und die elektrische Pumpe des Brunnens streikte. Die Liste der dringenden Arbeiten blieb immer gleich lang; oben wurden erledigte Sachen abgehakt, unten kamen neue dazu. Neben dem Haus parkte bereits der Pick-up, den wir von dem alten Chinesen Tuping in Liloan langfristig gemietet hatten.

Eine Woche später zogen wir dann endlich um. Wir schliefen im Dachgeschoss mit wunderbarem Blick auf TABOO III und das dahinter liegende Meer. Unser Bett war zwar genauso groß wie auf dem Schiff, dennoch stimmte etwas nicht. Ich merkte das, als ich in der dritten Nacht im Schlaf auf die Bodenbretter krachte. Es fehlte die seitliche, gepolsterte Abgrenzung, gegen die man sich so angenehm mit dem Rücken lehnen konnte. Gerti hatte anscheinend dasselbe Problem, sie fiel nämlich zwei Nächte später auf ihrer Seite aus dem Bett. Wir mussten das Leben wie auch das Schlafen an Land erst wieder lernen.

Auf den Philippinen sind Hausangestellte so billig, dass man dumm wäre, sich keine zu leisten. Unser erstes Mädchen namens Mercedes hielt es nur 30 Stunden bei uns aus. Sie konnte die Trennung von ihrer Familie nicht verkraften, sagte sie, aber schlimmer noch, sie hatte niemanden zum Schnattern.

Juaning war die Nächste. Da sie nur fünf Minuten weit weg wohnte, konnte sie jeden Abend in den Schoß ihrer Familie zurückkehren und dann stundenlang nach Herzenslust reden. Abgesehen davon platzte die ganze Nachbarschaft vor Neugierde und in ihrer Schlüsselstellung konnte sie diesen Wissensdurst sicherlich befriedigen. Was sollte da schief gehen?

Anfangs klappte auch alles ganz gut, Juaning bemühte sich und war voll des Eifers. Aber nach ein paar Wochen, wie das so oft der Fall ist, begann alles etwas laxer zu werden. Müde kam sie zur Arbeit und müde schlurfte sie über den Küchenboden. Erst nach Arbeitsschluss, sobald sie aus dem Gartentor draußen war, gewann sie etwas von ihrem alten Elan zurück. Schlimmer jedoch war Juanings neue Angewohnheit, jedes Mal zu zischen, wenn ihr etwas nicht passte oder ein Wort der Kritik fiel. Bald hörte es sich an, als ob wir eine Schlange im Haus hätten. Es war ja nicht so, dass Gerti auf ihr herumritt, aber wenn sie zum dritten Mal die Teflonpfanne mit der Stahlwolle attackieren wollte, musste man ihr das sagen, vielleicht dann auch etwas nachdrücklicher. Dieses Zischen mit geschlossenen Zähnen, gekoppelt mit dem schleppenden Gang, ging Gerti so auf die Nerven, dass sich ihr die Haare aufstellten, sobald Juaning um die Ecke schlurfte. Noch bevor wir sie rausschmeißen konnten, tat sie uns den Gefallen und kam einfach nicht mehr.

Eine Zeit lang waren wir ohne Haushaltshilfe, im Prinzip konnten wir ja auch alleine auskommen. Danach versuchten wir es noch mal stundenweise mit einem Mädchen. Elsa kam aus Suba, dem Teil von Liloan, der direkt an der Brücke liegt und Umschlagplatz für Drogen und Unterschlupf für zwielichtige Typen ist.

Elsa war ganz lebhaft, hatte eine schwarze Mähne, und für manche Männer, die direkt aus Europa kommen, ist sie vielleicht der Inbegriff einer rassigen Schönheit. Für uns machte sie einen zu erfahrenen Eindruck. In den philippinischen Dörfern gibt es nur zwei Arten von Mädchen: solche, die es nicht tun und damit jungfräulich bis zur Heirat bleiben – und andere, die es tun und sich damit alle Chancen auf eine Ehe verscherzen. Elsa gehörte sicherlich zur letzteren Gruppe. Auch ihre Arbeitsmoral ließ zu wünschen übrig. Solange man neben ihr stand, ging es gerade noch, aber sobald es ans selbständige Arbeiten ging, war es vorbei. Einmal sollte sie den Holzboden im Dachgeschoß polieren. Das geschieht mit Wachs und der fasrigen Hälfte einer alten Kokosnuss, die mit dem Fuß hin- und herbewegt wird. Nach einer halben Stunde dieses monotonen Geräusches war nichts mehr zu hören. Ich sah nach und fand Elsa erschöpft auf unserem Bett liegen – wir hatten einfach kein Glück in dieser Richtung und gaben schließlich auf.

Nachdem die Arbeiten am Haus und Zaun beendet waren, konnte ich mich dem Boot widmen. Ich ließ ein solides Bambusgerüst rundherum aufstellen, das mit einer riesigen wasserdichten Plane überzogen wurde. Sie reichte seitlich so weit hinunter, dass auch bei strömendem Regen der Arbeitsbereich trocken blieb. Vorne und hinten konnte man zwei Planen abnehmen, damit bei einem Taifun der Wind wie durch einen Tunnel blasen konnte.

Der zentrale Teil des Kats wurde zuerst in Angriff genommen. Das Mittelschwert hatte während der Weltumsegelung kaum ein Dutzend Mal Verwendung gefunden und sich damit als unnötig entpuppt. Die vorhandene Lateralfläche genügte, um auch bei ganz leichten Winden effizient am Wind zu segeln. Dadurch fiel auch der Schwertkasten weg, die Maschine konnte nach vorne gerückt werden und wir hatten Platz für einen Radsteuerstand.

Hinter dem Mast hatte ich eine runde Sitzecke mit einem hochklappbaren Spritzverdeck vorgesehen. Ein Tisch war geplant, der beim Segeln genau über die Maschinenverkleidung passen sollte und somit überhaupt nicht im Weg war. Alles in allem eine Bereicherung des Lebensraumes an Deck, wo man sich in den Tropen viel aufhält. Unsere Tischler hatten fürs erste genug zu tun.

Mit dem Pick-up fuhren wir öfter nach Cebu City, die Handwerker mussten ja ständig mit Material versorgt werden. Als wir bei so einer Fahrt über die einspurige Holzbrücke bei Suba rumpelten, sahen wir eine Yacht, die am Steinpier festgemacht war. SOLID GOLD stand in großen Buchstaben am Spiegel. Wir sagten kurz »Hallo« und merkten gleich, dass wir es nicht mit typischen Yachties zu tun hatten. Die ausgehfertige Dame trug Stöckelschuhe und wollte eben zum nahen Markt trippeln, um Fleisch zu kaufen.

Es kommen nur herzlich wenig Segler nach Cebu, und die meisten Neuankömmlinge haben ein offenes Ohr für Tips und nützliche Hinweise. Nicht so die Crew der SOLID GOLD. Gerade angekommen, wusste die Lady bereits alles, konnte mit Personal fachmännisch umgehen – im Inneren sahen wir »unsere« Elsa und ein anderes Mädchen putzen –, da sie selber in Australien an die 50 Leute beschäftigt hatte. Und überhaupt, was wir nur hätten. Elsa und das andere Mädchen wären einfach *wonderful*. Also dampften wir wieder ab.

Ein paar Wochen später war die Situation nicht mehr ganz so *wonderful*. Die Frau hatte auf Schminke verzichtet und rannte nur noch mit verheultem Gesicht durch das Dorf. Ihr Mann hatte Elsa brutal vergewaltigt – so lautete zumindest Elsas Version, mit der sie ihn angezeigt hatte. Aber das Mädchen machte den grundlegenden Fehler, die Untat zu sehr auszuschmücken: So soll die Frau, eine mehrfache Mutter, Elsa niedergehalten haben, damit ihr Mann der Wollust frönen konnte, noch dazu bei mehreren Gelegenheiten. Das war selbst für die Polizei schier unglaublich. und so wurde der Fall nach kurzer Zeit beiseite gelegt.

Als dann für die SOLID GOLD der Zeitpunkt der Abreise kam, war das dem Mann sicherlich recht. So konnte er sich problemlos aus den immer enger werdenden Verstrickungen im Vorschiff lösen, während seine schick gekleidete Frau am Markt die Fliegen vom Fleisch scheuchte.

Offensichtlich war die Anklage ein Racheakt. Der Mann hatte eine Affäre mit dem jungen Ding, mehr jedoch hatte er nicht im Sinn. Elsa hingegen wollte sich einen gut situierten Ausländer angeln, verheiratet oder nicht. Dazu war jedes Mittel recht. Und sie war nicht die Erste, die so etwas versuchte. Es war noch gar nicht so lange her, dass ein Skipper seiner langjährigen Ehefrau eines Tages folgende Eröffnung machte: »Well, sweetheart, deine

Segeltage sind vorbei. Da ist dein Flugticket nach Hause, good-bye.« Der Sechzigjährige hatte sich Hals über Kopf in ein junges Barmädchen verknallt, das ihm dauernd erzählte, was für ein toller Mann er sei.

Anfang Dezember 1989 startete in Manila eine Militärrevolte. Es war der sechste Versuch, Corazon Aquino zu stürzen, und das Hirn dahinter war angeblich der entlassene Armeeoberst Gregorio Honasan, der nur zwei Jahre zuvor bereits einen blutigen, aber erfolglosen Putsch unternommen hatte.

Manila liegt eine knappe Flugstunde von Cebu entfernt, also fühlten wir uns nicht sonderlich betroffen. Aber als der Kommandant des einzigen Militärflughafens auf Cebu, General José Comendador, sich auf die Seite der Rebellen schlug, kam der Minikrieg bedeutend näher. Dieser Flughafen liegt gleich neben dem für zivile Luftfahrt auf der Insel Mactan, die durch eine Brücke mit Cebu City verbunden ist. Die Brücke wurde gesperrt, die Insel Mactan stand unter einer Navy-Blockade und zwei unserer Mannen konnten nicht mehr zur Arbeit kommen. Eine Zeit lang sah es aus, als ob dieses Mal die Revolte erfolgreich sein würde. Aber in letzter Minute wandte sich Präsident Aquino an ihren amerikanischen Kollegen Bush und bat um militärische Unterstützung. Sobald die Kampfflugzeuge der U. S. Clark Air Base in der Luft waren und rund um die Uhr Manila überflogen, war die Sache entschieden.

Unsere Leute nahmen wenig Anteil an dem Geschehen. Egal, was passiert, sagten sie, es wird sich für uns nichts ändern, die Regierung wird immer korrupt sein. Irgendwie stimmte es, die ursprüngliche Euphorie zu Beginn des Amtsantritts von Cory Aquino war längst verflogen. Sicherlich, die Tage der Diktatur waren vorbei, aber sie konnte weder das Militär noch die Feudalfamilien unter Kontrolle halten. Die Philippinen sind wahrscheinlich das freieste Land in Südostasien, aber der großen Mehrheit der über 62 Millionen Einwohner ging es nicht viel besser als vorher. Dieselbe Meinung wurde auch in der jetzt freien Presse verbreitet, die beileibe kein Blatt vor den Mund nimmt. Man konnte keine Tageszeitung aufschlagen, ohne zu lesen, dass hohe Regierungsbeamte versucht hatten, größere Mengen von automatischen Waffen in das Land zu schmuggeln. Zwar war die Anzahl der Privatarmeen drastisch gesunken, trotzdem gab es immer noch über hundert dieser Banden. Auch wurde vorausgesagt, dass in sechs weiteren Jahren die Gauner in Aquinos Regierung mehr zusammengerafft haben werden als die Marcoses und ihre Bonzen in den vergangenen neunzehn Jahren.

Mittlerweile gingen die Arbeiten an unserem Schiff voran. Jerry arbeitete an der runden Sitzecke hinter dem Mast, Felipe im achterlichen Cockpit, Antero war mit dem Heckumbau beschäftigt und Carlito, der Helfer, hatte hauptsächlich Schleifarbeiten zu erledigen.

Der Heckumbau war für die neue Ruderanlage notwendig geworden. Nur so konnten die geschwungenen Ruderblätter untergebracht werden. Ein Plus dabei war der modernere Look von Taboo III, nun mit schräg nach achtern abfallenden Spiegeln.

Unsere Leute waren jetzt bereits über sechs Monate beschäftigt und gaben mir langsam das Gefühl, dass nichts mehr so richtig weiterging. Immer öfter kamen sie einige Minuten zu spät zur Arbeit. Bis sie dann umgezogen waren, ihre erste Zigarette geraucht und endlich demonstrativ zu klopfen begannen, war eine halbe Stunde vergangen. Versuchsweise führte ich einen kleinen Bonus ein, der am Samstag ausbezahlt wurde, vorausgesetzt, sie hatten sich während der vergangenen Woche kein einziges Mal verspätet. Das Resultat war verblüffend, fünf Minuten vor sieben arbeiteten alle bereits fleißig, denn niemand wollte sich dieses Extrageld entgehen lassen.

Auf unserem Areal standen acht Palmen, die alle ununterbrochen Früchte produzierten. Regelmäßig musste einer unserer Tischler hinaufturnen, um Trinknüsse im gerade richtigen Stadium zu ernten. Der klare Saft und das noch weiche Fruchtfleisch waren schon immer eine Leibspeise von Vaitea. Das Nachbargrundstück, ein überwucherter Palmenhain, gehörte einer alten Frau, wurde aber von Antonio bewirtschaftet. Er sammelte die Nüsse und lieferte sie auch ab. Als Gegenleistung durfte er dort mit seiner Familie leben und auch einige Bäume zur Produktion des Palmenweines heranziehen.

Als Weißer fällt man ja auf den Philippinen zuerst einmal unter den allgemeinen Sammelbegriff *Americano*. Nach längerem Kontakt mit uns merkten aber die Leute, dass da etwas nicht stimmte. Wir redeten die halbe Zeit eine andere Sprache – Deutsch. Ab dann waren wir *the Germans* und da gab's kein Rütteln mehr, wer deutsch spricht, muss Deutscher sein.

143

Die Wipfel einiger von Antonios Palmen ragten über den Zaun und die schon braunen Nüsse drohten bei uns zu landen. An und für sich kein Problem, doch unsere Sorge galt Vaitea, die im ganzen Garten spielte. Ich machte Antonio mehrmals darauf aufmerksam; als er jedoch keine Anstalten machte, schickte ich meine Leute zum Ausmisten rauf. Jede Nuss, die nur im entferntesten runterfallen könnte, wurde abgeschnitten und über den Zaun geworfen. Antonio schäumte, trank mehr als seine tägliche Ration von Palmenwein, begann zu grölen und schrie endlich seine Nachricht zu uns rüber: *»I kill the Germans!«* Wir brachen in schallendes Gelächter aus.

Die nächste Yacht, die den Platz der SOLID GOLD in Suba einnahm, war der große Schoner ALESSANDRA unter neuseeländischer Flagge, aber von einer internationalen Crew gesegelt mit einem Skipper, der sich Paul nannte. Wir hatten ihn kennen gelernt, als wir gemeinsam nahe der Brücke in Mandaue ankerten, und er uns später zu der Einstandsparty in seinem gemieteten Haus in Mactan einlud, wo auch ein Typ namens Jörgen Meilke anwesend war.

Er gehörte zu der immer größer werdenden Schar krimineller Ausländer, die Zuflucht auf den Philippinen gefunden haben. Angeblich handelt er mit Drogen und wurde auch schon öfter verhaftet, weil er eine Waffe trug. Aber da wusste die Polizei schon, dass er dann immer für eine Stange Geld gut war. Vor Jahren hatte er einen Deutschen aus Manila um eine riesige Summe betrogen, als er den Bau eines Strandhotels in Liloan leiten sollte. Die abbruchreife Ruine dieses Vorhabens verunziert noch heute das Ufer der Bucht.

An diesem Abend hatte Meilke den Auftrag, das Spanferkel zu organisieren, und kam zu spät mit zwei Hinterteilen an. Mit seinem starken Dialekt wollte er Paul weismachen, dass das besser sei als ein komplettes Tier. Damals wunderte ich mich, dass sich Jörgen und Paul so rasch gefunden hatten.

Unser Kontakt mit der ALESSANDRA begann sich bald abzukühlen. Auf den Philippinen sollte man sich nach Möglichkeit wie die Einheimischen benehmen und nicht unangenehm auffallen, indem man mit einem schweren Motorrad ohne Rücksicht auf spielende Kinder durch die Gegend prescht oder harmlosen

20

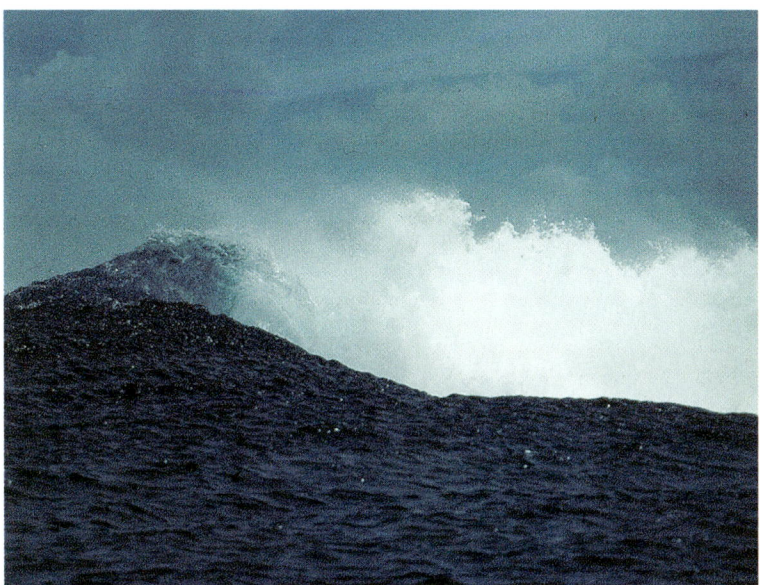

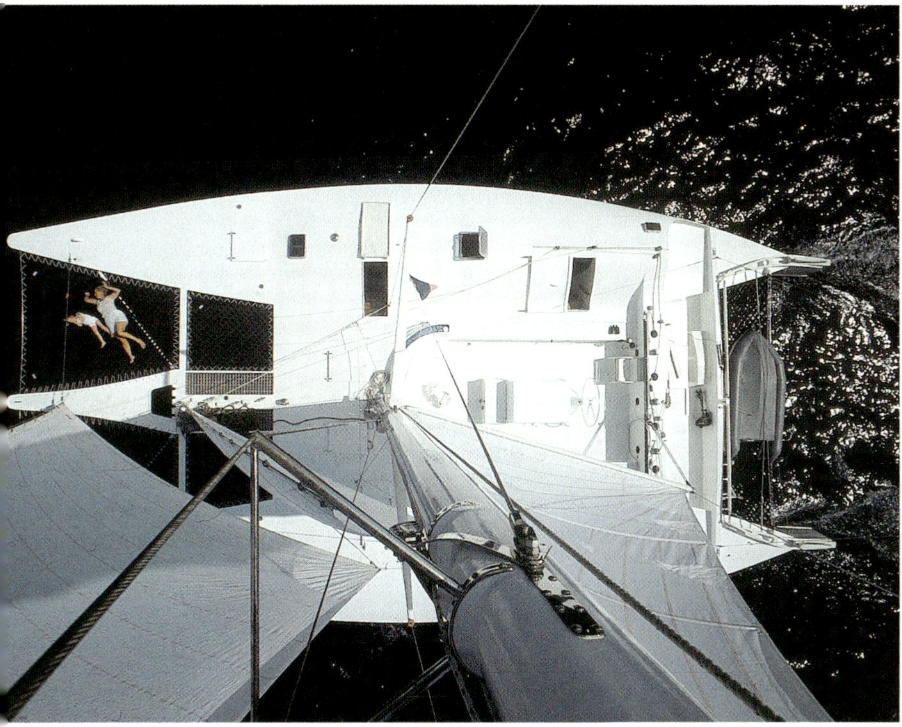

21

20 Endlich wieder unterwegs, wir hatten schon Entzugserscheinungen

21 Der Schwell eines nahenden Taifuns bricht sich am Riff

22 ... es ist höchste Zeit, einen
    sicheren Ankerplatz
    aufzusuchen

23 Ab 70 Knoten Wind-
    geschwindigkeit ist
    die Sicht beeinträchtigt

24 Am Tag danach:
    135 Knoten Wind
    hinterließen ihre Spuren

25 In der Lagune von Ninigo,
    Papua Neuguinea,
    wird noch gesegelt

26 Abendstimmung mit korea-
    nischen Gästen auf Borneo

23

24

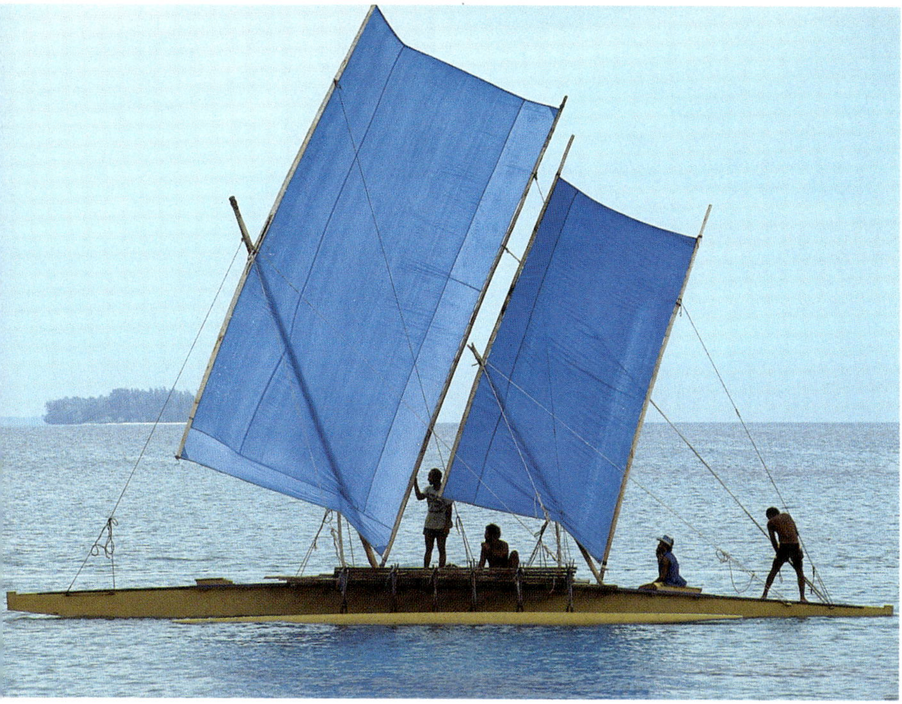
25

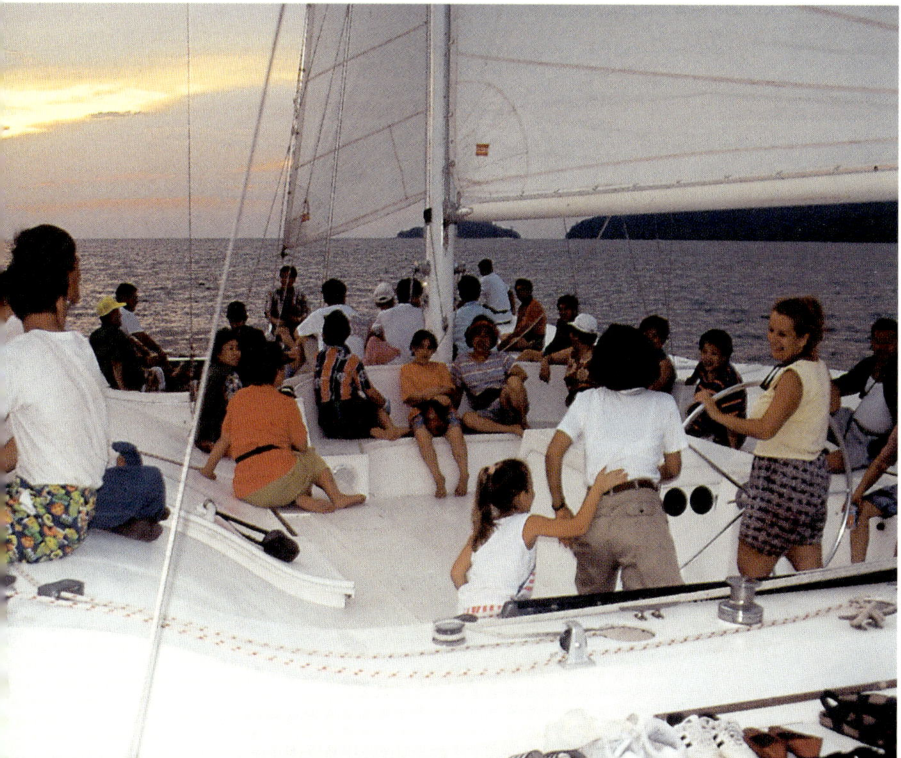
26

27 Aus dem geraspelten
Kokosnussfleisch wird
durch Kochen mit Wasser
Öl gewonnen

28 William zeigt mir seine
selbst hergestellte
Tauchermaske

29 Auf den Marshall Bennett
Inseln

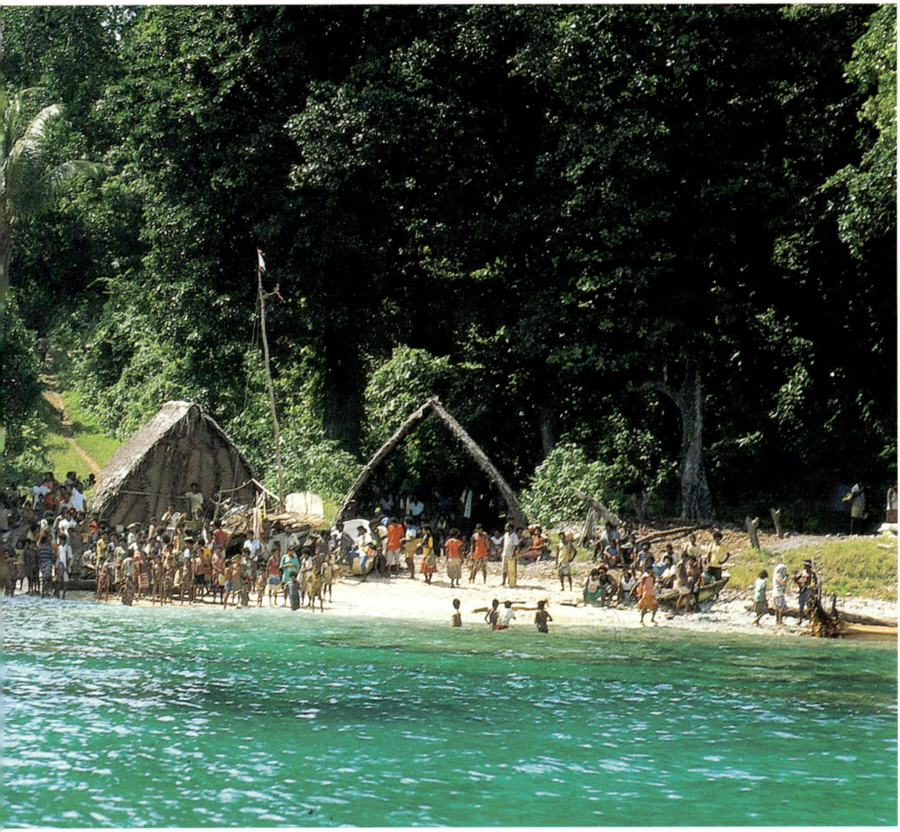

31

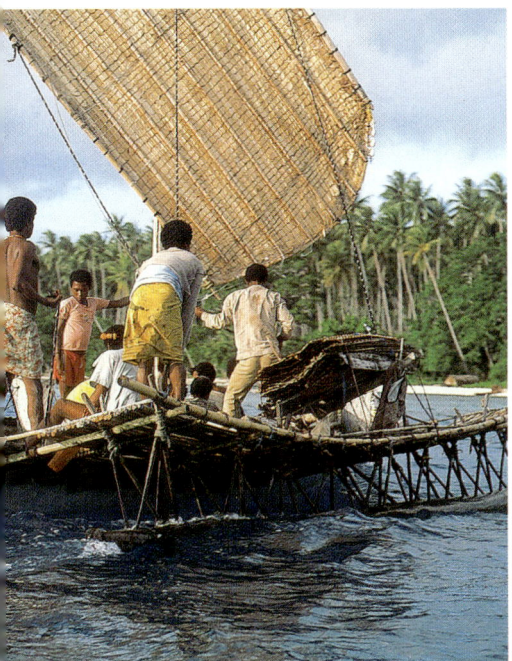

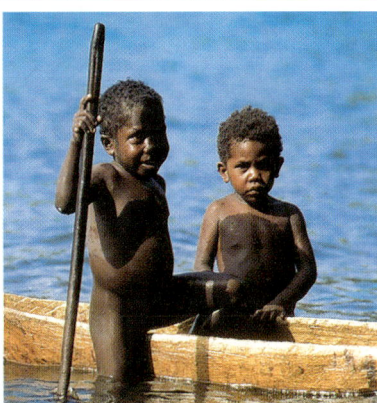

30 Traditionelles Kula-Kanu

31 Die Größe des Einbaums richtet sich nach der des Benutzers

30

32

32 Sonnenuntergang in der
    Lagune eines unbe-
    wohnten Atolls

33 Wir versuchen, Distanz
    zu dem Zentrum eines
    nahenden Taifuns zu
    gewinnen

34 Eine Kokosnusskrabbe;
    diese Delikatesse ist nur
    noch auf unbewohnten
    Inseln zu finden

35 Die Rinde der Sago-
    palme wird aufgeklappt
    und das weiche Mark
    zerhäckselt...

36 ... und danach die
    Stärke ausgewaschen;
    ein Sack dient als Filter

37

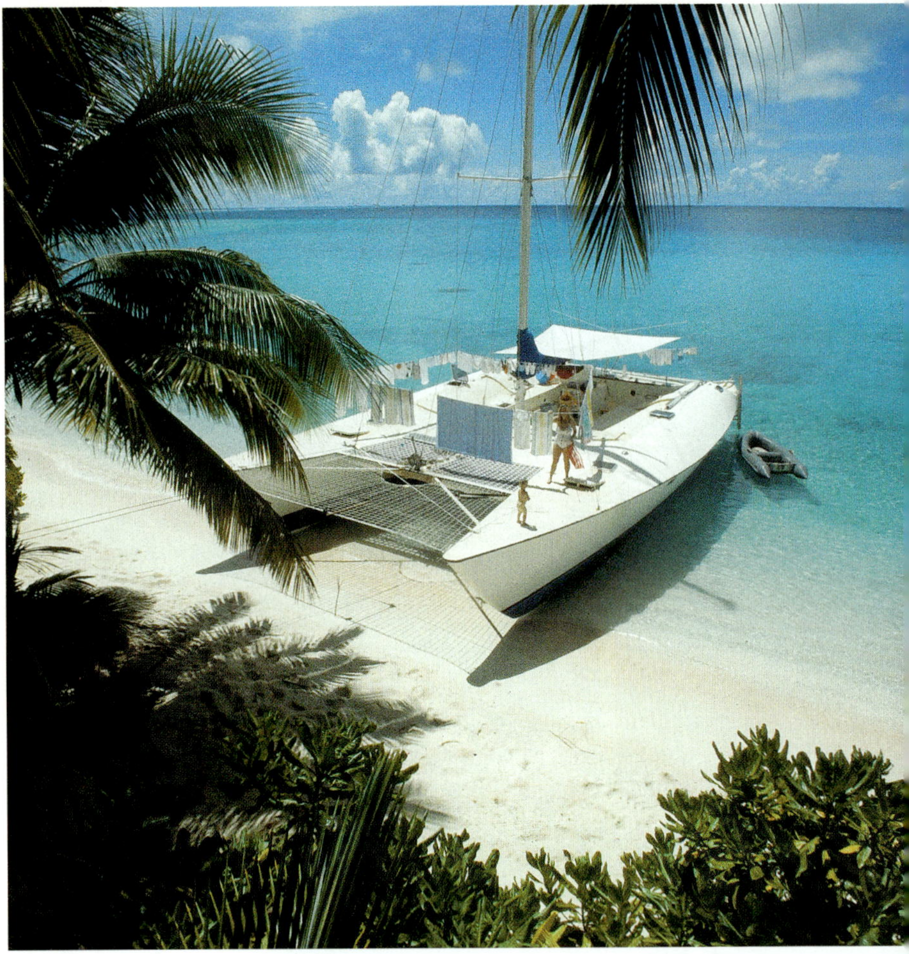

37 TABOO III am Strand im Olimarao-Atoll

38 Täglich plantscht Vaitea mit den Kindern im Wasser

38

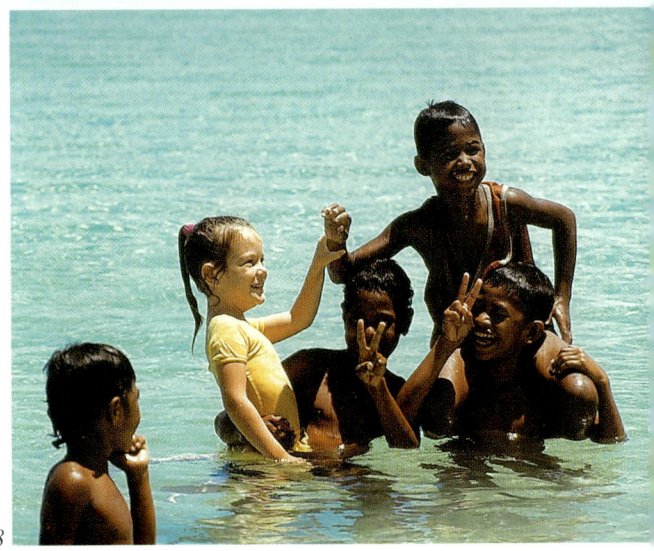

Fischerleuten droht, sie abzuknallen, weil man ihnen mit Seilen über den Fluß den Weg versperrt hatte und diese sich wiederum den Weg freischneiden wollten. Sie fischen schon seit Generationen hier und nun war ihnen auf einmal die Zufahrt zum Meer verriegelt. Wenn jemand erschossen wird, sind es oft auch Ausländer, die sich danebenbenommen haben. Ein in der Öffentlichkeit beleidigter Filipino ist kulturell fast zu einer Gewalttat gezwungen und greift zur Pistole. So ging es Harald in Dumaguete auf der Insel Negros. Er war die Arroganz in Person. Zur Warnung wurde er auf dem belebten Markt erst durchs Ohr geschossen und als das nichts fruchtete, durch den Kopf. Er ist nicht das einzige Beispiel.

Die Crew der ALESSANDRA lebte also gefährlich, ohne es zu wissen, und es dauerte nicht lange, bis der Topf überkochte.

Wenige Wochen später wurden Paul und sein Freund in den frühen Morgenstunden von Agenten der Einwanderungsbehörde, der Interpol und eines Militärgeheimdienstes verhaftet. In dem Haus, das sie von einem Einheimischen gemietet hatten, der in Liloan immer nur in Begleitung mehrerer bewaffneter Leibwächter zu sehen war.

Die Zeitungen konnten so wieder einmal mit Schlagzeilen aufwarten: »Drogenring ausgehoben, internationales Syndikat, das sich von Australien bis nach Kalifornien spannte, zerschlagen« usw. Aber was hatte das bewaffnete Kommando wirklich gefunden? Ein viertel Kilo Marihuana, eine Schrotflinte samt Patronen und diverse Medikamente inklusive Novalgin, von dem behauptet wurde, dass es »angeblich« ein schmerzstillendes Mittel sein soll.

»Internationaler Drogenring«, das war zum Lachen. Nicht aber für die beiden, die sofort nach Manila ins Gefängnis gebracht wurden, ehe sie deportiert werden sollten. Das war schon verdächtig. Warum kamen sie nicht in Cebu vor Gericht? Weil an der ganzen Sache nicht viel dran war. Die *Pump Gun* hatte Paul beim Zoll deklariert, doch die Bescheinigung verschwand dann in üblicher Weise. Nur das Haschisch war nicht zu leugnen, sie hatten aber auch an Bord in Suba ungeniert geraucht. Sicherlich nicht sehr clever – nur macht ein viertel Kilo getrockneter Blätter noch keinen Drogenring.

Aber Paul hatte sich durch sein Verhalten in Liloan Feinde geschaffen. Dazu gehörte auch ein Militäroffizier, der ihn dann durch seinen Geheimdienst beschatten ließ und dann aufs Korn nahm.

Nicht in der Zeitung stand, dass der Amerikaner von Interpol sofort abwinkte, als er dem Verdächtigen gegenüberstand. Er war hinter einem Rauschgifthändler her, der sich fallweise auch Paul nannte und dessen Beschreibung auf diesen Paul passte, der aber nicht der gesuchte Mann war.

Kurz danach bekam ich ein vertrauliches Rundschreiben an alle australischen Botschaften in Südostasien, in dem von der ALESSANDRA und einer weiteren genannten Yacht die Rede war. Gemeinsam hatten sie nach ihrem Neuseelandaufenthalt eine unübersehbare Spur hinterlassen.

Es war das erste Mal, dass wir auf den *Alien Control Officer* Danilo Medala von der Immigrationsbehörde aufmerksam wurden. Mit diesem Einsatz konnte er wieder einmal eine Erfolgsmeldung für sich verbuchen. Die Zeitungen bildeten ihn mit Sonnenbrille und erhobener Schrotflinte ab, als er *tough* in die Kamera blickte.

Es vergingen kaum zwei oder drei Wochen, bis er wieder irgendeinen Ausländer aushob und nach Manila ins Gefängnis abschob. Auf diese Weise waren sie zwar verhaftet, befanden sich aber in einem rechtlichen Niemandsland ohne Zugriff auf einen Anwalt. Nach einer Periode der Mürbemachung und des manchmal buchstäblichen Weichklopfens wurden sie unter Drohungen und Versprechungen der Freilassung finanziell ausgequetscht, bis sie absolut nichts mehr hergaben, und danach auf eigene Kosten für immer des Landes verwiesen. *Self Deportation* wurde diese Routine genannt. Oft genug hatten diese Leute etwas auf dem Kerbholz, doch das rechtfertigte nicht diese Vorgehensweise.

Auch komplett Unschuldige blieben in seinem Netz hängen. Einer davon war unser Geldwechsler Ali Nejad, ein netter und ehrlicher Iraner, der schon lange mit einer Filipina verheiratet ist. Eines Tages forderten Leute aus Manila Schutzgeld von ihm, aber Ali wollte von diesem Unfug nichts wissen. Er hatte seinen permanenten Wohnsitz in Cebu City und Geld auf dem Schwarzmarkt zu wechseln ist in keiner Weise illegal. Zwei Wochen später blickte er in die Mündungen mehrerer M16, als Medala mit seiner Truppe die Tür eintreten wollte. Ali durfte nicht mehr telefonieren, doch seine Familie konnte glücklicherweise seinen Anwalt verständigen. Es wurden größere Geldbeträge in US-Dollar

146

sowie Pesos beschlagnahmt, aber die illegalen Waffen, die er angeblich besitzen sollte, blieben unauffindbar. Die Beamten benahmen sich wie die Gestapo, rissen die Tür zu einem Abstellraum auf und schrien ihn beschuldigend an: »Du hast ein Fahrrad!«

Obwohl absolut nichts Belastendes gefunden wurde, musste Ali mit auf die Polizeistation, wo bereits die bestellten Journalisten warteten. Alis Anwalt erhob Einspruch, er hatte selber einmal als Medalas Vorgesetzter bei der Einwanderungsbehörde gearbeitet und wusste mehr über dessen Vergangenheit, als diesem lieb war.

In üblicher Weise wurde Ali auf eigene Kosten nach Manila verfrachtet, vorher jedoch machte ihm Medala noch ein Angebot: »Du zahlst 20 000 Pesos und alles ist vergessen.« Doch Ali war nicht interessiert, er hatte absolut nichts zu verbergen und Medala zu bezahlen wäre einem Pakt mit dem Teufel gleichgekommen.

In Manila wurde er tagelang von der Einwanderungsbehörde und diversen Geheimdiensten verhört. Ali war clean, musste zum Leidwesen von Medala wieder laufen gelassen werden und in Cebu City wurde ihm das beschlagnahmte Geld zurückerstattet. Wie die Situation ohne rechtzeitiges Eingreifen seines Anwalts ausgesehen hätte, ist eine andere Frage.

Damit war die Arbeitsmethode von Medala klar; es ging weniger darum, kriminelle Ausländer dingfest zu machen, als zahlungskräftige Opfer zu finden und ihnen das Fell über die Ohren zu ziehen.

Schenkte man Medala Glauben, existierten Yachten hauptsächlich zum Drogentransport und wurden daher von ihm besonders misstrauisch beäugt. Leider konnte er auch mit handfesten Beispielen aufwarten: Mehrere amerikanische Segelboote sind in den letzten Jahren von Cebu aus voll beladen mit Haschisch abgesegelt. Alle wurden jedoch noch vor Erreichen der US-Westküste von der amerikanischen Coast Guard abgefangen. Aus war der Traum vom plötzlichen Reichtum, das Schiff für immer verloren, nur ein Platz im Gefängnis für Jahre hinaus gesichert.

Meine Waffen, die uns um die Welt begleitet hatten, stellten jetzt ein gewisses Risiko dar. Wenn Medala von der M16 und dem 45er Colt Lunte gerochen hätte, würde er zehn Minuten später lechzend am Gartentor rütteln und Antonio könnte schadenfrohe Sprüche loslassen. Das Sicherste wäre gewesen, das Zeug in der Nacht im Meer zu versenken, aber so eine drastische Maßnahme kam mir doch übertrieben vor. Die Philippinen sind momentan das einzige Land in Südostasien, in dem Yachten und auch Schiffe regelmäßig mit Schusswaffen angegriffen werden, und in Kürze wollten wir ja wieder segeln. Die Schnellfeuerwaffe amerikanischer Herkunft war also ein Art von notwendiger Versicherung. Dass jemand auf uns schießt, kann ich akzeptieren, aber nur, wenn ich in der Lage bin, mich entsprechend wehren zu können. Als Kompromiss trennte ich mich von den Handgranaten und fand für den Rest ein bombensicheres Versteck.

Anscheinend standen wir ebenfalls unter Beobachtung. Ein Mann machte sich verdächtig, nicht durch sein ständiges Herumlungern, sondern durch seine Vorliebe, einmal einen Strohhut zu tragen, dann wieder nicht, und auch tagsüber das Hemd zu wechseln. Ständig versuchte er zu sehen, was bei uns am Grundstück vorging, aber wenn wir ihn fixierten, blickte er krampfhaft aufs Meer hinaus. Das war konträr zu dem Verhalten eines Kerls, der nichts zu tun hat und aus reiner Langeweile ein unverhohlenes Interesse an der Umwelt, sprich uns, zeigt. Kurzum, er benahm sich so stümperhaft, dass uns bald zum Lachen reizte, und wir begannen ihm zuzuwinken. Er machte dieser lächerlichen Situation nach zwei Wochen selber ein Ende und verschwand wieder.

Erst später fanden wir eine Erklärung. Diese »Beschattung« ging gar nicht von irgendeiner Behörde aus, sondern hatte ihren Ursprung in unserem eigenen Bekanntenkreis.

Kurz nach unserer Ankunft lernten wir ein Ehepaar kennen, mit dem wir uns bald gut verstanden. Oft, wenn Gerti und ich gemeinsam in der Stadt zu tun hatten, legten wir auf dem Weg zurück einen Stopp bei ihnen ein.

Der Mann, Peter Wörmer, begann bald interessante Dinge über sich selber zu erzählen. So war er das Kind eines armenischen Russen, der nach dem Zweiten Weltkrieg in Österreich als Besatzungssoldat stationiert gewesen war. Nach seinem Studium arbeitete Peter lange als Architekt in München, wo er auch seine jetzige, zweite Frau kennen gelernt hatte. Ab da begann die Geschichte bizarr zu werden.

Nur wenige Wochen später heirateten die beiden, packten ihr

Hab und Gut in einen Container und setzten sich auf die Philippinen ab, ohne jemals vorher dort gewesen zu sein. Obendrein nahm Peter bei der Heirat ihren Namen an und löschte damit symbolisch seine Existenz aus. Jetzt waren sie im Begriff, eine neue aufzubauen, und gingen gerade durch eine schwierige Phase. Es dauerte nicht lange, bis Gerti und ich merkten, dass Peter und seine Frau Inge nicht mit einem normalen Maßstab zu messen waren. Dauernd drängten sie auf weitere Besuche und machten uns durch zu viele Fragen schließlich hellhörig. Gerti konnte dieser Situation, in der wir systematisch, wenn auch nicht sehr clever, ausgehorcht wurden, nichts abgewinnen, aber mein Interesse war geweckt. Es sollte auch nicht lange dauern, bis Peter mir vertraulich mitteilte, dass er für einen Geheimdienst tätig sei, seinen Ausweis hinschob und fragte: »Wolfgang, möchtest du nicht auch mitmachen?«

»Nein, danke, auf so was habe ich keine Lust«, antwortete ich.

»Ich weiß schon, warum«, sagte er mit einem wissenden Lächeln, »du arbeitest nämlich für die CIA.«

»So ein Quatsch, was bringt dich überhaupt auf die Idee?«

»Du weißt einfach zu viel über gewisse Leute«, behauptete er und hatte teilweise Recht. Es war für ihn fast unmöglich irgendwelche Namen zu nennen, ohne dass wir nicht weitaus mehr über die Personen wussten als er. Auch mein Aufenthalt in Südvietnam kurz vor Kriegsende war für ihn noch nicht ganz abgeklärt. »Betreibst du jetzt deine Funkstation von Land aus?«, wollte er als Nächstes wissen.

»Welche Funkstation? Auf dem Schiff habe ich ja auch keine gehabt; das einzige Radio, das ich besitze, ist ein kleiner Kurzwellenempfänger.« Als ich das sagte, kam es mir selber etwas unglaubwürdig vor, obwohl es der Wahrheit entsprach. Trotz meiner Absage sicherte er mir die Hilfe seiner Freunde zu, die er auch bald vorstellen wollte.

Rückblickend kann ich unsere Bekanntschaft mit Peter in drei Abschnitte einteilen. Die des anfänglichen Vertrauens, der folgenden Verdächtigung und der bestehenden Feindschaft. Gegen Ende der Vertrauensperiode bezeichnete sich Peter selber als G-Mann und gefiel sich offensichtlich in dieser Rolle. Einmal erzählte er von irgendeiner Nacht-und-Nebel-Aktion in Mactan, bei der er sich angeblich in den dreckigen Straßengraben werfen musste, um nicht von Kugeln durchsiebt zu werden. Nur nahm ich diese Geschichte nicht ernst, es sollte wohl wieder ein Versuch sein, mich doch noch zu rekrutieren. Peters Lieblingsthema war nach wie vor von ihm verdächtigte Personen, Einheimische wie auch Ausländer. Bald merkten wir aber, dass da kaum jemand ausgeschlossen war. Er warf sozusagen sein Netz flächendeckend über die gesamte Bevölkerung aus, in der Hoffnung, einen großen Fisch zu landen.

Deshalb waren Gerti und ich uns einig, dass Leute, die wir näher kannten, nicht mit Peter diskutiert werden sollten. Das hinderte ihn aber nicht, einmal das Gespräch auf Helmut Haas zu bringen, den er nur flüchtig kannte, wir aber zu unseren Freunden zählten. Wir hatten Helmut kurz nach unserer Ankunft kennen gelernt. Er ist in meinem Alter und hatte ursprünglich mit einer Dame auf der Insel Camiguin wegen Muscheln und Schnecken korrespondiert. Bei einem Besuch auf den Philippinen lernte er auch deren Tochter Ellen kennen und lieben. Die beiden heirateten später, während sie noch Medizin studierte. Jetzt ist Helmut mit seiner Familie in einem Vorort von Cebu City ansässig. Er hatte uns schon öfter in Liloan besucht und bei dieser Gelegenheit planschten seine beiden kleinen Töchter Chantal und Isthar gemeinsam mit Vaitea im Wasser herum. Helmut ist, wie er selber sagt, einer der wenigen, die noch nach Deutschland zurückkönnen, im Gegensatz zu der Clique in Mactan und anderen Typen, die wir vom Hörensagen kannten. Auch er war der Meinung, dass man mit den meisten in Cebu lebenden Ausländern am besten nichts zu tun haben sollte – er konnte selber auf schlechte Erfahrungen zurückblicken. Helmut ist für mich der Inbegriff eines rechtschaffenen Menschen, der nicht – wie so viele andere – trinkt, aber dafür viel Freude mit seiner großen Bibliothek hat. Er mag zwar seine Schrullen haben, aber ihn zu verdächtigen und hinterhältige Mutmaßungen anzustellen, wovon er seinen Lebensunterhalt bestreitet, war bösartig. Das konnten wir nicht dulden. Spätestens da war uns klar, dass Peter nicht ganz richtig tickte.

Einmal besuchten uns die Wörmers in Liloan und zeigten ein bisher nicht gekanntes Interesse für das Dachgeschoss. Sie bewunderten den Ausblick, sahen sich aber hauptsächlich in dem großen, zur Hälfte abgeteilten Raum um. Gerti und ich zwinkerten uns zu; wo konnte nur der geheime Sender verborgen sein?

150

Später, während wir Kaffee im Garten tranken, suchte Inge die Toilette auf, irrte sich aber in der Tür. Im Erdgeschoss des Hauses befand sich der einzige gemauerte Raum, das ehemalige Schlafzimmer der Besitzer, den wir als sicheren Stauraum für Bootszubehör verwendeten. Die elendiglich quietschenden Türangeln hatten wir als interne Alarmanlage beibehalten. Und genau dieses Geräusch war jetzt zu hören. Gerti sah mich an und ich nickte unmerklich. Sie war gleich im Haus und überraschte Inge, als sie mitten im Zimmer stand. »Das können doch unmöglich nur Segel sein«, sagte sie und deutete auf den Berg von Säcken, unter denen sich auch das gesamte Tauwerk befand. »Komm, ich zeig dir die Toilette«, grinste Gerti und nahm sie beim Arm.

Beim nächsten Besuch brachte Peter die Freunde aus Manila mit, seine *Controller*, die immer ihre Pistolen in kleinen Täschchen mit sich herumtrugen. Einer wollte unbedingt auf den Kat; wieder dieselben prüfenden Blicke, aber was gibt es auf einem vollkommen ausgeräumten Schiff eigentlich zu sehen oder vielmehr zu finden? Der Stauraum im Haus war versperrt, falls sich wieder jemand auf dem Weg zur Toilette »verirren« sollte. Zum Abschied bekam ich noch zwei Telefonnummern mit Kodenamen in die Hand gedrückt, um rund um die Uhr »Hilfe« anfordern zu können.

Glücklicherweise waren wir nicht auf diese Hilfe angewiesen. Einige Wochen zuvor hatte ich einen alten Freund wiedergetroffen. Matthias Bombi Aznar III war National Commander der Philippine Coast Guard Auxiliary, einem Nebenarm der Küstenwache, und Besitzer eines großen Trimarans, der zur selben Zeit wie TABOO III entstanden war.

Abgesehen davon stammte er aus einer sehr alten, reichen und einflussreichen spanischen Familie. So etwas ist auf den Philippinen durch nichts zu ersetzen. Auf sein Bestreben hin trat ich der Coast Guard bei und wurde in einer feierlichen Zermonie im Stützpunkt der Küstenwache am Arrelano Boulevard angelobt, worüber ich selber eigentlich nur den Kopf schütteln konnte. Ich, der zeit seines Lebens Schwierigkeiten hatte, sich unterzuordnen, angefangen von der Schule bis zum Bundesheer, leistete nun einen Eid und schwor, die Konstitution der Philippinen hochzuhalten und die Coast Guard in jeder Weise zu unterstützen. – Wie viel so ein Eid in Wirklichkeit wert ist, sahen wir ja beim letzten Putschversuch.

Auf den Philippinen ist die Coast Guard ein Teil der Navy und gehört damit zu der von der zivilen Bevölkerung respektierten, aber auch oft gefürchteten Militärmaschinerie. Im Falle eines Falles könnten jetzt bei der nächsten Revolte die TABOO III und ihr Skipper herangezogen werden. Gerti sah schon unseren Kat als Blockadebrecher im Kugelhagel, aber ich beruhigte sie. Mit dem Schiff an Land waren wir nicht einsatzbereit und auf dem Wasser würden wir ohne Radioverbindung schwer in den Griff zu kriegen sein. Nun hatte ich also meinen Militärausweis mit dem Rang eines Captains und mit diesem neuen Rückhalt konnte uns Medala den Buckel runterrutschen.

Je mehr die Umbauten am Schiff dem Ende zugingen, desto schleppender ging die Arbeit voran. Es war, als ob unsere Tischler fürchteten, tatsächlich eines Tages fertig zu werden. Schließlich wurden sie ja gut bezahlt und jeden Samstag gab's ein Stück vom Grillfleisch, das Carlito ganz hervorragend zubereitete. Trotzdem streikten sie eines Vormittags, als ich durch eine unbedacht formulierte Frage Felipes Ehre als Tischler tief kränkte. Es war sinnlos, gleich etwas gegen den sofort eintretenden Sitzstreik zu unternehmen, denn momentan waren die Arbeiter absolut nicht ansprechbar. Zwei Stunden später begann ich ihnen wie einem kranken Pferd zuzureden, versicherte ihnen, dass ich keine böse Absicht gehegt hatte und ich überhaupt mit ihrer Arbeit sehr zufrieden war. Unter dieser stundenlangen verbalen Berieselung löste sich langsam der Krampf und sie versprachen, morgen zur Arbeit zu kommen. Für diesen Tag waren sie allerdings fertig. Um weiterem Blödsinn vorzubeugen, versprach ich allen einen Bonus, sobald das Schiff wieder im Wasser war.

Unser Nachbar Antonio zeigte in seinen nüchternen Momenten wieder einmal unverhohlenes Interesse am Geschehen innerhalb unseres Grundstückes. Der Sitzstreik war ihm nicht entgangen, er lauerte der Arbeitstruppe auf, als sie bei ihm vorbeimarschierte, und geizte nicht mit Ratschlägen. Er selber war ja auch in seiner Ehre gekränkt, aber das war seine alleinige Schuld.

Jeden späten Nachmittag streifte er durch sein Revier und

suchte zielstrebig die alkoholspendenden Palmen auf, um sie zu besteigen. Oben angekommen, entleerte er die bereits gärende Flüssigkeit und reinigte anschließend das Bambusrohr, das den ständig tropfenden Saft auffing, indem er es gegen den Stamm schlug. Der etwas schleimige rote Inhalt wurde durch die Gegend katapultiert und traf oft rein zufällig unser Auto auf der anderen Seite des Zaunes. Bald sah es aus, als ob es Masern hätte. Wir beschwerten uns, aber Antonio heuchelte Unschuld. Also besuchten wir den Barangay Captain, eine Art von Dorfältesten, die erste Instanz bei einem Streit. Er kam, besichtigte das Auto und wies Antonio an, es zu waschen. Bei dieser Gelegenheit verlor unser geliebter Nachbar gleich mehrere Gesichter. Daraufhin ließ er unser Fahrzeug unbehelligt, stieß aber im Suff seine üblichen Drohungen aus.

Seine Hütte hatte übrigens kurzfristig Zuwachs bekommen. Sein Sohn, der für eine Möbelfabrik Rattan einkauft, hatte in Mindanao einem Mann die bildschöne junge Ehefrau abspenstig gemacht und unter Versprechungen eines Hauses am Meer, das sich als die Bretterbude des Vaters entpuppte, in der bereits ein Dutzend Seelen in enger Eintracht hausten, nach Liloan entführt. Bald darauf wurde die Frau schwanger, aber im selben Verhältnis, wie sich ihr Bauch rundete, klang seine Leidenschaft ab. Die vorherige große Liebe entwickelte sich zu einer Belastung und er wurde ihrer überdrüssig. Kurzerhand schickte er die arme Frau wieder zurück nach Mindanao, in eine höchst unsichere Zukunft.

Nur ein Filipino kann sich so etwas erlauben, einem Ausländer würde der Kopf abgebissen werden.

Der europäische Manager des Plaza Hotels in Cebu City musste beispielsweise über Nacht nach Hongkong ausfliegen, weil ein Zimmermädchen behauptete, von ihm geschwängert worden zu sein. Eine nicht selten angewandte Taktik, zahlungskräftige *Americanos* zur Kasse zu bitten, auch wenn der wirkliche Vater woanders zu suchen ist.

Bei dem mit uns bekannten Australier Wayne schlug diese Methode allerdings fehl. Auch er wurde einmal mit dieser Beschuldigung konfrontiert, zückte aber schadenfroh sein ärztliches Attest. – Schon vor Jahren hatte er sich einer Vasektomie unterzogen und war seither beim besten Willen nicht zeugungsfähig.

Seine Frau war derweil dabei, Wayne auf die sanfte Tour abzu-
schieben. Sie war eine in Sydney aufgewachsene und dort arbei-
tende Filipina. Die Besuche in ihrer alten Heimat machten ihr arg
zu schaffen. Die schwüle Hitze vertrug sie nicht, der allgemeine
Dreck störte sie, und der behäbige Wayne ging ihr auch auf die
Nerven. Zum Glück verbrachte der die meiste Zeit sowieso hier,
weit weg von ihr, und exportierte Edelhölzer. Aufgrund der strenger werdenden Bestimmungen hatte er aber immer mehr
Schwierigkeiten, Nachschub aus Mindanao zu bekommen, geschmuggelt oder legal. Mit seinem Handel wollte er sich einen
Bootsbau finanzieren und sich mit seiner Yacht LORIEN nach Australien absetzen. Mittlerweile hatte ihm jedoch seine Frau aus ihrer Verwandtschaft zwei junge Schwestern organisiert und ins
Haus gesetzt. Wie das Holz kamen auch sie aus Mindanao, hatten
helle Haut, gewellte, schwarze Haare und waren feingliedrig.
Eine davon fuhr wieder zurück, doch die andere erzählte jedem,
der es hören wollte, dass sie jetzt Wayne liebe und mit ihm nach
Australien segeln werde.

Unsere Besuche bei Peter gewannen an Pikanterie, obwohl wir
uns nichts anmerken ließen und die Konversation, wie gehabt,
dahinplätscherte.

»Du, Wolfgang, der soundso von der CIA ist im Plaza Hotel ab-
gestiegen, möchtest Du mit ihm reden?«, fragte er mich so ganz
nebenbei, als ob das für ihn unwichtig wäre. Aber jedes Mal wenn
er eine seiner unzähligen Tassen schwarzen Kaffees in der Hand
hielt, gerade zum Trinken ansetzte, gleichzeitig rauchte und
obendrein noch die Unterlippe hängen ließ, wusste ich, dass ihn
die Antwort sehr interessierte. Natürlich konnte ich ihn nicht enttäuschen. »Nein, kein Bedarf.« Damit war das Thema abgeschlos-
sen und er war noch immer nicht weiter, egal ob es sich um eine
Tatsache oder Fangfrage gehandelt hatte.

Oder: »Die Gaisanos haben diese Motoryacht, mit der sie sicherlich schmuggeln, die sollte man mit einer Haftmine in die Luft
sprengen. Was hältst du davon und wie könnte man das machen?«

Dazu muss man bemerken, dass die Gaisano-Familie ein immens reicher Clan ist, der die größten Kaufhäuser in Cebu City besitzt. Für manche dieser riesigen »Shopping Komplexe« braucht
man fast einen Plan, um sich nicht zu verirren. Wer einen Millio-
nenumsatz pro Tag macht, braucht nicht zu schmuggeln.

154

»Nicht viel«, antwortete ich, »außerdem, wie möchtest du eine magnetische Mine auf einem Glasfiberrumpf anbringen?«

»Wieso weißt du, dass sie ein Glasfiberboot haben?«, hakte er sofort mit kaum verhohlenem Misstrauen nach.

Gar nicht schlecht fand ich die folgende Taktik: »Du warst doch in Kambodscha?«, fing er in einem Ton an, als ob das eine Tatsache wäre und ich ihm schon davon erzählt hätte. »Ja«, sagte ich und sah das triumphierende Aufleuchten in seinen Augen – endlich drangekriegt. Zwei Sekunden später fuhr ich dann fort: »Aber nur während der Zwischenlandung in Phnom Penh, auf dem Weg nach Saigon.« Wieder nichts. Doch schon bald brauchten wir uns gegenseitig nichts mehr vorzumachen. Stolz erzählte er von einem kommenden Einsatz, bei dem ein gewisser Aznar dingfest gemacht werden sollte. Natürlich kannte ich die Geschichte bereits. Der Mann hatte vor ein paar Jahren eine Beerdigung empfindlich gestört, indem er die Trauernden mit entsicherten Handgranaten bewarf. Ein knappes Dutzend Menschen starben damals am Friedhof. Seitdem war er in der Versenkung verschwunden.

Aber jetzt wurde er auf der Insel Leyte aufgespürt und sollte von Peters Organisation ausgehoben werden. Der Gesuchte war ein entfernter Verwandter von Bombi Aznar, den ich regelmäßig traf, wenn ich mit der Coast Guard zu tun hatte. Nur hatte ich diesen Kontakt und alle damit verbundenen Aktivitäten bisher für mich behalten.

Eine Woche später war Peter sichtlich verärgert, Aznar war ihnen in letzter Sekunde glatt durch die Lappen gegangen. Na ja, so was kann ja passieren. Aber kurz darauf las er im »Sun Star« einen Drei-Seiten-Artikel, den ich auf Drängen von Bombi geschrieben hatte. Es ging hauptsächlich um unsere Weltumsegelung in einem auf den Philippinen gebauten Boot, aber die Coast Guard Auxiliary sowie Commodore Matthias Bombi Aznar III blieben natürlich nicht unerwähnt und eines der Bilder zeigte mich noch dazu in Uniform. Spätestens da muss Peter ein ganz großes Licht aufgegangen sein.

Bei unserem nächsten und gleichzeitig letzten Treffen erwähnte er den Aznar-Fall gar nicht, sondern fragte nur: »Wolltest du zur Coast Guard oder wollten sie dich haben?« Für ihn war das wichtig zu wissen, denn wie Medala war er der Ansicht, dass alle Yachten Drogen oder sonst was schmuggelten, und unter der weißen Coast-Guard-Flagge wäre das natürlich noch einfacher ...

»Beide Seiten wollten«, antwortete ich ihm. Abschließend fragte Gerti noch, warum er damals seine ›Freunde‹ nach Liloan gebracht hatte. »Weil auf eurem Boot noch mehr Platz für Drogen ist als auf der ALESSANDRA«, war die Antwort. Damit waren eindeutig die Fronten geklärt und die Periode der noch bestehenden Feindschaft eingeleitet.

Vom oberen Stockwerk unseres Hauses hatte ich einen ausgezeichneten Blick auf TABOO III, und die Tischler wussten nie, wann sie plötzlich unter Beobachtung standen. Ebenso konnte ich die Nachbargrundstücke und das Meer dahinter überblicken. Bald sollte TABOO III wieder im Wasser sein und vor meinem geistigen Auge segelten wir bereits zu exotischen Plätzen. Diese Träumerei wurde durch eine Bewegung in Antonios überwuchertem Palmenhain beendet. Seine jüngste Tochter kam gerade vom Baden zurück. Dem lokalen Brauch folgend, trug sie für diesen Zweck eine kurze Hose und ein Hemd.

Wie eine Katze glitt sie klitschnass durch die Büsche, das lange, schwarze Haar glänzte in der Sonne und das dünne T-Shirt klebte auf ihren Brüsten. Sie hielt inne, als sie mich beim Fenster stehen sah, ließ sich aber nichts anmerken und drehte sich um. Es war niemand sonst in der Gegend, sie konnte nur von mir gesehen werden. Das hübsche Mädchen zog sich das T-Shirt über den Kopf, wrang es aus und begann sich damit abzutrocknen. Während sie sich langsam den nackten Busen abrieb, blickte sie verstohlen mit ihren Mandelaugen zu mir herauf. Mit 14 Jahren war sie sich ihrer Reize bewusst und spielte sie voll aus. Die private Vorstellung wurde aber durch Rufen am Strand vorzeitig abgebrochen. Rasch zog sie sich wieder an und eilte nach einem letzten Blick zu mir weiter.

Mir war klar, dass das Mädchen einen fast instinktiven Versuch gemacht hatte, sich zu verbessern, auf die traditionelle Art und Weise und mit dem einzigen Einsatz, den sie hatte. Wer konnte ihr einen Vorwurf machen?

Jeder in diesem Lande war hinter Geld her. Angefangen von den professionellen Taschendieben in der Colon Street in Cebu City, der ältesten Straße auf den Philippinen, über den erpresserischen Medala, die korrupten Polizisten, Beamten und Richter, die

156

ihre Machtposition schamlos ausnutzen, die jetzige Regierung bis hin zum Superbeispiel der Marcoses, denen aber niemand gram ist, denn jeder würde liebend gern das Gleiche tun. Diese Denkweise fängt beim Malacanang-Palast in Manila an und zieht sich wie ein Virus durch alle Klassen bis zur ärmlichsten Hütte der unteren Bevölkerungsschichten. Alles und nahezu jeder war käuflich, wer schon Geld hatte, wollte mehr, und wer keines hatte, wollte es haben – um jeden Preis.

Im Auge des Taifuns

Der Orkan MIKE

Ende September 1990 schwamm Taboo III wieder. Es war auch höchste Zeit, wir litten schon unter Entzugserscheinungen. Außerdem war das Leben im Haus letztlich etwas beschwerlich geworden. Die Stürme hatten das Nippadach beschädigt und trotz häufiger Reparaturen war es nicht mehr dicht zu kriegen. Wir spannten eine wasserdichte Plane über unser Bett, um wenigstens im Trockenen schlafen zu können.

Mit Beginn des Nordostmonsuns ankerten wir wieder in Carmen, derselben Bucht, die uns schon einmal während eines nahenden Sturmes Schutz geboten hatte. Jetzt befanden wir uns in einer ähnlichen Situation. Taifun MIKE hielt schnurgerade auf Cebu zu, war aber noch zwei Tage entfernt, es bestand also kein Grund zu überstürzten Handlungen. Vielleicht würde er auch seinen Kurs nach Nordwesten ändern, was für uns nurmehr einen Streifschuss bedeuten würde.

Tags darauf gab es eine Einweihungsparty auf dem schwimmenden Trockendock, das der Australier Douglas Bruce gebaut hatte. Damit konnte er seinen eigenen 70-Fuß-Schoner Black Douglas aufslippen und diesen Service auch anderen Yachten bieten. Das war zumindest seine Idee. Acht Jahre lang arbeitete er an seinem Traumschiff, einem Herreshoff-Design, und das Resultat war ein selten schönes Schiff, auch wenn es ihn Nerven und Substanz gekostet hatte. Jetzt fehlten nur noch die beiden Masten.

Von dem hohen Trockendock aus hatte man einen ausgezeichneten Blick über die ganze Bucht. Beim Steinpier ankerte die Fischereiflotte und in unmittelbarer Nähe Taboo III sowie weitere sechs Yachten, deren Crews sich alle gerade an gegrillten Hühnerbeinchen und eiskalten Drinks labten.

Natürlich kam bei dem Fest auch die Sprache auf MIKE, aber die allgemeine Meinung war, dass er spätestens vor Erreichen der Philippinen *recurven* würde. Ich riet Douglas, das Trockendock bei Hochwasser auf den Strand zu setzen und die Kammern zu fluten. Ohne Auftrieb könnte es sich nicht vom Fleck bewegen. Douglas winkte ab, das Dock hing schließlich an einem riesigen Anker.

Am späten Nachmittag verließen wir die feuchtfröhliche Gesellschaft und nutzten das letzte Licht, um uns in eine seichte Stelle nahe der Mangroven zu legen, die ich vom Dock aus erspäht hatte. Für die anderen sah es aus, als ob sich TABOO III vor Angst verkriechen würde, und es wurden auch entsprechende Witze gerissen. Doch alle miteinander hatten noch keinen richtigen Taifun erlebt und sollten bald ihre Worte bereuen.

Den ganzen nächsten Tag hatte ich dann Zeit, Vorbereitungen zu treffen. MIKE hielt noch immer genau auf uns zu, die momentane Windgeschwindigkeit war 135 Knoten (250 km/h) und sollte auf 170 Knoten ansteigen. Zuerst verholten wir TABOO III auf den genau richtigen Platz: seichter Schlammgrund ohne Steine oder Korallen und geschützt durch eine Sandzunge, damit niemand auf uns draufschlieren konnte. Eine der größten Gefahren bei einem tropischen Wirbelsturm sind nämlich andere Schiffe und Yachten in der Nähe. Ich setzte drei Anker, brachte eine Leine zu einem Wrack und weitere drei zu knorrigen Mangrovenbäumen aus. Um diese mannsstarken Stämme schäkelte ich Ketten oder verwendete dicke Trossen, die durch Nylonschläuche geschützt waren. Zum Schluss saß der Kat wie eine Spinne in ihrem Netz, sternförmig liefen überall Seile hin. Wir waren gegen alle Windrichtungen abgesichert.

Der Sonnenuntergang an diesem Abend war fahl und gelb, genau wie bei unserem ersten Taifun im Südchinesischen Meer zehn Jahre zuvor. Der Wind hatte bereits auf Nord gedreht, kam in Böen über die Berge herunter, riss das Wasser von der Oberfläche und erzeugte eine immer schrillere Geräuschkulisse. TABOO III lag sicher, aber für die Umwelt begann sich ein generelles Desaster abzuzeichnen. Einige der Fischerboote schlierten zuerst und rissen andere mit ins Verderben. Douglas hatte sich bereits von seinem schwimmenden Dock getrennt und ankerte selbstständig. Um Mitternacht lagen der Pier und das Dorf im Dunkeln, aber alle Schiffe hatten Salinglichter oder Suchscheinwerfer eingeschaltet. Anhand dieser schemenhaften Beleuchtung konnte ich verfolgen, wie sich ein Exodus in Richtung Hafenausgang bewegte. Eine Yacht nach der anderen lief auf den Strand, das Riff oder die Sandbarre vor uns.

Und noch immer nahm der Wind zu, längst hatte ich schon meine Taucherbrille auf, um überhaupt etwas sehen zu können, aber jetzt zogen sich meine Wangen nach hinten und begannen zu flattern. Sowie ich den Mund unvorsichtig öffnete, wurden meine Lungen wie mit Pressluft aufgeblasen. Aber mit der Taucherbrille über der Nase musste ich durch den Mund atmen und lernte bald, das mit geschlossenen Zähnen zu tun. Der Taifun hörte sich an wie ein Eilzug im Tunnel, der außer Kontrolle geraten war. Gerti war putzmunter. Vaitea konnte trotz dieses unbeschreiblichen Krachs schlafen.

Ohne die Seile, die ich schon nachmittags über das ganze Deck gespannt hatte, wäre es für mich unmöglich gewesen, das Vordeck zu erreichen, um regelmäßig die Trossen zu überprüfen. Trotzdem bestand die Gefahr, über Bord geblasen zu werden. Der Mast vibrierte derart, dass das ganze Schiff zitterte. Im Windschatten der Maschinenverkleidung konnte ich verschnaufen und fand auch Schutz vor den Mangrovenblättern und Ästen, mit denen das Schiff in zunehmendem Maße bombardiert wurde. Ich warf einen Blick in die Runde. Alle Lichter waren erloschen, nur das ohrenbetäubende Tosen des Sturms nahm kein Ende.

Mit dem ersten Licht wurde es gleichzeitig totenstill. Die Bucht bot ein Bild der Verwüstung. Der Platz, an dem am Vorabend die Flotte von rund fünfundzwanzig Fischerbooten geankert hatte, war leer gefegt. Was nicht durch den Hafenausgang hinausgeblasen worden war, lag als Wrack am Riff oder war untergegangen. Von den anderen Yachten ankerte nur noch eine am ursprünglichen Platz.

Die momentanen sieben oder acht Windstärken waren eine lächerliche Brise, die allerdings innerhalb von zwanzig Minuten auf Süd drehte. Damit waren wir im Zentrum des Taifuns und das Barometer konnte, nachdem es um 55 mb gefallen war, endlich verschnaufen.

Zu spät bemerkte ich das verfangene Seil zur 100 Meter weit entfernten Mangrove. Unser Kat hing jetzt praktisch am Steuerbordruder und der Winddruck nahm mit jeder Sekunde wieder zu. Eine echte Belastungsprobe für die veränderte Heckpartie, aber darauf legte ich momentan keinen Wert. Außerdem konnte das Seil am Ruderbeschlag schamfilen und wir würden dann in die Mangroven vor uns katapultiert werden. Eine zweite Verbindung in dieselbe Richtung zum Land war dringendst nötig. Ich hatte noch eine brandneue 100-Meter-Seilrolle in Bereitschaft, band mir das Ende um die Mitte, sprang ins Wasser und begann mich an dem straffen Seil zum Ufer zu hangeln. Ich hoffte nur, dass sich die Rolle problemlos abspulen würde. Aber Gerti hörte sie im Achtercockpit herumtanzen, blickte heraus, sah mich im Wasser und kam mir sofort zu Hilfe, obwohl sie nur ein langes Nachthemd trug. Ich befestigte das Tauende an dem Mangrovenstamm und surfte mit Rückenwind zu TABOO III zurück.

Mit der Genuawinch knallte ich das Seil an, bis es horizontal in der Luft stand. – Keine Minute zu früh, denn in diesem Moment kamen die vollen 135 Knoten Windgeschwindigkeit mit dem Getöse einer aufsteigenden Concorde zurück, entlaubten Mangrovenbäume und knickten auch die Palmen um, die bis dahin standgehalten hatten.

Gerade eben waren noch die Berge zu sehen, jetzt aber riss der Orkan das Wasser von der Oberfläche und trieb es in einer mehr als zehn Meter hohen, horizontalen Wand vor sich her. Alle Yachten, die am Strand lagen, wurden wieder runtergefegt und verschwanden in dieser weißen Hölle.

Doch wir hatten das Schlimmste überstanden, ab jetzt konnte es nur noch besser werden. Zu Mittag hatte es sich bereits so weit beruhigt, dass man an Deck stehen und die Bucht überblicken konnte.

Nachmittags wehte noch starker Südwestwind, aber der Regen hatte aufgehört und blauer Himmel kam zum Vorschein.

Am Abend wurden bereits wieder Häuser repariert, geknickte Bananenstauden aufgerichtet und die Straßen von Bäumen und Dächern befreit, die als Ganzes durch die Luft gesegelt waren. Es zeigte wieder einmal, wie widerstandsfähig die Filipinos im Angesicht so einer gewaltigen Naturkatastrophe sind. Wie viele Menschen den Tod in der Bucht von Carmen fanden, ließ

161

sich nie genau feststellen. Auf den kleinen Schiffen, die im Hafen sanken, standen die Überlebenden so unter Schock, dass sie nicht mehr wussten, wer überhaupt noch mit ihnen an Bord gewesen war.

Bombi Aznars Trimaran wurde entmastet, schlierte bei 80 Knoten durch den Hafen und fischte bei dieser Gelegenheit acht Männer aus dem Wasser, die der Orkan ansonsten zur Hafenausfahrt hinausgeblasen hätte.

TABOO III war das einzige Schiff in der Bucht, das ohne Schaden davongekommen war. Manche der anderen Segler bereuten ihre ungenügenden Vorbereitungen und alle, sagte Douglas später, dachten an uns, als wir sicher in unserer Ecke lagen, während sie Blut und Wasser schwitzten. Das Trockendock war natürlich trotz des schweren Grundgeschirrs bald unterwegs, zuerst landete es in den Mangroven, später trieb es gegen die Mole. Douglas selber schlierte zügig mit dem noch mastlosen Schoner durch die Gegend. Er lag vor einem 90-kg-Pflugscharanker und einer 100 Meter langen schweren Kette, wurde aber trotz der eingesetzten 240 PS an den Strand gedrückt.

Taifun MIKE war der schwerste, seit ANDY 1949 Cebu verwüstete. Insgesamt sanken im Hafen von Cebu City zweiundfünfzig Schiffe und unzählige andere klebten am Ufer. Ein koreanischer Frachter riss sich vom Pier los und verfing sich in der Mandaue-Brücke. Der Rauchfang zerbrach eines der riesigen Stahlkabel und vertörnte zwei weitere. Die riesige Brücke hing danach nur noch an zwei Trossen und musste für jeglichen Verkehr gesperrt werden.

Auch die Lebensqualität von Don und Beverly fiel steil ab. Erst stand ihr Haus knietief unter Wasser, dann überflutete ein verstopfter Kanal das Areal und machte es zur Kloake. Nach dem Taifun lag ihr schwer beschädigtes Boot am Ufer und sie saßen im übel riechenden Schlamm, hatten aber dafür kein fließendes Wasser. Die beiden machten sich noch für einige Zeit das Leben schwer, bevor sie zur Abwechslung das einzig Richtige taten und in die USA zurückkehrten.

Auch wir wollten einen normalen Wind in den Segeln stehen haben und endlich wieder unterwegs sein.

Das Land unter dem Wind

Sabah und Borneo

Nach dem Landaufenthalt schnitt Taboo iii mit einem aalglatten Unterwasserschiff durch die Wellen, als gelte es Versäumtes nachzuholen. Was konnte auch schöner sein, blauer Himmel und blaues Meer, vereinzelte Schaumkronen und dann der Dorado, der kurz zuvor an der Schleppangel angebissen hatte. Frischer konnten Fische einfach nicht sein.

Seit längerer Zeit war es wieder einmal notwendig, die Sonne mit dem Sextanten anzupeilen, noch immer meine einzige Navigationsmethode auf hoher See. Ich war mir aber bewusst, dass die Elektronik früher oder später auch auf unserem Kat Einzug halten würde, nur war ich dazu momentan noch nicht bereit. Außerdem, wo bliebe dann das befriedigende Gefühl, sobald sich die selbst erarbeiteten Standlinien auf der Seekarte kreuzen?

Die letzten Tage hatten wir an der Nordwestküste von Mindanao verbracht und hielten jetzt auf die Balabac Strait zu, die Meeresenge zwischen den Philippinen und Borneo. Unser Ziel war Kota Kinabalu, das wir 1980 schon einmal besucht hatten. Doch wie hatte sich die Stadt seitdem verändert! Damals war es eine alte Stadt, die an die englische Kolonialzeit erinnerte, jetzt eine moderne Metropole. Die traditionellen Pfahldörfer wurden weitgehend dezimiert, um Platz für mehrstöckige Wohnhäuser zu machen. Ewig gleich blieb lediglich der mächtige Gipfel des Mount Kinabalu im Hintergrund, der mit seinen 4000 Metern den Regenurwald von Borneo und alle anderen Berge in Südostasien überragt.

Wir ankerten bei dem *Kinabalu Yacht Club* in Lee eines herrlich langen Strandes, auf dem der Wind in den Nadeln der Pinien säuselte. Unter den wenigen Yachten, die dort lagen, kam mir ein etwas vergammelter gelber Trimaran bekannt vor, aber der Name am Heck, DOUBLE DRAGON, sagte mir nichts.

Dennoch machten wir einen Besuch. Jean-François, ein großer blonder Franzose mit blauen Augen, begrüßte uns. Er lebte schon seit einigen Jahren in Sabah, und als er Chris Hayden erwähnte, fiel bei mir der Groschen. Der Trimaran war schon damals ein veralteter Piver-Entwurf, der in Schnellarbeit von der Firma *Cebu Pleasure Craft Builders* zusammengeklopft worden war, kurz bevor wir mit dem Bau von TABOO III begannen.

Ich war mehrere Male dort in Mandaue, um zu sehen, wie es auf einer lokalen Werft zugeht. Es war beeindruckend. Minderwertige Messingschrauben wurden im Unterwasserbereich mit dem Hammer in das Holz getrieben und Glasmatten mit Epoxydfarbe aufgeklebt; von Harz hatte man entweder noch nichts gehört oder es war zu teuer. Der Auftraggeber weilte im Ausland und seine Frau hatte keinen blassen Dunst vom Bootsbau. Später fand Chris heraus, dass Segeln sowieso etwas mühsam ist, und verkaufte die Kiste. Jean-François' Gesicht wurde immer länger, als ich ihm das erzählte, denn bis jetzt hielt er die *Cebu Pleasure Craft Builders* für eine Topwerft.

Wir verstanden uns auf Anhieb, nur seine neuseeländische Lebensgefährtin Wendy fand keine Zeit, hallo zu sagen. Sie saß in der Kabine und arbeitete fieberhaft auf ihrem Laptop. »Wendy schreibt gerade ein Buch«, teilte uns Jean-François ehrfürchtig mit. Ich war weniger beeindruckt, schließlich treffe ich andauernd Leute, die, wenn sie nicht schon dabei sind, später auf jeden Fall schreiben wollen, weil sie so tolle Sachen erlebt haben. Eher war ich auf Wendys Laptop neidisch und konnte nicht umhin, ihr diskret über die Schulter zu gucken. Sie war umgeben von sieben aufgeschlagenen Kochbüchern und stellte selber gerade ein Originalrezept zusammen. Sicherlich nervte ich sie, denn plötzlich sprang sie auf, wühlte in einem Kleiderschrank herum, dass die Sachen nur so flogen, schnappte den Laptop samt Quellenmaterial und verkündete mit schriller Stimme: »Ich werde jetzt im Club arbeiten.« Und weg war sie mit dem Dingi. Wie so oft täuschte auch diesmal der erste Eindruck eines Menschen nicht.

Mit Gerti konnte sie überhaupt nicht reden, denn sie hatte eine generelle Abneigung gegen jüngere Frauen, die keinen Silikonbusen nötig hatten. Noch dazu war Wendy mehr als nur ein paar

Jahre älter als Jean-François und lebte anscheinend in der ständigen Angst, von ihrem *French Lover* eines Tages für eine jüngere Frau verlassen zu werden. Gerti sah da keine große Gefahr, Jean-François war ein netter, aber eher gemächlicher Typ, der gegen große Veränderungen war. Außerdem legte er Wert auf gutes Essen und da konnte ihn Wendy nach Herzenslust verwöhnen. Hatte sie nicht 1001 Rezepte auf Lager?

Kurze Zeit später kam Jean-François mit einem Problem. Er veranstaltete regelmäßig *sunset cruises* und hatte eine Doppelbuchung am Hals, zwei separate Gruppen, die zur selben Zeit die Sonne im Meer versinken sehen wollten, während sie romantisch auf einem Segelschiff über die Wogen glitten. So viele konnte er beim besten Willen nicht auf einmal bewältigen und am nächsten Tag düsten die Kunden im Flugzeug ab. Ob wir eine Fuhre übernehmen könnten? Zuerst hatten wir keine Lust, wir kamen ja nach Sabah, um auszuspannen. Der Philippinen-Aufenthalt hatte etwas Nerven gekostet und Stress war bei uns überhaupt nicht angesagt. Außerdem wusste ich aus mehrfacher früherer Erfahrung, dass man sich mit dem Tageschartern sehr leicht Probleme aufhalst. Aber er ließ nicht locker und so willigten wir schließlich ein. Es dauerte aber nicht lange, bis Jean-François dieses Angebot bitterlich bereuen sollte.

Die Gruppe von Koreanern wurde in Booten der Marina angeliefert und wir spulten unsere Tour ab. Christina, ebenfalls eine Koreanerin, aber mit ihrer Familie in Kota Kinabalu ansässig, war die Reiseführerin. Die Leute zeigten reges Interesse an unserer seereisenden Familie und stellten viele Fragen. Vaitea stand wieder einmal im Mittelpunkt: In Tahiti geboren und seitdem am Meer aufgewachsen, welches Kleinkind konnte das schon bieten?

Der Trip war ein voller Erfolg. Er kam so gut an, dass wir am Abend mit in das koreanische Restaurant zum *Bulgoghi* eingeladen wurden. Dabei sitzen alle um einem runden Tisch und jeder schmort seine individuellen Fleischstückchen am erhitzten, kegelförmigen Aufsatz in der Mitte. Sozusagen eine asiatische Version von Fondue, aber ohne Öl. Danach wird das Fleisch mit anderen Zutaten in ein Salatblatt gewickelt und in den Mund gestopft. Wenn man so wie ich nicht Acht gibt, kann der Happen so groß werden, dass man ihn zwar im Mund hat, aber nicht kauen kann. Lautes Rülpsen ist nicht nur erlaubt, sondern eine Pflichtübung. Schüsseln mit geschälten großen Knoblauchzehen stehen überall griffbereit herum. Die Frauen aßen an einem Tisch nebenan, den Gerti und Vaitea unterhielten. Dort wurde weniger Knoblauch verzehrt und das Rülpsen, wenn überhaupt, geschah diskreter. Zwischendurch wurde dauernd mit *So Joo* angestoßen, einem Mittelding zwischen Wein und Schnaps.

Dieses koreanische Ritual hatte aber seine Tücken: Irgendeine Person füllt zwei Schälchen in der Größe von Eierbechern und reicht eine davon seinem auserkorenen Trinkpartner. Gekippt wird gleichzeitig. Danach ist der andere dran. Auf diese Art und Weise hat man keinen Einfluss mehr auf seinen eigenen Alkoholkonsum. Dauernd wird einem ein Glas in die Hand gedrückt, das man nur schwer ablehnen kann. Im Endeffekt trinkt man im Laufe so eines Abends weitaus mehr als erwünscht. Wir waren auch dementsprechend beschwipst, als wir spät in der Nacht zu unserem Schiff zurückkehrten, doch wir alle hatten uns köstlich unterhalten und obendrein noch gutes Geld gemacht. Unsere anfänglichen Bedenken waren wie weggewischt.

Ein paar Tage später kam ein Marinaboot angeflitzt und man fragte, ob wir einen erneuten *sunset cruise* machen wollten. Christina hätte wieder eine koreanische Gruppe in ihrer Obhut und sie bestand auf TABOO III und nicht auf dem schmuddeligen DOUBLE DRAGON. Nach der letzten Erfahrung sagten wir zu. Der Marina war es egal, wer die Leute durch die Gegend kutschierte, sie kassierte von jedem dieselben 30 Prozent Vermittlungsgebühr und war für den Zubringerdienst verantwortlich. Dieses Mal zog Christina eine richtige Show ab. Noch während wir Segel setzten, legte sie auf koreanisch los, bis den guten Leuten vor Staunen die Kinnladen runterklappten. Zum Glück verstanden wir nichts, denn irgendwie hatte ich das Gefühl, dass die gute Christina etwas übertrieb. Ab und zu hörten wir Tahiti und Vaitea, aber das war schon alles. Die Leute waren begeistert und auf der Rückfahrt sangen sie. Es war wieder ein voller Erfolg in jeder Hinsicht, doch wir fragten uns, wie Jean-François mit dieser neuen Situation fertig werden würde.

Mittlerweile rückte das Ende des Jahres 1990 in greifbare Nähe. Beim Yacht Club war eine Party angesagt und überall wurden Vorbereitungen getroffen. Ein Teil der Bevölkerung hatte an-

166

scheinend vor, den Jahreswechsel am Meer zu erleben. Dutzende von Fressbuden wurden aufgestellt und ab dem späten Nachmittag ergoss sich eine menschliche Flut auf den Strand und ins Wasser. Wir befürchteten, dass diese Woge auf Taboo III überschwappen könnte, und kehrten noch weit vor Mitternacht auf unser Schiff zurück. Von Deck aus hatten wir dann einen herrlichen Blick auf das Feuerwerk direkt vor uns. Zum Glück lagen wir außer Reichweite.

Am nächsten Tag trauten wir unseren Augen nicht. Der Strand war, so weit man sehen konnte, mit Damenslips übersät. Auch einige BHs und vereinzelte Herrenunterhosen fanden sich. In anderen Ländern prosten sich die Leute um Mitternacht zu und küssen sich, in Sabah scheinen sich die Leute um einiges näher zu kommen. Sicherlich gibt es dafür eine Begründung, wie etwa Glück in der Liebe fürs nächste Jahr oder so etwas.

Bis jetzt hatten wir von der näheren Umgebung von Kota Kinabalu noch nicht viel gesehen. Das sollte sich nun ändern. Wir trieben uns eine Weile zwischen den Inseln herum, bevor wir Pulau Tiga zu unserem eindeutigen Lieblingsplatz in Sabah erkoren. Während des Nordostmonsuns bot die große Bucht an der Südseite einen perfekten Ankerplatz. An Land hatte der Platz das Flair eines Resorts: gepflegter Rasen, schattige Picknickhütten, saubere Wege, Toiletten und Duschmöglichkeiten. Es gehörte auch zu einem Naturpark, war aber von Kota Kinabalu so schwer zu erreichen, dass sich nur ganz selten jemand hierher verirrte. Am Ufer standen Palmen und Pinien, zwischen denen wir eine Hängematte spannten und zusehen konnten, wie Vaitea am Sandstrand spielte, während unser Braten am Barbecue-Stand schmorte. Mehrere Wanderwege schlängelten sich durch den unberührten Dschungel, in dem langschwänzige Macacq-Affen durch die hohen Bäume turnten und Hornbill-Papageien kreischten. Einen Kilometer entfernt befand sich ein Minivulkan, etwa zwei Meter hoch, der alle paar Minuten unterirdisch blubberte und dann eine Ladung Schlamm ausspie.

Vom Deck aus konnten wir oft in Ruhe Affen und auch Rieseneidechsen beobachten, die bei Niedrigwasser den Strand nach Futter absuchten, wobei letztere bei Bedarf eine beachtliche Geschwindigkeit entwickeln konnten.

167

Beide Tierarten waren eher scheu, aber durch ein Picknick wurden sie schnell angelockt. Die Affen kamen ziemlich nahe und warteten auf eine Gelegenheit, etwas stehlen zu können. Auf gelbe und rote Sachen waren sie besonders scharf, stießen unseren Saftbehälter vom Tisch und schlürften im Gras herum, während wir im Wasser waren. Vaitea legte Kekse und Erdnüsse aus und hatte so einen Erfolg, dass wir regelmäßige Fütterungszeiten einführten. Als wir jedoch einige überreife Bananen verteilen wollten, hatten die Affen eine neue Idee. Die Bananen waren in einer durchsichtigen Plastiktüte, und sobald wir in die Nähe kamen, stürzte ein halbes Dutzend Tiere mit gefletschten Zähnen auf unser armes Kind zu. Vaitea stieß einen markerschütternden Schrei aus, warf die Früchte geistesgegenwärtig weg und trat den Rückzug an. Von da an waren wir vorsichtiger.

Die großen Eidechsen brauchten etwas länger, bis sie in Erscheinung traten. Sie lebten nicht in unmittelbarer Nähe und mussten erst einmal unseren Braten schnuppern und dem Duft nachkriechen. In Zeitlupentempo kamen sie näher und erstarrten oft für Minuten. Ihr Geruchssinn war einmalig, aber dafür waren sie auch vollkommen taub. Bei einem scheuen Tier konnte man sich zwar nicht bewegen, aber ohne weiteres reden oder sonst einen Krach machen. Alles, was wir ihnen hinwarfen, abgenagte Hühnerkeulen, Knochen und Fischreste, wurde von ihnen ohne viel Aufhebens auf einmal verschlungen.

Inmitten dieser Tierwelt und herrlichen Natur fühlten wir uns richtig wohl. Es war ein Gegengewicht zu unserer mitunter lebhaften Welt. Kein Wunder, dass einige Zeit verging, bevor wir uns von Pulau Tiga loseisen konnten.

Wieder in Kota Kinabalu angekommen, ankerten wir erneut vor dem Club. Das aus England erwartete Paket war eingetroffen und es gab keine Belästigung vom Zoll. Auch beim Einklarieren Wochen zuvor waren die freundlichen Beamten nicht auf die Idee gekommen, abzukassieren, so wie das oft auf den Philippinen der Fall ist.

Kurzum, Sabah, dieser östliche Teil von Malaysia, war eine einzige Wohltat. Abgesehen davon brauchte man hier nicht jeden Tag am Radio zu hängen, denn schon immer wurde Sabah »das Land unter dem Wind« genannt, weil es von Taifunen verschont bleibt.

Es dauerte nicht lange, bis ein Motorboot der Marina kam. Christina hatte schon öfter angerufen und nach uns gefragt. Sie hatte uns in ihr Programm eingegliedert und dann waren wir plötzlich weg gewesen. Am folgenden Tag würde sie gerne mit einer Gruppe wieder den *sunset cruise* machen. Wir sagten zu; wenn jemand so ausdauernd ist, kann man einfach nicht nein sagen.

Aus dem Trip wurden natürlich mehrere und im selben Maße begann sich unser anfänglich freundschaftliches Verhältnis mit Jean-François abzukühlen. Er beschwerte sich bei der Marina, als ob er das alleinige Anrecht auf diese Tätigkeit hätte. In Wirklichkeit hatte es niemand, es war eine illegale Arbeit, die von den Behörden stillschweigend geduldet wurde, weil damit der geldbringende Touristenboom unterstützt wurde. Außerdem hatte Jean-François auch andere Kunden, während wir uns nur auf die größeren Gruppen von Christina beschränkten, die sich dann auch auszahlten. Aber gerade das wurmte ihn, wenn sich bei uns fünfundzwanzig Personen an Deck räkelten, während er mit sechs durch die Gegend schaukelte.

Die unerquickliche Situation konnte aber nicht eskalieren, denn unsere drei Monate Aufenthaltsgenehmigung waren fast um und es gab keine Verlängerung. Wir mussten außer Landes und konnten danach wiederum drei Monate bleiben.

Unser Ziel war Brunei, diese selbstständige Enklave zwischen dem malaysischen Sabah und Sarawak. Im Gegensatz zu Sabah ist Brunei streng islamisch, was natürlich keinen Alkohol und sonstige Ausschweifungen bedeutet. Die herrschende Familie dieses erdölreichen Minivolkes sieht das aber nicht ganz so eng. Der Sultan unterhält einen Harem philippinischer Schönheiten, der ständig aufgefrischt werden muss. Wenn ihn sein Chauffeur mit heulenden Sirenen und 100 km/h durch den Hauptverkehr katapultiert, spritzt jeder aus reinem Selbsterhaltungstrieb auf die Seite. Ausländer, die ihren Wagen nicht gleich aus dem Schussfeld räumen, werden des Landes verwiesen. Doch welche Ausländer verirren sich überhaupt in so ein Land? Nur die, die lästige Arbeiten verrichten, wie etwa das Suchen, Finden und Fördern von Erdöl.

Wir zwängten uns den Fluss hoch und ankerten einige Tage bei dem Stadtableger des Royal Brunei Yacht Clubs. Trotz des Reichtums ziehen es noch immer viele Leute vor, in Pfahldörfern über dem Wasser und in Hörweite der Moschee zu leben.

Wassertaxis preschten unentwegt zwischen diesen Behausungen im Fluss und riesigen Parkplätzen am Ufer hin und her, die mit Luxusautos gerammelt voll waren. Bald konnten wir dem Ganzen nicht viel abgewinnen, fädelten uns aus dem Fluss und segelten wieder nach Kota Kinabalu zurück.

Zur selben Zeit wie wir hatten auch Peter und Anne, Freunde von uns, mit ihrer FLYING LADY eine Fahrt unternommen, aber sie konnten entschieden mehr erzählen. Die FLYING LADY war ein riesiger 90-Fuß-Stagsegel-Schoner, von dem ich sehr beeindruckt war. Mächtige Stahlmasten wurden von daumendicken Wanten gehalten. Die eher bescheidene Segelfläche hatte jedoch keine Chance, diesen Eisenkoloss anders als im Schneckentempo durch das Wasser zu schieben. Unter Deck befand sich keine Kajüte, sondern ein Wohnzimmer mit Sitzgarnituren, Fernseher und vielem mehr. Bei den Philippinen wurde dieses Luxusgefährt unter Waffengewalt geentert, Peter und Anne kurzerhand gefesselt und dann in Ruhe ausgeraubt. Das alles geschah eines Abends direkt außerhalb des Manila Yacht Clubs, in dessen Anlage sie wegen ihrer Größe nicht hineinpassten. Sozusagen in Rufweite, aber dazu hatten sie keine Gelegenheit. Später konnten sie sich selbst von den Fesseln befreien und Alarm schlagen, was natürlich ohne Erfolg blieb. Um ihr seelisches Gleichgewicht wiederherzustellen, schmissen sie hier in Kota Kinabalu zuerst einmal eine Party. Die FLYING LADY konnte eine riesige Kapazität Diesel bunkern und dasselbe traf auch für Alkohol zu, beides war gleich wichtig. Es gab sogar einen eigenen Weinkeller, in dem der Rotwein natürlich auf der Backbordseite gelagert wurde, so wie sich das bei einem ordentlichem Segelschiff gehört.

Jeden zweiten oder dritten Tag machten wir einen *sunset cruise* und das Geschäft ging so gut, dass wir das anfallende Bargeld bald auf die Bank trugen. Mit Christina hatten wir die *Korean Connection,* um die uns jeder beneidete. Aber auch die Marina begann größere Gruppen an TABOO III zu vergeben, so fuhren wir für einige Tage zehn ausgesucht schöne Mädchen aus Taiwan spazieren, die für internationale Bademoden auf TABOO III Modell standen. Hier lernten wir, dass auch diese scheinbar mühelose

170

Beschäftigung in Wirklichkeit knochenharte Arbeit ist. Das fing schon damit an, dass die Mädchen weder frühstücken noch eine Tasse Tee trinken konnten, die volle Blase würde sich zu sehr abzeichnen.

Doch es war nicht alles eitel Sonnenschein, der Neid auf unsere Chartertätigkeit wuchs täglich. Es kam zum Krach, als wir vollbeladen und ohne Motorhilfe bei einem geifernden Jean-François vorbeirauschten und der Sonne nachsegelten. Stunden später, in der Abenddämmerung, schlängelten wir um die FLYING LADY, deren Crew uns gequält zuwinkte, und klaubten die Ankerboje nur unter dem Groß auf. Zugegeben, ein bisschen Show war dabei, aber es war auch eine einmalige Gelegenheit zu zeigen, wie sich ein 18-m-Kat auf einem belebten Ankerplatz bewegen kann.

Obendrein fingen wir noch einen großen Wahoo an der Schleppangel, den ich, als wir wieder zum Essen eingeladen wurden, mit ins Restaurant nahm und zubereiten ließ. Die Koreaner, eine Gruppe von Ärzten und Unternehmern, ließen sich nicht lumpen. Zum Abschied überreichten sie uns eine Schachtel getrockneten Ginseng und eine Literflasche Whisky, der fünfzehn Jahre alt war.

Jean-François und auch Wendy, die aber während seiner Ausfahrten immer an Land weilte, es war ja schließlich »seine Arbeit«, machten natürlich ein Mordsgezeter bei der Marina. Aber Tatsache war, dass niemand ein Alleinrecht auf die *sunset cruises* besaß.

Angeregt durch unsere Aktivität am Ankerplatz wollten auch Peter und Anne mitmischen. FLYING LADY konnte noch mehr Leute als TABOO III unterbringen und vielleicht war das eine Gelegenheit, die letztlich erlittenen finanziellen Verluste wettzumachen? Dass diese *sunset cruises* ein Kinderspiel waren, wurde ihnen ja alle paar Tage vorexerziert. Unter großer Fanfare organisierten Peter und Anne eine Probefahrt, zu der über fünfzig Gäste geladen waren. Der qualmende Auspuff störte niemanden, denn es war ja alles, inklusive der zahlreichen Drinks, gratis. Vielleicht hätte Peter den Drinks weniger zusprechen sollen, denn bei der feuchtfröhlichen Heimkehr fuhr er aufs Riff.

Nachdem die FLYING LADY ihre Karten auf den Tisch gelegt hatte, wurde sie ab sofort von Jean-François argwöhnisch betrachtet. Dieser erste Versuch schlug sicherlich fehl, aber wer sagt, daß es dabei bleiben wird?

Am 9. Juni 1991 brach der Vulkan Pinatubo auf Luzon aus. Nach einer Ruhepause von 611 Jahren blies er sein Überdruckventil ab, spie Lava aus und spuckte Dampf und Asche 15 Kilometer hoch in die Atmosphäre. Fünf Tage später war auch Sabah eingenebelt. Die Sonne verblich zur gelben Scheibe, nahe Inseln verschwanden wie hinter einem Vorhang und die Asche rieselte aufs Deck und brannte beim Segeln in den Augen.

Auf den Philippinen, wo Aberglauben zum täglichen Leben gehört, gaben Zeitungen und auch Stimmen im Parlament Cory Aquino Schuld an dem Vulkanausbruch. Seit ihrem Amtsantritt sei alles wie verhext, das Land würde mehr denn je von Erdbeben und Taifunen heimgesucht, bei denen Tausende von Menschen starben und Millionen obdachlos wurden.

Auch Imelda Marcos hatte eine Meldung aus ihrem Exil in Hawaii bereit: Der Geist ihres 1989 verstorbenen Mannes habe einen Fluch auf das Land geladen, der erst wieder gehoben werde, wenn Ferdinand Marcos in der Heimat bestattet sei. Aber dagegen wehrte sich einstweilen noch Cory Aquino.

Der Vulkanausfall störte das Geschäft mit den *sunset cruises,* doch uns scherte das nicht weiter. Unsere Aufenthaltsgenehmigung war wieder einmal abgelaufen und so pflügten wir bald mit dem Südwestmonsun im Genick die Küste von Sabah hoch.

Traurig ließen wir diesen Platz zurück, denn Mimmi, seit dreizehn Jahren unsere Bordkatze, mussten wir zurücklassen. Sie hatte in letzter Zeit einen sehr schlappen Eindruck gemacht. Wir dachten, es wäre das Alter, ließen aber trotzdem einen Tierarzt kommen. Dieser stellte eine Art von Katzenleukämie fest, die in Sabah durch Stechmücken übertragen wird. Er gab ihr Spritzen und eine 20-prozentige Überlebenschance. Sechs Stunden später machte sie einen letzten Schnaufer und war tot. Ich gab ihr ein sofortiges Seemannsbegräbnis in der Nacht, während Vaitea noch schlief.

Die Tubbataha-Riffe liegen so ziemlich inmitten der Sulu-See. Je näher wir kamen, desto mehr drehte der Wind, bis er schließlich nordöstlich war.

Die beiden riesigen Riffe hatten fast Atollcharakter mit ihren seichten Lagunen, in die es jedoch keine Einfahrten gab. Doch bei ablandigem Wind konnte man sich mit zwei Ankern an das Außenriff klammern. Wir besuchten erst eine kleine Sandbank und später das North Island, das von einer Vogelkolonie bevölkert ist. Ärgerlich umschwirrten uns die Blau- und Gelbfußtölpel, die in uns sicherlich Eier stehlende Fischerleute vermuteten.

Das Wasser war teilweise so klar, dass man über 20 Meter in die Tiefe sehen konnte, einfach ideal zum Tauchen und Harpunieren. Wir wären noch länger geblieben, doch am folgenden Morgen wurde ein zackiges »Anker auf«-Manöver nötig, als der Wind plötzlich auf Nordwest drehte.

Über die Cagayan-Inseln segelten wir weiter nach Cebu und Bohol, wo wir TABOO III in der Obhut von unserem Freund Heinz Kuntzemann zurückließen.

Gerti war schon sieben Jahre und Vaitea überhaupt noch nicht in Österreich gewesen. Grund genug, dass wir dorthin flogen, um unserem Kind einmal zu zeigen, dass es auch noch etwas anderes gibt als ihr gewohntes Leben. Ihr Daheim war TABOO III, das Meer, Inseln unter der Tropensonne und Eingeborene mit brauner Hautfarbe in allen Schattierungen. Eis kannte sie natürlich, aber Schnee war ihr kein Begriff. Es versprach interessant zu werden.

In Österreich erlebten wir das Ende eines herrlichen Sommers, der dann fast nahtlos in den Winter überging. Vaitea hätte fast ihren ersten Schnee verschlafen, während wir über irgendeinen Pass in den Hohen Tauern fuhren. Im Tal hatte es noch geregnet, aber in über 1000 Meter Höhe blies es riesige Schneeflocken gegen die Windschutzscheibe. Unser Kind war begeistert, als wir es aufweckten. Später hatten wir Mühe, sie wieder ins Auto zu kriegen. In Salzburg hatte sie dann mehr als genug Gelegenheit, im Schnee zu spielen.

Es folgte Weihnachten mit einem 3,60 m großen Christbaum, auch was anderes als die Miniaturausgabe aus Plastik, die wir an Bord verwendeten.

Aber dann waren wir alle drei gedanklich wieder auf unserem Schiff und es dauerte nicht lange, bis wir wieder im Flugzeug saßen. Umso mehr, als kurz vorher das Fernsehen über einen schweren Taifun auf den Philippinen berichtete, bei dem in Ormoc 6000 Menschen ums Leben kamen. Ormoc ist keine 50 Seemeilen von Jao Island entfernt, wo wir TABOO III zurückgelassen hatten.

Zwischenspiel

Interlude auf den Philippinen

Während unserer Abwesenheit war Imelda Marcos unter dem Jubel von Tausenden Anhängern in ihre Heimat zurückgekehrt. Mit Tränen in den Augen betrat sie nach sechs Jahren Exil wieder philippinischen Boden und mietete sich zunächst für 2000 Dollar pro Tag im luxuriösen Plaza-Hotel in Manila ein. Die »Mutter der Nation«, wie sie sich selber bezeichnete, beteuerte, keine politischen Ambitionen zu haben. Sie wollte nur den einbalsamierten und gleichzeitig tiefgefrorenen Leichnam ihres Mannes in seiner Heimatprovinz bestatten.

TABOO III hatte die Orkane der letzten Monate schadlos überstanden, lediglich die alten Batterien konnten die Maschine nicht mehr starten. Heinz zog uns daher mit seinem *banca* aus der Lagune, und am folgenden Tag schlängelten wir an den vielen Riffen vorbei in die Camotes Sea. Mit dem ersten Licht und der letzten Nachtbrise segelten wir in die Bucht von Carmen und ankerten unweit der Stelle, an der wir Taifun MIKE abgewettert hatten.

Dieser Platz wird auch häufig von Kommunisten frequentiert. Schon bei früheren Gelegenheiten konnten wir nächtliche Landungen der *New People's Army* (NPA) beobachten. Kleine, unbeleuchtete Boote schlichen sich in mondlosen Nächten durch die Einfahrt, luden Personen und Waffen am Strand aus und waren vor Tagesanbruch wieder über dem Horizont verschwunden. Die schmale Landzunge war ein idealer Umschlagplatz, der vom Festland aus nur über unwegsames Gelände zu erreichen war. Dafür aber hing im Büro des Polizeichefs eine riesige Wandkarte mit Vorhang, die die Sympathisanten der Kommunisten im Raum von Carmen anzeigte. Jedes dritte Haus in der Umgebung war infiltriert und die roten Flecken reichten bis in die Stadtmitte. Über dieser Angst einflößenden Karte stand dick *top secret*, was sich mit dem ständig beiseite gezogenen Vorhang nicht so ganz vereinbaren ließ.

Der NPA auf Cebu ging es ähnlich wie den Orang Utans in Sabah. Auch sie wurde durch das Abholzen mehr und mehr ins Hinterland verdrängt, denn nur in den bewaldeten Bergen waren sie vor den ständig patrouillierenden Militärhubschraubern mit fix montierten Maschinengewehren sicher. Noch vor wenigen Jahren war dieser bewaffnete Arm der KP eine der gefürchtetsten und schlagkräftigsten Guerilla-Armeen in ganz Asien, doch mit dem Zusammenbruch des Kommunismus im Ostblock begann die ausländische Finanzhilfe zu versiegen. Zur Zeit hielten sie sich mit Überfällen auf Banken und Bürgermeistereien über Wasser und hatten bereits jeder Stadt zwischen Cebu City und Carmen einen Besuch abgestattet.

Wir betrachteten die NPA als keine besondere Gefahr, aber die korrupten Militärkontrollen auf dieser einzigen Küstenstraße nach Norden waren manchmal eine Belästigung. Auf der Suche nach Rebellen halten sie oft alle Fahrzeuge an und haben dabei schon manch einen Ausländer um seine Brieftasche erleichtert. Mehr als einmal begegneten wir nachts einem der breitspurigen, offenen Armeefahrzeuge, die ohne jegliche Lichter waffenstrotzend mitten auf der Straße dahinrasen und sich einen Teufel darum scheren, wer sonst noch unterwegs ist.

Von Carmen aus konnte man wenigstens unbesorgt mit dem *Jeepney* in die Stadt fahren, auch wenn es knappe zwei Stunden dauert und die Basstöne der Lautsprechermusik bis ins Knochenmark dringen. Wir fanden es immer wieder aufs Neue verblüffend, wie die Filipinos trotz der Rüttelei und des Krachs nach kurzer Zeit ein Nickerchen machen. Sie verwenden sich gegenseitig als Stütze, aber das ist bei der sardinenmäßigen Einschlichtung der Passagiere auf den zwei Bänken in Fahrtrichtung fast Pflicht. Zur Mitte hin kann niemand kippen, denn da sitzen weitere Fahrgäste auf behelfsmäßigen Stockerln. Viele dieser für die Philippinen typischen Fahrzeuge sind undefinierbaren Alters. Fällt irgendein Teil ab, wird es wieder drangeflickt. Abgesehen davon, dass die Jeepneys durchwegs mit Höchstgeschwindigkeit dahinrasen und manchmal im Straßengraben landen – denn je mehr Fahrten in einen Tag hineingequetscht werden können, desto mehr Gewinn –, droht eine weitere Gefahr: Gerti bemerkte auf einer Fahrt, wie ein Mädchen gegenüber plötzlich einen irren Gesichtsausdruck bekam, auf sie losstürzte und über ihre Schulter zum Fenster hinaus erbrach. Es war der einzige mögliche Platz, denn umdrehen konnte sie sich nicht. Kleinkinder sind allerdings nicht so rücksichtsvoll.

Nichtsdestoweniger lohnte sich die beschwerliche Anreise. Innerhalb von zwei Stunden hatten wir aufpolierte Zähne und Gerti war um einen kleinen dunklen Hautfleck auf dem Rücken leichter. Der letztere Eingriff war eine Art Vorsorge, wer trägt schon gerne so was mit sich rum? Wir machten uns auch keine besonderen Gedanken, aber eine Woche später, als Gerti nachfragte, sah die Welt plötzlich anders aus. Die Ärztin hielt nicht viel von dem Befund. Er stammte nicht von dem regulären Pathologen, sondern von seiner Aushilfe und lautete außerdem auf ein bösartiges Melanom. Aber die Dermatologin war felsenfest davon überzeugt, dass es keines war. Auf Gertis Frage, wie lange sie noch leben würde, gesetzt den Fall, antwortete sie: es kommt darauf an, drei Wochen oder etwas länger. Diese nicht gerade aufbauende Information bekam Gerti am Telefon in einem belebten Einkaufszentrum serviert.

Als wir tags darauf die Ordination aufsuchten, hatte Frau Dr. Ong bereits ein neues Gutachten griffbereit: Nicht bösartig. Einfach großartig, aber was sollten wir jetzt eigentlich glauben? Wir verbrachten die nächsten Tage damit, weitere Experten zu konsultieren, kamen aber auch damit nicht zu einer eindeutigen Diagnose. Außerdem begann sich die Frage langsam zu erübrigen, die drei Wochen waren quasi um. Wir machten mit unserem normalen Leben weiter, kauften Lebensmittel, setzten den Kat auf den Strand und verpassten dem Unterwasserschiff eine Lage Antifouling.

Dann war es auch schon höchste Zeit, unseren Besuch vom Flugplatz abzuholen. Bobby und Carla Schenk waren alte Freunde, mit denen ich 1972 oft einen Ankerplatz im Pazifik geteilt habe, als die Segelszene noch weniger überlaufen war und jeder jeden kannte. Ein Mann wie Bobby Schenk kommt nicht so leicht vom Wasser weg. Nachdem wir einige gemeinsame Erlebnisse, die schon über zwanzig Jahre zurücklagen, aufgefrischt hatten, erzählte er von seiner Absicht, zu Jahresende den Atlantik ohne jegliche Instrumente wie Kompass, Uhr, Sextanten oder elektronische Geräte zu überqueren. Während wir durch die philippinische Inselwelt segelten, kam dieses Thema immer wieder zur Sprache. Wir begannen bald mit Sperrholzscheiben und Schattenstiften zu experimentieren, unsere Breite, 11° bis 12° Nord, entsprach der von Barbados, dem geplanten Ankunftsort. Schließlich konnte ich Bobby nur zustimmen, dass dieses Vorhaben zwar riskant, aber im Bereich des Möglichen war.

Die letzten gemeinsamen Tage verbrachten wir auf einer kleinen Insel am nördlichen Ende von Panay. Der kilometerlange weiße Strand, die schräg am Ufer stehenden Palmen und das klare Wasser ließen Boracay innerhalb von zehn Jahren zu einem Urlaubsziel mit internationalem Flair werden. Wo einst kaum ein halbes Dutzend Fischerleute hausten, stehen jetzt Bungalows, Restaurants und zwei Diskos. Wir lernten auch gleich Hans, einen drahtigen Münchner, kennen, der jährlich gleichzeitig mit dem Nordostmonsun eintrifft, um die folgenden Monate hier zu verbringen und vor allem zu segeln. Als wir bei unserer Ankunft am südlichen Ende von Boracay um die Ecke bogen, kam er mit seinem schnittigen Ausleger-Parau angerauscht, um uns vor gefährlichen Korallenköpfen zu warnen. Er war sozusagen ein »halber« Aussteiger, der zwischen seinen Arbeitsperioden in Deutschland auf dieser Insel eine beneidenswert gute Zeit verbrachte. Um sich einen optimalen Platz am Ufer zu sichern, mietete er mit zwei anderen Freunden ein uriges Strandhaus, vor dem wir gerade ankerten.
Als wir Bobby und Carla von Gertis Melanom-Geschichte erzählten, meinten sie, mit so etwas wäre nicht zu spaßen. Beim Abflug nahm Bobby die präparierte Gewebeprobe mit, um sie zur Sicherheit noch einmal von einem Spezialisten in Deutschland untersuchen zu lassen.
Wir segelten wieder zurück nach Cebu und konnten mit dem gerade beginnenden Südwestmonsun jetzt in der Bucht von Liloan ankern.

Eines Tages bemerkte Gerti, dass wir vom Strand aus fotografiert wurden. Wir fuhren mit dem Dingi an einer anderen Stelle an Land und pirschten uns von hinten an. Tatsächlich, der Mann peilte genau Taboo III an, und als er wieder abdrückte, brüllte ich los und wollte wissen, was er tat. Aus dem schlotternden Kerl war dann nichts Vernünftiges rauszubringen, er behauptete Yachten für einen Kalender zu knipsen, aber weder er noch die Ausrüstung sahen profimäßig aus und sein zerfledderter Ausweis unterstützte auch nicht seine Behauptung. Als ich ihm auf den Kopf zusagte, dass er im Dienst unseres ehemaligen Freundes Peter Wörmer stand, benahm er sich noch verstörter. Es war klar, dass Peter uns liebend gerne etwas angehängt hätte und deswegen krampfhaft nach irgendeinem Beweismaterial suchte.

Wir bekamen Post von Bobby und Carla. Der Pathologe hatte mit dem Präparat nicht viel anfangen können, weil die Schnittstelle auf eine unkonventionelle Art erfolgt war. Er riet auf jeden Fall zu einer weiteren Operation, um mehr des angrenzenden Gewebes zu entfernen.

Mittlerweile hatten wir einen ausgezeichneten Dermatologen kennen gelernt, der jahrelang in den USA studiert und sich intensiv mit Hautkrebs beschäftigt hatte. Er empfahl uns einen Chirurgen, Gerti wurde operiert und dieses weitere Spezimen sofort nach Manila ins Laboratorium geschickt. Eine Woche später war der Befund da: Ein bösartiges Melanom ist nicht auszuschließen, hieß es, und Gerti musste noch einmal unter das Messer. Allerdings zum letzten Mal an dieser Stelle, sagte Dr. Dy nach der Operation. Er hatte in die Tiefe gearbeitet und war am Rückgrat angelangt. Die ursprüngliche Narbe von ca. 2 cm war inzwischen durch eine 12 cm lange ersetzt worden.

Zwei Tage später segelten wir nach Puerto Princesa auf Palawan, wo uns Freunde erwarteten. Eine Depression über Luzon sorgte für frischen Wind in der Sulu-See. Danach waren wir unterwegs nach Norden und erforschten die Gegend um Koron und Busuanga, eine der schönsten Ecken auf den Philippinen. Dort gab es mehrere Wracks aus dem Zweiten Weltkrieg zu betauchen, die in 30 Meter Tiefe lagen. Zwischendurch ankerten wir bei der Insel Koron, die aus der Ferne mit ihren steil aufragenden Felsen schroff wirkt. Erst in unmittelbarer Nähe bemerkt man die malerischen kleinen Strände und Buchten, die senkrechten Klippen und den Dschungel. Die Gegend war durchweg unbewohnt, nicht einmal eine Fliege verirrte sich aufs Boot.

Nördlich davon befindet sich die Insel Busuanga mit dem kleinen Städtchen Coron. Als wir wieder allein waren, versuchten wir von dort aus Cebu City zu kontaktieren, das Resultat des Befundes stand ja noch aus. Aber die Telefonleitung nach Cebu war unterbrochen und dem Telegramm ging es nicht besser, es blieb auf der halben Strecke wegen einer kaputten Telexmaschine hängen. Wir waren in der tiefsten Provinz, aber dafür war die Welt als solche noch in Ordnung: Gerti hatte ihre teuren Sonnengläser in der Bäckerei vergessen und zehn Minuten später wurden sie ihr höflich von einem Jungen überreicht. Dieses Land überraschte uns einfach immer wieder.

Wir kehrten wieder zur Insel Koron zurück und fanden an der Nordseite einen ausnehmend schönen Platz. Mit einen Anker am Riff und dem anderen in 30 Meter Tiefe schwebte Taboo III in dem klaren Wasser förmlich über einem schwarzen Abgrund. Unweit davon befand sich die enge, fjordähnliche Einfahrt zu einem riesigen Becken, das von Steilwänden umringt war. In dem tiefen Taleinschnitt stand ein Haus auf Stelzen, eine der wenigen Behausungen überhaupt. Am Plateau der Insel hausen Negritos, die ursprünglichen Einwohner dieser Gegend, die aber im Lauf der Zeit immer mehr in den Hintergrund gedrängt wurden. Jetzt waren sie vor Belästigungen ziemlich sicher, denn der beschwerliche Aufstieg zu ihnen führte über messerscharfes, ausgewaschenes Lavagestein, in dem Giftschlangen herumkriechen.

Koron war eine herrliche Insel, aber gerade dort hätte es uns fast erwischt. Wir ankerten an der Ostseite, gut geschützt gegen die frischen westlichen Winde. Plötzlich und ohne jegliche Warnung drehte der Wind auf Nord und blies in die Bucht. Zur selben Zeit wurde eine halbe Meile vor uns das Meer weiß. Ich konnte gerade noch die Maschine starten, bevor das von der Oberfläche weggerissene Salzwasser über das Deck fegte und der Anker einruckte, dass mir das Grausen kam. Der Dieselmotor lief zwar, aber wir hätten uns unter diesen Bedingungen nie vorwärts bewegen können. Fünfzig Meter hinter uns befanden sich die sonst so attraktiven, aber in diesem Fall tödlichen Korallenköpfe. Für den Fall des Schlierens hielt ich ein scharfes Messer bereit, um das Ankerseil kappen und sofort Vollgas geben zu können. Der Sturm war nicht direkt auflandig, mit dem etwas seitlichen Einfall hätten wir vielleicht gerade noch den Funken einer Chance gehabt, um den Felsvorsprung im Süden der Bucht zu kratzen.

Zwanzig Minuten später, TABOO III tanzte bereits in den brechenden Wellen, flaute es auf ca. 30 Knoten ab und wir nutzten die Gelegenheit, die Bucht fluchtartig zu verlassen. Dennoch waren wir der Gefahr noch nicht entronnen, denn die tiefen Sturmwolken zogen mit einer rasanten Geschwindigkeit über uns hinweg. Wir verlegten uns zu der nahen Insel Dibatue und ankerten so, dass wir Schutz gegen Norden hatten und auch bei südwestlichen Winden nicht gefährdet waren.

Eines war inzwischen klar: wir waren in unmittelbarer Nähe einer tropischen Depression, die wahrscheinlich gerade ihre Geburtswehen erlebte. Für weitere sechs Stunden blies es noch heftig, doch in der Nacht drehte der Wind dann auf Südwest, die normale Richtung während dieser Jahreszeit.

Wir segelten nach Boracay, um von dort wegen des noch ausstehenden Befundes anzurufen. Im Gegensatz zu Frau Dr. Ong, die keine Scheu hatte, Gerti mitzuteilen, dass sie in drei Wochen tot sein könnte, wollte die Sekretärin keine telefonische Auskunft erteilen. Daraufhin fragte Gerti, ob es irgendeinen Grund gäbe, sofort nach Cebu City zu kommen. Nein, überhaupt nicht, war die Antwort und damit waren auch wir endgültig beruhigt.

Wir blieben noch einige Tage auf Boracay und genossen die Nebensaison auf der Rückseite der Insel. Die Zahl der Besucher auf der Strandseite hatte sich mit dem auflandigen Wind drastisch verringert.

Über die Jahre hat sich auf TABOO III ein gewisser Lebensrhythmus herauskristallisiert. Entweder sind wir auf Kreuzfahrt, das ist gleichbedeutend mit Urlaub machen, und Tätigkeiten wie Schnorcheln, Tauchen und Landausflüge haben absoluten Vorrang. Oder wir sind in einer Periode, in der nur am Schiff gearbeitet wird. Auf die Art kann man mehrere Sachen auf einmal abhaken. Wenn man beispielsweise mit Epoxyd-Harzen herumkleckert oder malt, ist es rationeller, gleich alles zu machen, was ansteht. Also lassen wir erst einige Sachen zusammenkommen, damit sich wenigstens der Arbeitsaufwand lohnt.

Dasselbe gilt auch für den Muschel- und Schneckenhandel, eines meiner finanziellen Standbeine seit mehr als zwanzig Jahren. Diese Tätigkeit wollten wir jetzt für die nächsten zwei oder drei Monate betreiben, denn bei Anbruch des Nordostmonsuns mussten wir Liloan wieder verlassen. Von da aus waren wir in Reichweite der Post, des Faxbüros und der Schneckenhändler auf Mactan. Ein gewisser Vorrat an selbst gefundenen Schalen war immer an Bord. Für mich war es wie Geld auf der Bank oder eher noch wie Wertpapiere, denn bei seltenen Exemplaren steigt und fällt der Kurs je nach Angebot und Nachfrage. Viele dieser Schneckenschalen kaufe ich in Punta Engano, eine Meile von dem Platz entfernt, an dem Magellan von dem Häuptling Lapu Lapu in einer Schlacht besiegt worden war. Das ist zwar schon 500 Jahre und unzählige Generationen her, aber bei dem traditionellen Kindersegen auf den Philippinen ist es durchaus möglich, dass ich mit einem Nachkommen Lapu Lapus um die oft wertvollen Schalen feilschte. Diese kommen durchweg aus einer Tiefe von mehr als 100 Metern und werden mit ausgelegten Grundnetzen gefangen. Eine Methode, die meines Wissens nach nur auf den Philippinen ausgeübt wird.

Die leeren Schalen müssen dann von uns teilweise noch einmal gereinigt, sorgfältig verpackt und verschickt werden. Ein gewisser Büroaufwand war auch dabei, stundenlang klopfte ich diverse Briefe und endlose Listen auf der alten Schreibmaschine heraus. Wochenlang waren wir von einem Wust aus Verpackungsmaterial und Styroporschachteln umgeben. Aber die Bemühungen lohnten sich spürbar, ein ständiger Strom von Päckchen verließ das Schiff.

Zwischendurch bekamen wir eine Einladung von Horst, das Wochenende mit ihm zu verbringen. Der verwitwete Tankstellenbesitzer hatte vor ein paar Jahren im Zuge einer Urlaubsreise seine zweite Frau kennen gelernt. Precy arbeitete damals am Schalter einer Bank in Mindanao. Die beiden verbrachten zuerst eine Zeit lang in Deutschland, verkauften aber später alles und flogen auf die Philippinen. Jetzt lebten sie im Norden der Insel Cebu, in der Nähe der Ortschaft Tabogon, wo Horst ein großes Haus gebaut hatte. Dorthin segelten wir am Freitag, doch da es dunkel wurde, bevor wir den Platz erreichten, tasteten wir uns an die nahe Leuchtturminsel Capitancillo heran, um dort für die Nacht zu ankern. Dieser Umstand ist eigentlich kaum erwähnenswert, sollte aber bald an Bedeutung gewinnen.

Das Haus von Horst liegt direkt an der Steilküste, etwa 30 Meter über dem Wasser. Mit dem Licht des nächsten Morgens platzierten wir TABOO III eine Bootslänge von den Felswänden weg genau über der Riffkante, ein Anker auf drei Meter Tiefe in den Korallen verkrallt, der andere senkrecht ins Bodenlose hängend. Kein Platz für auflandige Winde, aber mit dem Südwestmonsun und der Nachtbrise von den Bergen gerade noch zu verantworten.

Später saßen wir mit Horst und Precy auf der riesigen Marmorterrasse, saugten an einem kalten Drink und genossen den Blick über das blaue Meer hinüber nach Leyte und den Camotes-Inseln.

Eines ist mir im Lauf der Jahre aufgefallen: man kann kaum die Ruhe einer einsamen Bucht genießen, ohne Gefahr zu laufen, dass die nächste vorbeikommende Yacht just neben einem ankert. Die auf den Philippinen lebenden Ausländer haben denselben Herdendrang.

Links neben Horst befand sich das kleine im Bau befindliche Haus eines aus Österreich stammenden Schweden und auf der anderen Seite, etwas tiefer, das Haus eines weiteren Deutschen. Und genau dort ließ sich plötzlich Peter Wörmer blicken, obwohl er mit dem Besitzer vorher nie Kontakt gehabt hatte. Unser Exfreund und zwischenzeitlicher Intimfeind lebte seit kurzer Zeit nicht weit entfernt in für *Americanos* ungewöhnlich einfachen Verhältnissen und versuchte sich mit dem Export von lokal hergestellten Touristenartikeln über Wasser zu halten. Das hinderte ihn aber nicht, uns wieder zu bespitzeln und den Kat zu fotografieren. Nachmittags, als wir gerade an Bord waren, tauchte Inge auf, beäugte uns mit Hilfe eines Fernglases und wandte sich erbost ab, als ihr Gerti zuwinkte.

Wörmer hatte ja auch guten Grund, uns aufs Neue zu verdächtigen: Die aktuellen Zeitungen berichteten über eine wegen Waffenschmuggel von der Coast Guard aufgebrachte lokale Motoryacht. Der Einsatz lief auf Capitancillo Island, und zwar just in der Nacht, bevor wir dort ankerten. Das konnte einfach kein Zufall sein.

182

Noch dazu hatte die *Sun Star Daily* vor kurzer Zeit eine richtig knallige Schlagzeile auf der Titelseite: »Illegale Drogen durch Yachten nach den Philippinen gebracht!«

Der Verbreiter dieser Nachrichten, ein gewisser Rear Admiral Mariano Dumancas, sollte eigentlich wegen bösartiger Dummheit in Frühpension geschickt werden. Der Artikel bestand aus einer Reihe von Unterstellungen, die von »es wird vermutet, könnte passiert sein, angeblich, wahrscheinlich« zusammengehalten wurden. Natürlich konnte er keinen konkreten Fall als Beispiel zitieren, stellte aber abschließend noch einmal seine Intelligenz unter Beweis, indem er behauptete, dass es für die Navy schwierig sei, Drogen auf Yachten auszuforschen, weil sie keine Hinweise hätten.

Am nächsten Tag hatten wir Horst, Precy und seine hausbauenden Nachbarn Wolf und Alma zu Besuch.

Horst hatte vor kurzem einen winzigen Trimaran gekauft und ich hatte Tauwerk, Beschläge, Drahtseile und ein kleines Vorsegel für ihn. Dieses Zeug brachten wir in einem Sack bei Einbruch der Dunkelheit an Land – und wurden natürlich dabei observiert. Weil Horst gerade nicht da war, deponierten wir das Zeug bei Wolf. Die Verdachtsmomente häuften sich. Vor einiger Zeit hatte Wörmer auch Wolf bei der Polizei bezichtigt, Waren aus Singapur ins Land geschmuggelt zu haben. Wolfs Übersiedlungsgut kam nämlich aus Schweden »via Singapore«, wo es umgeladen wurde. Während wir am folgenden Tag das *lechon* genossen, die philippinische Version von Spanferkel, war sich die Nachbarschaft einig, dass Wolf mit diesen Neuankömmlingen mit dem großen Boot wieder mal einen Coup gelandet hatte. Laut Gerüchten waren es Motorräder, die er in Empfang genommen hatte und jetzt in der Höhle unter seinem Haus verbarg. Die Höhle gab es wirklich. Wörmers unbefriedigter Hass auf die Umwelt, der sich hauptsächlich gegen andere Ausländer richtete, machte ihn langsam zu einem gefährlichen Psychopathen. Doch vorerst passierte nichts weiter.

In den ersten Novembertagen waren wir dann wieder unterwegs nach Boracay, um Erik und Lorna Veng zu treffen. Es war derselbe Erik, mit dem ich damals Anfangs 1963 in Westaustralien den Bau von TABOO begonnen hatte. Nur erlitt er sechs Wochen später einen schweren Unfall und schied mit seiner zerschmetterten Hüfte aus dem gemeinsam geplanten Projekt.

183

Während seines monatelangen Spitalaufenthaltes verliebte er sich in eine chinesische Krankenschwester, nahm sie mit nach Dänemark und ließ die Hochzeitsglocken läuten. Über die Jahre baute Erik ein erfolgreiches Unternehmen auf, beschäftigte Aberdutzende von Leuten, wurde wohlhabend und hatte obendrein noch vier Kinder. Doch auch dieses Märchen hatte kein Happyend. Das Geschäft wie auch die Ehe klappten nicht mehr, Verkauf und Scheidung folgten. Kurz darauf heiratete Erik eine junge Filipina, mit der er nun in den Hügeln von Antipolo mit Blick über Manila lebt, und beide haben wieder ein lukratives Unternehmen aufgebaut.

So komisch das klingt, aber dieses Treffen in Boracay war das erste Mal, dass Erik überhaupt an Bord von Taboo III kam. Auch die alte Taboo hat er nur einmal in Dänemark für zwei Stunden besucht, als sie praktisch vor seiner Haustür lag. In all den Jahren war er immer eingeladen, konnte sich aber von seinen Geschäften nicht loseisen. Erst jetzt, wo er nicht mehr ganz gesund war, kam er drauf, dass Geldmachen nicht alles auf dieser Welt ist.

Ein Treffen mit Erik ist immer ein Trip in unsere gemeinsame australische Vergangenheit. Für ihn war es die abenteuerlichste Zeit seines Lebens. Ich traf ihn in Darwin, als ich gerade vom nördlichen Queensland kam, wo ich sechs Monate lang allein Krokodile geschossen und die eingesalzenen Häute verkauft hatte. Gemeinsam schufteten wir im Uraniumbergwerk, ratterten dann über endlose Staubstraßen nach Westaustralien, wo wir am Bau, als Langustenfischer, auf Getreidefarmen und in den Goldminen von Kalgoorlie arbeiteten, um das Startkapital für das geplante neue Leben zusammenzubringen.

Am liebsten erzählt Erik, wie ich ihm in den ersten Wochen des Bootsbaus wutentbrannt eine mit unzähligen Kupfernägeln gespickte Platte Sperrholz nachgeschleudert habe. Glücklicherweise traf ich ihn nicht, sonst hätte er wie ein Fakir ausgesehen. Ich hatte das längst vergessen, aber Erik reibt sie mir bei jeder sich bietenden Gelegenheit unter die Nase. Vielleicht um mich daran zu erinnern, wie schwierig es damals gewesen war, mit mir auszukommen.

Eine Woche später flogen unsere Freunde wieder nach Manila und auch wir mussten weiter. Der Super-Taifun GAY mit der fast unvollstellbaren Windgeschwindigkeit von 170 Knoten (über

300 km/h) näherte sich den Philippinen. Mit 13 Knoten schraubte er sich gegen Westen, während wir selber acht Knoten ostwärts machten. Die Annäherungsgeschwindigkeit war also 21 Knoten, was in 24 Stunden immerhin 500 Seemeilen ausmacht. Das waren die schlechten Nachrichten von WWV in Hawaii.

Die guten waren, dass die Zugbahn drei Grad nördlich von uns verlief, wir befanden uns also nicht im direkten Schussfeld. Ein Abschwenken nach Südwesten war in diesem Stadium höchst unwahrscheinlich.

Trotzdem peilten wir unser reguläres Taifunloch, Carmen auf Cebu, an. Doch schon in der nächsten Nacht war die Gefahr vorbei. GAY hatte die Windgeschwindigkeit auf 100 Knoten gedrosselt, und als er nördlich von uns vorüberzog, drehte der Wind für zwei Stunden auf Nordwest und das Barometer fiel um nur 5 mb. Hätte ich nicht die Wetternachrichten gehört, wäre mir nichts Außergewöhnliches aufgefallen.

In Carmen waren wir nur wenige Tage, stockten Lebensmittelvorräte für die kommende Kreuzfahrt auf und begannen uns ostwärts in den Pazifik zu schlängeln.

Der buck store

Papua-Neuguinea

Der Pazifik atmete wie ein riesiges Tier, das gerade schlief und harmlos war. Die lange Dünung hob und senkte TABOO III regelmäßig, während wir an der dschungelbewachsenen Küste von Mindanao nach Süden segelten. An der Taifunfront war alles ruhig – die Kräfte für die nächste Naturkatastrophe mussten erst wieder gesammelt werden.

In der Nacht brach das Großfall, aber nach dreizehn Jahren Dauerbetrieb ist etwas Schwund durchaus okay. Bis zum nächsten Morgen musste die Dirk das Segel hochhalten und danach winschte mich Gerti in das Masttopp, um das neue Fall einzuscheren.

Die Tage und Nächte flossen ineinander, eine Wache löste die andere ab, und wenn nicht gerade ein Dorado anbiss, dann war es ein Thun; uns war jeder Fisch willkommen, zumindest an der Angel. Dass es auch anders kommen kann, merkte ich an dem lauten Geschrei, das mich in einer Nacht fast vom Deckstuhl kippen ließ. Ich stürzte in die Kabine und sah meine Familie von einem großen fliegenden Fisch terrorisiert. Er hatte sich wie ein Kamikazeflieger durch das offene Seitenfenster katapultiert, Vaitea einen Streifschuss verpasst und danach bei Gerti einen Volltreffer gelandet. Beide schliefen zu dem Zeitpunkt und wussten in der Dunkelheit überhaupt nicht, was mit ihnen geschah. Ich schnappte den herumflappenden, glitschigen Fisch und warf ihn über die Seite, dann kehrte wieder Ruhe ein.

Nach zehn Tagen auf See schoben sich die Ninigo-Atolle über den Horizont. Egal wie lange man segelt, ein Landfall macht immer Freude. Besonders wenn man dort landet, wo man hinwollte. Das war dieses Mal nur mit Umwegen der Fall. Ein Jupiter-Arcturus-Fix vor dem Morgengrauen wies zwar den Weg zu der

Inselgruppe, aber dann mussten wir wieder einige Seemeilen zurück, weil die Einfahrt so versteckt in einer Einbuchtung des Außenriffs lag, dass ich beim ersten Mal vorbeirauschte. Meine einzige Entschuldigung war der große Maßstab der Seekarte, der zwar noch undeutliche Umrisse der ganzen Gruppe, aber keine Einzelheiten mehr erlaubte. Mit dem letzten Licht segelten wir einige Meilen zurück und schlugen einen Haken um das querliegende Riff, das die Passage auf ein Drittel reduziert.

Noch bevor der Anker unten war, begrüßte uns ein Insulaner. In seinem Einbaum brachte er eine große Wassermelone als Geschenk mit. Dieser erste, positive Eindruck sollte sich während der nächsten Wochen auf angenehme Weise verstärken.

William, so hieß der Mann, lebte normalerweise mit seiner Familie in einem Dorf auf der anderen Seite des Atolls, aber auf dieser Seite hatte er seinen Gemüse- und Obstgarten angelegt, weil sich der Boden besser zum Anpflanzen eignete.

Da die Insel nicht permanent bewohnt war, strotzten die Palmen von Nüssen. Und gerade die wurden in großen Mengen gebraucht, um Kokosnussöl herzustellen. Beim Landbesuch am nächsten Morgen lief die Produktion auf vollen Touren. Seine Frau Hilda und auch die Kinder raspelten unentwegt das weiße Fruchtfleisch, Nachschub für den Kessel, in dem es mit Wasser verkocht wurde, bis lediglich Öl übrig blieb. William kam gerade mit frisch gefangenen Fischen zurück. Während seine Frau mit der Zubereitung begann, saßen wir beisammen und plauderten. Wir merkten bald, dass diese Leute mit ihrem abgeschiedenen Los zufrieden waren. Sie waren mit Gartenarbeit, Fischfang und Essenszubereitung ziemlich ausgelastet. Dazwischen wurden Haus und Segelkanu instand gehalten. Für Dummheiten war in dieser Gemeinschaft von Sieben-Tage-Adventisten keine Zeit. Arbeit prägte den Tagesablauf, und wenn es hoch herging, wurde am Abend gesungen. »Nur die Katholiken, die einen anderen Teil der Lagune bewohnen, trinken Alkohol, rauchen und stehlen noch obendrein«, meinte William abfällig.

Jeden Tag liefen die Kinder rund um die kleine Insel und sahen nach, ob der *buck store* eine neue Lieferung erhalten hatte. Es war Williams Ausdruck für den Strand am Außenriff, auf dem täglich Sachen angeschwemmt wurden. Ursprünglich war dieser Begriff eine gängige Bezeichnung für Trödlerläden in Amerika, in denen jedes Stück einen Dollar (= buck) kostete. Alles, was auch nur in die Nähe der Inselgruppe kam, wurde anscheinend von der Meeresströmung erfasst und dort deponiert. Darunter waren durchaus brauchbare Dinge wie Seile, Flaschen, Behälter jeglicher Art und einzelne Gummischlapfen in diversen Größen. Wer Schuhwerk benötigte, musste nur etwas geduldig sein, früher oder später hatte er ein verschiedenfarbiges Paar. Besonders beliebt waren Wrackteile mit Beschlägen oder ganze Baumstämme, die aus dem Fly oder Sepik River stammten. Es war hochwertiges Baumaterial für Häuser und auch Kanus. William hatte schon vor längerer Zeit einen aufgespürt und sofort seinen Namen hineingeschnitzt. Damit gehörte der Stamm ihm, auch wenn er noch jahrelang am Strand herumliegen sollte.

Mittlerweile kündigte Hilda das Mittagsmahl an und es war schier unmöglich für uns, die Einladung abzulehnen. »*The good Lord provides*«, sagte William, reichte uns Blechteller und sprach ein Tischgebet. Wir konnten die riesigen Portionen von Fisch, grünen Bohnen und Kasawa unmöglich aufessen. Aber das spielte keine Rolle, die halb vollen Teller wurden an Frau und Kinder weitergereicht. William, als Mann und Familienoberhaupt, hatte bereits mit uns gegessen.

Bei einem Rundgang auf der Insel kamen wir am Brunnen vorbei, der den Süßwasserbedarf der Familie deckte. Ein dicker Stecken ragte heraus, der es hineingefallenen Ratten ermöglichte, wieder aus dem über zwei Meter tiefen Schacht zu klettern. Danach ging es ins Innere der Insel zur Plantage, die er und andere Dorfbewohner bebauten. Mit Recht war er stolz auf die U-förmigen Kürbisse, Gurken, Bohnen und Tomaten, die zwischen den Bananenstauden und Papayabäumen angepflanzt waren. Daneben befanden sich kleine Felder von Süßkartoffeln und Kasawa. Mit den Fischen aus der Lagune, Hühnern und dem Eigenanbau hatten sie immer genug zu essen.

Am nächsten Tag brauste ein katholisches Ehepaar in einem großen Kunststoffboot an, das ebenfalls aus dem *buck store* stammte.

Es waren Verwandte von Hilda, die mich sofort um Zigaretten baten und fragten, ob ich Alkohol tränke. Es erinnerte mich an die

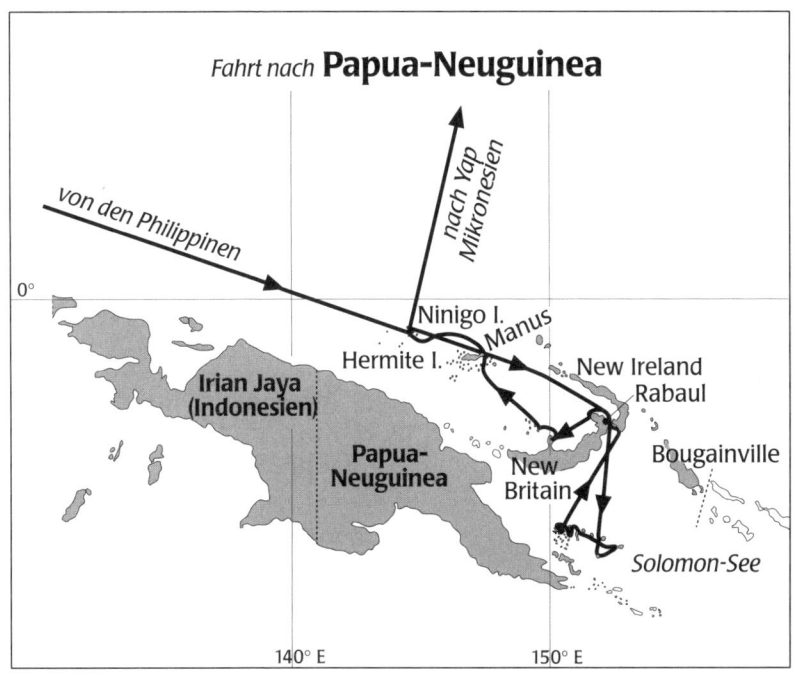

Fahrt nach **Papua-Neuguinea**

von den Philippinen

nach Yap Mikronesien

0°

Ninigo I.

Hermite I.

Manus

Irian Jaya (Indonesien)

New Ireland
Rabaul

Papua-Neuguinea

New Britain

Bougainville

Solomon-See

140° E

150° E

Worte von William, aber es sollte noch schlechter kommen. Bei ihrer Abreise nahmen sie eine Henne mit, die in ihrem Käfig am Strand stand. Die Aktion ging so flüssig über die Bühne, dass wir selber es kaum beachteten, und William samt Familie arbeitete sowieso schon wieder fleißig im Garten. Als sie zurückkamen, schleppten zwei Kinder einen Termitenbau an. Der Einfachheit halber hatten sie den großen Brocken mit einem Stecken durchbohrt, um ihn auf den Schultern tragen zu können. Frischfutter aus dem Urwald für die Hühner! Es konnte nicht weglaufen, weil die Termiten das Licht scheuten. So kann jeden Tag aufs Neue eine Scheibe abgeschnitten werden. Das Federvieh gackerte aufgeregt, pickte die weißen Maden heraus, ließ jedoch die schwarzen Soldatenameisen in Ruhe. Zu diesem Zeitpunkt ging natürlich das entführte Huhn ab und die Geschichte flog auf. »Da, was hab ich euch erzählt, die Katholiken trinken und stehlen«, schimpfte William.

Schon den ganzen Tag brachen sich Wellen am Ufer in der Lagune, der Schwell konnte ungehindert bei den zahlreichen Öff-

189

nungen im Außenriff hereinrollen. »Morgen kommt der Westwind zurück«, kündigte William an, obwohl noch eine laue nördliche Brise durch die Palmen raschelte. Mir wäre lieber gewesen, er hätte das »Morgen« weggelassen, vielleicht hätten wir uns dann früher verlegt. Um Mitternacht, als TABOO III bereits auf und ab tanzte, war es dafür zu spät.

Mit dem ersten Licht segelten wir tiefer in die Lagune und fanden eine unbewohnte Insel, die so klein war, dass wir sie in fünfzehn Minuten umwandern konnten. Wir schnorchelten zuerst in dem klaren Wasser und suchten später bei Ebbe am Riff nach Schnecken und Muscheln.

In einer Gegend, die man noch nicht kennt, ist diese Tätigkeit umso interessanter, weil man nicht weiß, was es überhaupt zu finden gibt. Da geht es weniger um die häufigen Arten, die überall im Indo-Pazifik anzutreffen sind, sondern um Exemplare, die entweder selten sind oder nur begrenzt in einem gewissen Gebiet auftreten. In beiden Fällen handelt es sich dann um begehrte Sammelobjekte, denn allein Angebot und Nachfrage bestimmen den Marktwert.

Doch der Status einer Muschelschale kann sich praktisch über Nacht ändern. Ein gutes Beispiel dafür ist die kleine Kauri *Cypraea caput draconis*, die nur auf der Osterinsel vorkommt.

1972 sammelte ich bei meinem Besuch einen größeren Posten, den ich in Tahiti Gewinn bringend verkaufen oder gegen andere Schalen eintauschen konnte. Bald danach begann Chile einmal wöchentlich Tahiti anzufliegen, mit Zwischenstopp auf der Osterinsel. Sofort ließ sich ein findiger Muschelhändler auf Tahiti einen Sack der besagten Kauris kommen und der Preis für die Schalen begann weltweit abzusacken.

Für mich war und bleibt das Sammeln und Tauchen nach Muscheln eine Lieblingsbeschäftigung, die mich gleichzeitig im Anfang jahrelang finanziell über Wasser gehalten hat. Eine Art von moderner Schatzsuche, bei der man wahrscheinlich mehr Chancen hat, fündig zu werden, als bei alten Wracks, die man erst aufspüren muss.

Zwei Tage später segelten wir zu der Insel Chau, auf der Williams Familie Kokosnüsse zu Öl verarbeitete. Dort trafen wir auch seinen Onkel Mark, der zur Zeit nur eine Gummisandale aus dem *buck store* trug, für die zweite stand er auf der Warteliste.

William zeigte mir seine selbst gebaute Gummizugharpune aus Holz. Ich finde es wirklich beeindruckend, wie sich diese Menschen selber helfen können, aber den Vogel schoss er mit der Taucherbrille ab. Aus Fensterglas hatte er in Kleinstarbeit mit der Zange eine ovale Form herausgebrochen und die Kante auf einem Stein glatt geschliffen. Darüber stülpte er ein Stück eines Autoreifenschlauches, das mit einer Niro-Schlauchklemme an das Glas gepresst wurde. Den Schlauch schnitt er dann auf seine Gesichtsform zu. Alles außer dem Glas stammte natürlich wieder aus dem *buck store*.

Nachdem das Plansoll an Kokosnussöl erfüllt war, lud uns William ein, nach Pihun zu kommen, seinem Dorf an der Südseite des Atolls.

Es war Freitag und keine Zeit zu verlieren, denn am folgenden Tag, dem Sabbat, durfte weder gekocht noch durften Kanus über das Wasser bewegt werden. In totaler Flaute tuckerten wir über die Lagune mit dem Kanu im Schlepptau. William musste das schwere Auslegergefährt mit einem Paddel steuern, der Rest der Familie machte es sich auf TABOO III gemütlich. Seine Frau brachte vorsorglich Proviant für die Zwei-Stunden-Fahrt mit und vorher hatte uns noch Hilma, die vierzehnjährige Tochter, mit einer Ladung von Trinknüssen eingedeckt.

In Pihun angekommen, wurde sofort der Erdofen angeworfen. Im Pazifik gibt es mehrere Varianten davon und ich war neugierig auf den Ninigo Style: Auf Brennholz und halbe Kokosnussschalen legte Hilda Steine vulkanischen Ursprungs, die nur für diesen Zweck von den nahen Hermite-Inseln importiert wurden.

Als dann das Feuer richtig brannte, häufte sie weitere Schalen auf die Steine. Rund zwei Stunden später wurden noch nicht verbrannte Holzstücke entfernt, das in Bananenblätter gewickelte Kochgut auf die heißen Steine gelegt und mit weiteren Blättern zugedeckt. Eine Lage Sand obendrauf bildete den luftdichten Abschluss dieses Erdofens. Es war wie ein primitiver Druckkochtopf, der ohne weitere Betreuung vor sich hin schmoren konnte.

Der nächste Morgen begann mit einem ausgiebigen Frühstück aus dem Erdofen, danach folgte der obligatorische Kirchenbesuch. Vaitea ging mit den anderen Kindern in eine kleine Kapelle, wir mit den Erwachsenen in das hölzerne Hauptgebäude, dessen aufrechte Streben aus dem *buck store* stammten. *»The good Lord provides ...«,* wie William so treffend festgestellt hatte.

Der Sieben-Tage-Adventismus dieser kleinen Gemeinde war der Kitt, der sie zusammenhielt und ein friedliches Zusammenleben ermöglichte, was in Papua-Neuguinea (oder kurz P.N.G.) nicht immer die Regel ist. Wie anders es auch zugehen kann, erzählte uns William eines Abends.

So gab es auf der Insel Ahu, etwas weiter südlich, erst kürzlich zwei Todesfälle. Ein Mann wollte in das Haus eines Mädchens eindringen, auf das er es abgesehen hatte, und wurde schon vorher durch den Bambusrost des Fußbodens von einem Verwandten harpuniert. Obwohl der Pfeil tief in der Brust steckte, konnte er sich nach einem kurzen Kampf losreißen und fliehen, lag aber am nächsten Morgen steif neben seiner noch brennenden Taschenlampe.

Ein anderer junger Mann spottete über den Unglücksvogel, der keinen Stil hatte; zwei Tage später war auch er tot. Seine Idee war, mittels einer Leiter zum Ziel seiner Wünsche im ersten Stock zu gelangen. Nur hielt ihn das Mädchen fest, als sie aufwachte und eine Hand auf ihrem Oberschenkel spürte. Dazu muss man bemerken, dass diese Frauen von Jugend auf schwer arbeiten. Sie können nicht nur Palmen hoch-, sondern auch in die Kronen klettern, was wirklich Kraft in den Armen erfordert. Das Mädchen rief seine Schwester zu Hilfe und im Handgemenge fiel der Eindringling aus dem Fenster und blieb leblos liegen. Zumindest ist das die offizielle Version. Unklar blieb, wie er dabei zu einer Stichverletzung gekommen war.

Nur der erste Fall hatte ein polizeiliches Nachspiel. Die Leiche wurde exhumiert und der gefundene Widerhaken diente als Beweisstück bei der Gerichtsverhandlung. Der Schütze bekam vier Jahre aufgebrummt, die er momentan im Gefängnis von Rabaul absitzt.

Bei uns wurde zu Mittag fröhlich weitergegessen. Der Sabbat stand anscheinend unter dem Motto »Ja nichts arbeiten, aber dafür umso mehr futtern«. Es gab *ball ball*, die Bezeichnung stammte eindeutig aus der deutschen Periode, kleine Knödel aus Kasawamehl. Dazu geräucherten Fisch, natürlich alles schon am

192

Vortag zubereitet. Als Nachtisch reichte Hilda Bananen, die in Kokosnusscreme und Zucker ebenfalls im Erdofen geschmort hatten.

Für den Nachmittagskaffee übersiedelten wir mit Williams Familie auf TABOO III. In kluger, wenn auch nicht religiöser Voraussicht hatte Gerti vorgebacken und reichte ebenfalls einen Kuchen, der so begeisterten Anklang fand, dass er zur Gänze weggeputzt wurde. Vaitea bot Süßigkeiten an und war schwer erstaunt: »Mami, Papi, die Kinder essen die Zuckerln mit dem Papier!«, rief sie verwundert. Weil die Süßigkeiten aufgrund der hohen Temperatur etwas mit der Verpackung verklebt waren, steckten Mason und seine Geschwister sie als Ganzes in den Mund, lutschten herum und spuckten dann das, was von dem Papier noch übrig war, diskret in die Hand. Und warum auch nicht? Auf Ninigo werden ganze Fische genauso gegessen. Herzhaft wird in sie hineingebissen und Fremdkörper wie Schuppen oder Gräten beim Kauen aussortiert.

Am nächsten Tag lichteten wir wieder mal den Anker. Vaitea weinte, als wir aus der Lagune segelten, ihre kleinen braunen Freunde fehlten ihr bereits. Zum ersten Mal begriff sie, dass das Segeln ein ständiges Abschiednehmen ist. Aber die Trennung war nicht endgültig, nachdem wir eine Schleife durch Papua-Neuguinea gezogen hatten, wollten wir noch einmal bei den Ninigos vorbeischauen.

Außerdem hatte mir William eine Videokamera samt Unterwassergehäuse aus dem *buck store* anvertraut. Sie funktionierte zwar nicht mehr, aber vielleicht konnte ich sie trotzdem für ihn in Rabaul verkaufen.

Vorerst wollten wir uns selbst und die vielen kleinen Atolle in Ruhe genießen. Nicht jede Passage erwies sich dabei als unproblematisch. Als wir beispielsweise nach Heina kamen, war bei ruhiger Wetterlage die schmale Einfahrt über das immer bedeckte Riff von der Saling aus gut zu erkennen gewesen, bei der Ausfahrt sah es allerdings ganz anders aus. Brecher zu beiden Seiten, eine starke Strömung hinaus und ein frischer Südwestwind, der genau in die Lagune blies. Gerti und ich waren uns einig: Wenn es bei unserer Ankunft so ausgesehen hätte, wären wir nicht einmal auf die Idee gekommen, uns da freiwillig reinzuquetschen.

Jetzt waren wir aber drinnen und mussten raus, denn westliche Winde waren normal für Januar und mit jedem weiteren Tag konnte es schlimmer werden. Nach einer letzten Proberunde peilte ich das Nadelöhr an und gab Gas. Der Kat geriet in den Sog der Strömung, wurde in Reichweite der Korallen vorbeigerissen und nach ein paar Sekunden in das tiefe Wasser des Pazifiks gespuckt. Ebenso wie bei der Bootsbewegung dauerte es auch bei dem Adrenalinspiegel eine Weile, bis er sich beruhigte.

Drei Tage später näherten wir uns dem nördlichen Ende von New Britain und der Vulkan auf der Gazelle-Halbinsel wurde unübersehbar. Von Westen her verdunkelte sich der Himmel, Anzeichen weiterer Schauerböen, die uns letztlich mit einer gewissen aufsässigen Regelmäßigkeit überholt hatten. Alle waren bis jetzt kurzlebig gewesen und erreichten maximal 25 bis 30 Knoten. Aber weder das eine noch das andere traf für diese Front zu. Eine Stunde nach Beginn pfiff es uns noch immer schrill um die Ohren und TABOO III jagte mit 15 bis 18 Knoten über eine See, die sich rapide aufbaute. Abfallen war dieses Mal nicht möglich. Erst als wir ins Lee der Crater Peninsula kamen, ging der Wind um einige Oktaven zurück. Um 19 Uhr tuckerten wir in den Simpson Harbour und ankerten beim Rabaul Yacht Club.

Am nächsten Morgen sah ich bei den Behörden vorbei, unsere Papiere waren alle in Ordnung, bis auf die Tatsache, dass wir keine Visa hatten. Ein Anruf in Manila beim Konsulat von Papua-Neuguinea ließ mich auch schnell darauf verzichten. Die 150 Dollar Kosten pro Person wären vielleicht noch zu verkraften gewesen, nicht aber das geforderte persönliche Erscheinen der ganzen Familie und die damit verbundenen Flüge.

Wenn ich schon Geld zum Fenster hinauswerfe, dann wenigstens auf eine Art, die Spaß macht. Schlimmer konnte es in Rabaul auch nicht werden, dachten wir uns, doch wie sich gleich herausstellte, hätte es dort gar nicht besser sein können. Es gab überhaupt keine Probleme, ich zahlte lachhafte zehn Kina pro Person für das Einstempeln und damit war der Fall erledigt.

Rabaul ist die einzige Stadt der Welt, die am Rande eines abgesoffenen Kraters liegt und obendrein von fünf Vulkanen umgeben ist. Einen davon sahen wir schwefelgelbe Wolken ausstoßen, als wir uns dem Hafen näherten. Nicht weit davon lag an Land das alte Wrack eines Schiffes, das während eines Ausbruchs vom Wasser abgeschnitten worden war.

Die Vulkane rund um Rabaul stellen eine zeitweilige Gefahr dar, mit der die Einheimischen zu leben gelernt haben. Jeder Dorfbewohner in der Umgebung weiß heute, wohin er rennen muss, um nicht in einer feurigen Sackgasse zu enden. Aber auch ohne Rabaul war uns bewusst, dass ganz Südostasien noch immer regelmäßig in Bewegung ist. Noch während wir auf den Ninigo-Inseln waren, brach ein Vulkan auf New Briten aus, am anderen Ende derselben Insel, auf der sich Rabaul befindet, und auch auf den Philippinen krachte es. Der Vulkan Mayon im südlichen Luzon spie wiederholte Male Lava aus und tötete knapp hundert Bauern, die auf den fruchtbaren Hängen ihre Felder bestellten, obwohl der abschreckende Ausbruch des Pinatubo nur einige Monate zurücklag.

Wir konnten es damals noch nicht wissen, aber eineinhalb Jahre später, am 19. November 1994, kochte der Hafen und Rabaul versank in Asche. Zuerst brach der Tavuvur, einer der fünf umliegenden Vulkane, aus und dann explodierte ein weiterer am westlichen Ufer des Hafens und spie Asche 10 000 Meter hoch in die Luft. Dieser Übeltäter hieß treffenderweise Vulkan. Glücklicherweise wurden die über 30 000 Einwohner bereits in der Nacht vorher evakuiert. Jetzt, Jahre später, ist Rabaul noch immer unbewohnt.

Doch als wir da waren, war Rabaul eine Stadt, in der sich alles im Zeitlupentempo abspielte. Vielleicht lag es an der schwülen Hitze, vielleicht an dem allgegenwärtigen Betelnusskonsum. Wir sahen einen Mann, der gerade bedächtig aus einem kleinen Minibus ausgestiegen war, zuerst einmal die Straße rauf und runterblicken, wie um sich seiner Position zu vergewissern. Danach suchte er in Ruhe seine Taschen ab, wurde endlich fündig, zählte 30 toi ab und übergab die Münzen dem Fahrer, der währenddessen wie in Trance regungslos über das Lenkrad gebeugt nach vorne gestarrt hatte.

Umso überraschender waren dann die lokalen Radionachrichten. In der Hauptstadt Port Moresby hatten Männer am Markt einige Frauen ausgezogen und sexuell missbraucht. Verantwortlich gemacht wurde der narkotische Effekt des Betelnusskauens und

195

die Regierung zog in Erwägung, den Verkauf dieser aufputschenden Droge zu verbieten.

Tagsüber ist Rabaul vollkommen sicher, die Leute geben bereitwillig Auskunft und grüßen auch freundlich, nur nach Einbruch der Dunkelheit sollte man nicht mehr auf der Straße sein. Zu diesem Zeitpunkt ist die allgemeine Lethargie wieder verflogen, aber als flotter Sprinter kann man sich noch immer in Sicherheit bringen.

Interessant war unsere Bekanntschaft mit Pancho, dem Kapitän des Thunfängers GALEA. Er zeigte uns das Schiff, angefangen von der Brücke bis zu den tiefgekühlten Salzlaugenbehältern, in denen die Thunfische hineingekippt und in Sekundenschnelle tiefgefroren werden.

Anschließend gab es eine Grillerei an Deck. Musik und herrliche Steaks, während die Sonne gerade hinter einem der Vulkane unterging. Einziger Störfaktor waren die drei Polizisten, die am Abend unangemeldet an Bord kletterten, mit einer Schrotflinte herumfuchtelten und vier einheimische Mädchen lautstark vom Schiff scheuchten. Als diese leichten verbalen Widerstand leisteten, wurde er mit Schlägen ins Gesicht rasch beseitigt. Pancho kochte vor Wut, protestierte, war aber machtlos. Er könnte sich zwar gegen diese Behandlung wehren, sagte er, aber dann würden die Polizisten das nächste Mal Rauschgift mitbringen, es gleichzeitig finden und das Schiff an die Kette legen. Dreimal schon kamen sie mitten in der Nacht an Bord, suchten nach Mädchen und wollten Bier trinken. Erst zwei Tage zuvor wurde Pancho nach Verlassen der Disko von rund zwölf Männern attackiert, die ihn wie ein Rattenschwanz verfolgten, als er wieder ins Hotel zurückhetzte.

Von dort forderte er telefonisch Polizeischutz an, um zum Pier zu kommen. Das war um zwei Uhr morgens. Keine drei Stunden später pochten dieselben Männer an seiner Kabinentür. Als sie kein kraushaariges Mädchen in seiner Koje fanden, wiesen sie ihn an, das nächste Mal Bier und Geld bereitzuhalten.

Allein an dieser Episode merkte ich, dass sich in Papua-Neuguinea in den letzten zwanzig Jahren wenig geändert hatte.

Islands of Love

Die Trobriands

Zwischen New Britain und New Ireland schob der leichte Nordwestmonsun TABOO III über die glatte Solomon-See nach Süden. Gerti, Vaitea und ich hielten uns unter Deck auf, Sonne bekamen wir ja auch so genug ab. Plötzlich hörten wir ein dumpfes Geräusch und spürten eine Erschütterung. Ich sauste den Niedergang hoch und warf einen Blick in die Runde: nichts zu sehen – bis sich ein riesiger Baumstamm zwischen den beiden Rümpfen ausfädelte, der schier kein Ende nahm. Er war ungefähr so lang wie TABOO III und knappe zwei Meter im Durchmesser.

Wir waren genau in der Längsrichtung über diesen hölzernen Koloss gesegelt, aber zum Glück nicht mittig, sonst hätte nämlich die eine hochragende Wurzel den Unterwasserantrieb abrasiert, der in Segelstellung etwas in den Tunnel zwischen den Rümpfen ragt. So verpasste sie nur der Unterseite des Brückendecks einen leichten Schlag, die Delle fand ich später am nächsten Ankerplatz.

Zu welchem Horror so ein Zusammenstoß werden kann, erzählte uns später der Schweizer Andy Weber in Singapur. Wie wir hatte auch er seinen Katamaran aus Holz und Spanplatten selber gebaut, aber nicht auf den Philippinen, sondern in Trengano, an der Ostküste von Malaysia. Die DOUBLE VISION, ein 42-Fuß-Wharram-Entwurf, Marke Capt. Cook, wurde ein solides Schiff und Andy war damit recht zufrieden.

Auf der letzten Fahrt verließ er Malaysia und segelte gegen den Nordostmonsun zu den Philippinen. Der Alptraum begann für ihn, als er benommen am Kajütboden aufwachte, Flammen über das Deck lodern sah und der Kat unbeirrbar mit voller Fahrt in die Nacht hineinjagte. Erst dann wurde Andy klar, dass er durch den harten Aufprall einer Kollision durch die Gegend geschleudert und bewusstlos geschlagen worden sein musste, während in der Pantry das Abendessen kochte. Für eine halbe Stunde versuchte der junge und sportliche Mann zu löschen, der Brand war aber bereits so durch den frischen Wind angefacht, dass er nicht mehr zu stoppen war.

Die Flammen fraßen sich zum Treibstofftank durch und das brennende Benzin lief ins Meer. Der Backbordrumpf brannte bis zur Wasserlinie ab, kenterte, war aber noch immer durch die vorderlichen und achterlichen Netzträger mit dem Rest des Kats verbunden, der daraufhin mit einer Schräglage von ca. 35 Grad schwamm. So verließ Andy sein Schiff und begann zu rudern. Das malaysische Festland lag 30 Seemeilen zurück ...

Andys Tiefschlag erinnerte mich an meinen eigenen Schiffbruch Ende 1974, als ich meinen ersten Kat Taboo auf einem winzigen, unverzeichneten Riff verlor. Damals musste ich ebenfalls 30 Seemeilen zu der nächsten bewohnten Insel rudern.

Das passierte in einem Gebiet, dem wir uns jetzt mit Taboo III rapide näherten. Die jetzige Wettersituation war ein Abklatsch der damaligen, denn der Nordwestwind hatte aufgefrischt und es regnete häufig. Ich wusste nicht, ob dieses beklemmende Gefühl, das ich hatte, von meinen Erinnerungen herrührte oder vielleicht einfach nur die nervenden Baumstämme schuld waren, die Gerti und ich während der letzten zwei Tage regelmäßig gesichtet hatten. Denn eines hatte sich gegenüber der Vergangenheit grundlegend geändert: das Kartenmaterial. Auf der australischen Seekarte, die ich jetzt verwendete, gab es eine eindeutige Abgrenzung zu den Gebieten, die nach wie vor unzureichend vermessen sind. Solange man nicht über die gestrichelte Linie segelte, war man vor Überraschungen in Form von Miniriffen sicher.

Am späten Nachmittag waren wir in der Nähe der Marshall-Bennet-Inseln und wollten bei Kwaiwata ankern. Niemand an Bord hatte Lust auf eine weitere mondlose Nacht zwischen den Baumstämmen. Während wir in Lee der Insel entlangfuhren, kam uns ein alter Mann zügig entgegengepaddelt, der uns unbedingt den einzigen guten Ankerplatz zeigen wollte. Dort angelangt, sahen wir mit dem letzten Licht gerade noch die Korallenköpfe knapp unter der Wasseroberfläche, machten einen superschnellen Rückzieher und ließen den Anker weiter draußen auf 35 Meter fallen. Wir waren zu müde, um uns aufzuregen oder weitere Gedanken zu machen.

Am nächsten Morgen sah die Welt wieder besser aus. Unter einer strahlenden Sonne hakten wir die 26 Seemeilen bis zum Egum-Atoll ab, segelten durch die *North Western Entrance* und ankerten vor einem langem Sandstrand. Ein paar hundert Meter weiter befand sich eine malerische Ansammlung von Hütten, deren Dächer fast bis zum Boden reichten. Es dauerte nicht lange, bis einige Kanus zu Besuch kamen. Alle Männer brachten Tauschware mit, Trinknüsse, Schnecken- und Muschelschalen oder Schnitzereien aus Ebenholz. Wir waren schließlich in einer Gegend, wo diese Art von Handel nicht nur gang und gäbe ist, sondern auch von jedem Schiff erwartet wird, das sich in die Lagune verirrt, uns inbegriffen.

Bargeld hatte keinen besonderen Stellenwert, es kam gar nicht die Rede darauf. Vor noch nicht allzu langer Zeit wurde noch Muschelgeld verwendet: kleine, aus roten Muscheln hergestellte Scheiben, die dann aufgefädelt und per Zoll gehandelt wurden. Doch heute waren Taschenlampenbatterien, Seife, Angelhaken oder Fischleinen und dergleichen gefragt. Nachdem wir einige Dinge getauscht hatten, saßen wir noch eine Weile auf dem Achterdeck herum und plauderten. Währenddessen zog ein Bursche eine spitze Bambusnadel aus seinem krausem Haar und stocherte damit in einer eitrigen Wunde herum. Diese unappetitliche Betätigung wurde bald von Erfolg gekrönt. Mit Grunztönen der Befriedigung zog er eine harpunierte fette Made heraus, schnippte sie weg und deponierte die Nadel wieder in seinem Haar. Das reichte uns fürs Erste, wir hatten genug Kontakt mit der lokalen Bevölkerung gehabt. Gerti teilte rasch ein paar Sachen aus unserer Bordapotheke aus und wir schickten unsere Besucher schnell von Bord.

Mit dieser Episode begann der anfängliche nette Eindruck zusehends zu verblassen, umso mehr, als später am Abend Cam, der Madenfänger, sich als Spanner betätigte und Gerti gehörig erschreckte. Sie war gerade im Begriff, sich mit Vaitea hinzulegen, als sein schwarzes Gesicht im Seitenluk auftauchte. Ich war entsprechend erbost und sagte ihm meine Meinung. Trotzdem hatte

Cam den Nerv, kurz darauf noch einmal anzuklopfen und mich um eine Zigarette zu bitten. Damit würde er dann endgültig gehen, versicherte er mir.

Bald darauf verlegten wir uns etwas, um nicht zu sehr in Reichweite der Dorfbevölkerung zu sein. Doch die nächsten Händler ließen nicht lange auf sich warten. Es waren zwei scheue Schuljungen, die für zwei noch zappelnde Langusten nach Bleistiften fragten. Der Zufall wollte es, dass wir knapp hundert Kulis an Bord hatten, und einige davon lösten ein Freudengeschrei aus. Danach kam ein Boot von Egum Island zu uns. Beinahe sofort begannen die jungen Männer über das nahe Dorf zu schimpfen, die Leute würden lügen, stehlen und obendrein nicht einmal ihre Kanus richtig dekorieren. Auf ihrer Insel, Egum, wäre alles besser und wir sollten doch unbedingt dorthin kommen. Doch ich hielt nicht viel von der Route, die sie mir einreden wollten. Laut Seekarte war Egum schon zu erreichen, aber nicht auf dem von ihnen angegebenen Weg. Mehr und mehr erinnerten sie mich an den alten Mann auf Kwaiwata. Auch er hatte zunächst über die Bewohner aller umliegenden Inseln geschimpft und uns danach zielstrebig zum Anker- sprich Schiffbruchplatz gelotst. Eigentlich hatten wir in Erwägung gezogen, nach Egum zu segeln, aber jetzt war uns die Lust vergangen.

Stattdessen zogen wir eine Schleife nach Woodlark, einer größeren Inselgruppe weiter im Osten. Wir waren wieder ein paar Tage für uns allein, bis wir in der Kwaiapou-Bucht einen älteren Engländer trafen, der sich schon vor langer Zeit da niedergelassen hatte. David hatte sich voll integriert. Er lebte mit einer einheimischen Frau, trank, rauchte, kaute Betelnüsse, war immer unrasiert und stand jeden Morgen spät auf. Sein ganzer Stolz war ein kleines Holzschiff, mit dem er früher Diesel und Passagiere zwischen den Inseln herumschipperte, das jetzt aber aufgrund von allgemeiner Morschheit nicht mehr für die Personenbeförderung zugelassen war. Auch David fragte gleich, was wir zum Handeln hätten. Das Kinn klappte ihm runter und seine Hände zitterten noch mehr, als wir ihn aufklärten. Seit Wochen schon hatte er keinen Alkohol gesehen, geschweige einen Tropfen getrunken, und da saß er nun praktisch auf Kisten philippinischen Rums, australischen Weines in praktischer Kartonverpackung und ei-

200

nem edlen Sortiment von schottischem Whisky. Von den unzähligen Stangen Zigaretten gar nicht zu reden.

Jetzt war Davids Lethargie verflogen, er hatte einen Posten geschnitzter Ebenholzfiguren und die wollte er sofort holen.

Während seiner Abwesenheit kamen zwei Männer angepaddelt, die ebenfalls Schnitzereiarbeiten anboten, aber im Gegensatz zu den Leuten vom Egum-Atoll verlangten sie harten Cash. Die eingelegte Perlmutterarbeit stand in einem attraktiven Kontrast zu dem schwarzen Ebenholz, die Qualität stimmte auch, nicht aber die horrenden Preise, die bei 400 und 500 Kinas anfingen (1 Kina = 1 Dollar). Wir sammelten diese Figuren ja nicht aus Verschwendungssucht. Im Gegenteil, sie waren für einen baldigen Wiederverkauf bestimmt, aber ein Gewinn war bei diesen Wucherpreisen nicht möglich. Über die Jahre hat diese Art von Nebenbetätigung nicht unbeträchtlich zur Begleichung unserer Lebenskosten auf TABOO III beigetragen.

Es ist sozusagen eine logische Erweiterung des Muschelhandels, man durfte sich nur nicht scheuen zu investieren und musste gleichzeitig eine Ahnung haben, was sich später für wie viel verkaufen ließ. Gerti hatte sich in dieser Richtung schon während des Baus von TABOO III mit Stickereien und Modeschmuck erfolgreich betätigt.

Mit David war es dann leichter, Geschäfte zu machen. Zwar warf er seine erstklassige Ware, die er wahrscheinlich im Lauf der Zeit relativ preiswert erstanden hatte, teuer auf den Markt, doch wir konterten mit ebenfalls günstig eingekauftem Alkohol, der aber in P.N.G. ein Vielfaches der ursprünglichen Kosten verkörperte. So hatte jeder von uns, was er wollte, billig erstanden. In ein paar Wochen würden jedoch Davids Spirituosen alle sein, während unsere Ebenholzfiguren noch darauf warteten, verkauft zu werden.

Über die Marshall-Bennet-Inseln segelten wir in Richtung der Trobriands weiter, bis wir auf Kitava landeten. Kitava hatte ich von meinem ersten Besuch als eine Insel am Rande der Zivilisation in Erinnerung, aber zwei Jahrzehnte gingen auch hier nicht spurlos vorüber. Damals trugen Männer den üblichen Lendenschurz und Frauen ausnahmslos variationsreiche Grasröcke. Jetzt gehörten sie, von einigen Ausnahmen abgesehen, bereits der Vergangenheit an. Westliche Kleidung war »in«, sie wurde von der Kirche und anderen Hilfswerken kostenlos verteilt. Doch

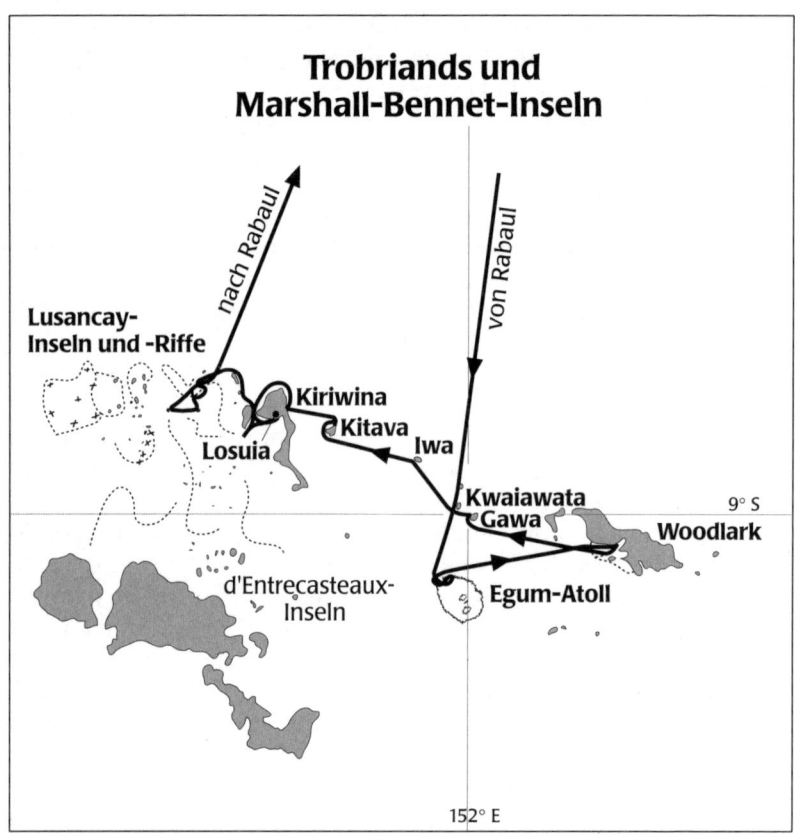

Trobriands und Marshall-Bennet-Inseln

nach Rabaul

von Rabaul

Lusancay-Inseln und -Riffe

Kiriwina
Kitava
Losuia
Iwa

Kwaiawata
Gawa
Woodlark

9° S

d'Entrecasteaux-Inseln

Egum-Atoll

152° E

Kult

schon nach kurzer Zeit sah diese Gebrauchtware noch gebrauch-
ter aus, hauptsächlich weil die ärmliche Bevölkerung der kleinen
Dörfer nicht das Geld hat, Seife oder Waschpulver zu kaufen.
Kurzum, die adretten Grasröcke von einst, die nie schmuddelig
wirkten, sind mitunter von Kleidern oder T-Shirts abgelöst worden, die sonst nur in den Elendsvierteln der Dritten Welt zu sehen
sind.

Dennoch, einen kleinen Lichtblick gab es auch hier: An der
Schule von Kitava wurde ein *traditional day* eingeführt, um das
Brauchtum am Leben zu erhalten. An diesen Tagen tragen Kna-
ben einen knappen Lendenschurz aus breiten Pandanusblättern
und Mädchen nur Grasröcke, sodass auch die jungen Brüste einmal in der Woche nach frischer Luft schnappen dürfen.

202

Nachdem wir aufgrund eines auffrischenden Westwindes unseren Ankerplatz in die Mweuia-Bucht verlegt hatten, wollten wir erst mal in Ruhe frühstücken, als schon die ersten Tauschwütigen ankamen. Ihre pechschwarzen, durchbrochenen und mit Perlmutter eingelegten Phantasiefiguren waren von solch hoher Qualität, dass wir unsere Mahlzeit verschoben. Was Schnitzen anbelangte, waren diese Männer echte Künstler, übertroffen wurde dieses Talent vielleicht nur durch ihre Fähigkeit zu feilschen. Eine Stunde später begannen sich unsere gegenseitigen Preisvorstellungen langsam zu nähern. Mittlerweile hingen drei weitere Kanus am Heck von Taboo iii, alle Männer befanden sich im achterlichen Cockpit und jeder versuchte unsere Aufmerksamkeit auf sich zu lenken.

Wir hatten unser Tauschangebot außer Griffweite im mittleren Decksbereich des Kats aufgestapelt: nicht irgendwelche Gebrauchtware, sondern Bettlaken, noch in der Orginalverpackung des Kaufhauses, bunte T-Shirts, Handtücher, Dutzende Kartons von Markenzigaretten, bedruckte Baumwollstoffe und dergleichen mehr. Burschen, die vorher nur auf bare Münze bestanden, ließen sich bekehren. Trotzdem verliefen die Verhandlungen zäh; die Einheimischen hatten den ganzen Tag zur Verfügung und wir noch nicht einmal gefrühstückt. Deshalb teilte ich einige Zigaretten aus und kündigte eine halbstündige Pause an. Danach stürzten wir uns mit erneuten Eifer in den Kampf, feilschten manchmal gleichzeitig um drei verschiedene Stücke, deren Besitzer ausgerechnet dieselbe Bettlakengarnitur wollten, weil sie mit Bärchen und Luftballons bedruckt war.

Nach einigen Stunden waren wir so gestresst, dass wir die Verhandlungen abbrachen. Zur selben Zeit bemerkte ich, dass meine Gummisandalen fehlten. Sicherlich geschah es während unserer Kaffeepause und ebenso stand fest, dass der Diebstahl nicht unbemerkt passieren konnte, denn stets waren mindestens vier bis sechs Männer auf dem Achterdeck. Also verweigerte ich jede weitere Tauschtätigkeit und setzte gleichzeitig zwei Schachteln Zigaretten als Finderlohn aus. Zwei Stunden später kam ein Mann triumphierend angepaddelt. Er hatte den Dieb am Flugplatz erwischt und ihn kurzerhand aus meinen Sandalen gebeutelt.

Am Abend kam ein junger Mann zu uns, der zur Abwechslung einen bescheidenen Eindruck machte. Für die eher simple

Schnitzarbeit wollte er ein paar Sachen für sein zweimonatiges Baby und ließ durchblicken, dass seine Frau und er auch wenig zu essen hätten. Diese Masche, beabsichtigt oder nicht, verfehlte nicht ihre Wirkung.

Gerti gab ihm Babykleidung, Windeln, Cremes, Seife, Dosensardinen, Reis und zwei der süßen Kürbisse von den Ninigo-Inseln. Selbst Vaitea trennte sich von Spielzeug, denn das »arme Baby« tat ihr leid.

Am nächsten Tag paddelte der Mann den ganzen Weg von seinem Dorf an der Nordseite von Kiriwina, nur um uns eine Yam zu bringen, was uns wirklich überraschte. Wir wickelten noch einige Tauschgeschäfte ab und segelten weiter, bevor der Wind auflandig wehte, denn selbst eine harmlose Strandung kann hier den Totalverlust bedeuten.

In der langen Anflugschneise nach Losuia, dem Hauptort der Trobriand-Inseln, hatten wir aufgrund des Niedrigwassers gerade noch einen Fuß Wasser unter den Rümpfen. Schon beim Näherkommen bemerkte ich, dass auch hier das Wellblechzeitalter begonnen hatte. Wo einst die Einheimischen unter den kühlen Nippa-Dächern hausten, schwitzten sie jetzt unter dem Metall. Die Anhäufung von lieblos zusammengenagelten, rostigen Hütten wirkte wie ein Minislum unter den graziösen Palmen, hinter denen gerade die Sonne unterging. Wir ankerten in der Bucht, nahe dem Steinpier. Irgendwo war schrilles Singen zu hören.

Am nächsten Vormittag besuchte Gerti die nahe *Kiriwina Lodge,* um sich die Schnitzereien im *Handicraft Display Centre* anzusehen.

Auf dem Weg zu diesem Hotel hatte sie bald eine Gruppe junger Männer hinter sich, die beim Näherkommen unmissverständliche Hüftbewegungen machten und dabei grunzende Laute ausstießen, beides perfekt koordiniert. Diese Beschreibung erinnerte mich an längst vergessen geglaubte nächtliche Tänze beim Yam Festival, dumpfe Trommelschläge, die durch den Dschungel vibrierten, und an die jungen Männer und Mädchen, die sich in einer Reihe gegenüberstanden und genau diese Bewegungen durchführten und Brunftschreie von sich gaben, bis sie sich endlich paarweise in den Urwald verdrückten.

Gerti war natürlich durch dieses Verhalten erbost, doch zum

204

Glück kam der australische Besitzer der *Kiriwina Lodge* vorbei, der sie nach ihrem Einkauf durch seinen Fahrer zum Pier zurückbringen ließ.

An ebendiesem Steinpier hatte ich zwanzig Jahre zuvor mein Dingi zurückgelassen, um im nahen *trading store* einzukaufen. Als ich zurückkam, fand ich ein grasberocktes Mädchen darin sitzen, das mir gar keine andere Wahl ließ, als es zum Boot mitzunehmen. So eine Situation wäre heutzutage undenkbar.

Früher standen die Trobriands, die auch die Islands of Love genannt werden, hoch im Kurs der Anthropologen, schließlich ist es nicht uninteressant, die Sexpraktiken eines Naturvolkes zu erforschen, bei dem die Mädchen dazu angehalten werden, möglichst viele Partner zu haben, bis sie Jahre später eine feste Bindung eingehen. Wie sie es allerdings schaffen, während dieser aktiven Periode nicht schwanger zu werden, hat noch niemand herausgefunden.

Nachmittags kamen einige Besucher mit ihren Schnitzarbeiten angepaddelt. Darunter war ein Hocker, dessen Sitzfläche von zwei Figuren gehalten wurde. In der Größe war er gerade richtig für Vaitea, also tauschten wir ihn ein. Danach ließ sich ein junger Mann zu uns rausbringen, dessen Ebenholzarbeit aus zwei sich paarenden Schweinen und einer Schlange bestand. Die Qualität der Schnitzerei war exzellent, aber ich wollte sie nicht. Als ich das zweite Mal ablehnte, drohte er: »Wenn du nicht kaufst, musst du sofort abhauen!« Ich glaubte nicht richtig zu hören, doch er wiederholte seine Drohung. – Und diese Frechheit musste ich mir ausgerechnet auf Kiriwina sagen lassen, einer der wenigen Plätze, die noch von *Chiefs* regiert werden und wo ältere Männer noch Respektspersonen sind. Und ich sah für den jungen Kerl mit meinen fast weißen Haaren bestimmt älter als meine dreiundfünfzig Jahre aus. Ich hätte ihn am liebsten angesprungen, aber er stand in einem labilen Kanu und hielt sich am achterlichen Trampolin fest; seit dem Diebstahl meiner Sandalen durfte ja niemand mehr an Bord. Gerti war im Mittelcockpit und genauso entrüstet. Aber die Trobriand-Inseln sind auch ein Platz, in dem der Glaube an Geister ein fester Bestandteil des täglichen Lebens ist, und dieser Tatsache wollte ich eine neue Dimension geben. »Schalt rasch den Weidezaun ein«, sagte ich zu Gerti. Während sie im Kajütniedergang verschwand, streckte ich beide Hände aus, spreizte die Finger, warf ihm den bösen Blick zu und grollte: »Für diese Unverschämtheit schicke ich dir einen bösen Geist!«

Der böse Geist kam in Form von 7000 Volt über die Nirostange, an der er sich gerade festhielt. Er zappelte kurz, ließ los und hielt sich gleich darauf wieder wegen der Strömung fest – gerade rechtzeitig, um die nächste Ladung abzubekommen. Währenddessen machte ich weiter mit meinen beschwörenden Bewegungen. Jetzt wollte er nichts wie weg, griff nach seiner obszönen Schnitzarbeit und bekam dabei gleich noch einmal einen Schlag verpasst. Zu diesem Zeitpunkt war es für Gerti und mich bereits schwierig, ernst zu bleiben. Er versuchte gar nicht erst, die Liane seines Kanus loszumachen, sondern warf das andere Ende aus dem Gefährt, während sein Freund wie von Sinnen lospaddelte. Zwanzig Meter weit weg sah er sich um. Als ich meine Arme erneut hob, zog er sich blitzartig das Hemd über den Kopf und verblieb in dieser Stellung bis zum Ufer.

Den Weidezaun hatte ich erst kurz vor der Abreise installiert. Damit können die achterlichen und vorderlichen Abgrenzungen des Trampolins aktiviert werden, was aber in keiner Weise offensichtlich ist. Die 7000 Volt, die jede knappe Sekunde entladen werden, geben einen gehörigen, aber ungefährlichen Schlag ab, weil keine Ampere dahinter stecken.

Ich hatte die Anlage an mir selber ausprobiert. Der Stromstoß ist gering, wenn man mit Schuhen in einem trockenen Dingi steht, weil die Erdung durchs Wasser geht, aber wenn man bloßfüßig oder nass ist, ist die Ladung und besonders der Schreck beträchtlich. Die Anlage ist natürlich ideal, um nächtliche, ungebetene Gäste abzuhalten.

Für die nächste Zeit verloren wir uns in den Lusancay-Riffen, einem ausgedehnten Gebiet, das von vielen kleinen und hauptsächlich unbewohnten Inseln geprägt ist. Für das Tauchen und Sammeln von Mollusken stellte es sich als die bis jetzt ergiebigste Gegend auf unserer Fahrt heraus und das musste ausgenutzt werden. Soll die Dritte Welt von Inflation geplagt sein und die EU sich um ein gemeinsames Zahlungsmittel streiten, ich hatte seit Jahrzehnten die »Taboo-Währung« in Form von Schalen an Bord, die früher oder später zu barer Münze gemacht werden konnten.

Gerti hatte ja schon seit über fünfzehn Jahren Routine, aber jetzt begann sich auch Vaitea in zunehmendem Maße für diese Tätigkeit zu interessieren. Mit ihrem kleinen Kübel und Füßlingen stapfte sie bei Niedrigwasser mit uns übers Riff, stieß regelmäßig Schreie aus, kam angerannt und wollte gleich wissen: »Papi, für wie viel kann man die verkaufen?«

»Für nichts«, hörte sie ungern, aber wenn sie mit einer seltenen *Voluta* ankam, die 50 Dollar verkörperte, war sie gleich begeistert. »Aber die gehört mir, die verkaufst du nicht«, sagte sie dann.

Bevor jetzt Umweltschützer die Augenbrauen hochziehen oder gar von einer Plünderung der Riffe sprechen, sollte man zuerst diese private Sammeltätigkeit genauer unter die Lupe nehmen. Wir befanden uns in einem riesigen Gebiet, das zur knappen Hälfte aus lebendigen Riffen bestand. Manche waren kleiner, andere mitunter 10 Seemeilen im Durchmesser und damit ohne weiteres 100 Quadratkilometer groß. Aus meiner Erfahrung weiß ich, dass man mit einer täglichen Sammeltätigkeit kaum mehr als eine Fläche von 100 mal 100 Meter abgrasen kann, immerhin 10 000 Quadratmeter. In Wirklichkeit sucht man aber nicht systematisch jeden Quadratmeter nach einem Rastersystem ab, damit würde auch dieses Hobby nervtötend monoton werden. Man geht und schwimmt, wie es einem gerade gefällt. Wenn man jetzt je zwei Meter links und rechts von sich sucht, muss man zweieinhalb Kilometer zurücklegen, um diese Fläche von 10 000 Quadratmetern überhaupt zu bewältigen. Und das in oft gebückter Haltung auf unwegsamem Gelände oder schwimmenderweise, was noch langsamer vor sich geht. Tauchtechnisch wäre diese Distanz sowieso utopisch. Aber das ändert nichts an der oben angestellten Überlegung: Auch wenn ich weite Strecken zurücklege, suchen kann ich nur in meinem unmittelbaren Dunstkreis, alles andere wird ausgelassen. Abgesehen davon sind viele Mollusken so gut versteckt oder im Sand vergraben, dass sie keine Belästigungen fürchten müssen. Mit einem Pensum von 10 000 Quadratmetern pro Tag könnte man also einen Quadratkilometer in etwas über drei Monaten schaffen. Allerdings nur, wenn man wirklich jeden Tag fleißig ist. Eines der großen Riffe abzusuchen würde demnach fünfundzwanzig Jahre in Anspruch nehmen und für das ganze Gebiet wären mehrere Menschenleben nicht ausreichend.

Auf dem Weg zurück nach Rabaul stoppten wir am südlichen Ende von New Ireland in einer Bucht, die Irish Cove heißt. Es war ein friedlicher Ankerplatz, auf dem wir die scheuen Einwohner erst ansprechen mussten. Aus ihren Gärten brachten sie uns frisches Gemüse und Obst, wir revanchierten uns mit Seife, Angelhaken und Baumwollstoff.

Wer in Rabaul auf erstklassige ärztliche Versorgung Wert legt, ist gut beraten, das von katholischen Nonnen geführte St. Mary Hospital in Vunapope zu besuchen. Auch wir wollten dorthin, denn seit Wochen hatte ich ein tropisches Geschwür an meinem Knie, das trotz Antibiotika nicht wegzukriegen war. Im Gegenteil, es fraß sich in die Tiefe und hatte zahlreiche Ableger rundherum bekommen. Die Einheimischen nannten so etwas treffenderweise »die Krankheit der neun Augen«.

Der amerikanische Arzt ordnete sofort eine Röntgenuntersuchung des Abszesses an, um festzustellen, ob der Knochen bereits angegriffen war. Glücklicherweise war das nicht der Fall, eine zehntägige Behandlung mit einem anderen Antibiotikum sollte die Sache dann in Ordnung bringen.

In der Bismarck-See sahen wir eine riesige Menge Baumstämme, einer davon um die 30 Meter lang mit hochragenden Wurzeln, in denen unzählige Seevögel hausten. Je weniger Fahrt wir machten, desto geringer würde vermutlich der Schaden bei einer Kollision sein. Doch zu der Zeit bestand wohl kaum Gefahr, das erste Etmal seit Rabaul waren magere 30 Seemeilen. Schuld waren der kaum existierende Südostwind sowie eine ständige Gegenströmung. Nur kurze Gewitter während der Nacht brachten etwas Wind, aber gerade dann war die höhere Geschwindigkeit am wenigsten erwünscht.

Eines Tages, die Sonne ging gerade unter, segelten wir langsam durch eine Herde schlafender Pottwale, die sich aber in ihrer Ruhe nicht stören ließ. Wäre nicht das regelmäßige Abblasen gewesen, hätten wir sie für weitere Baumstämme gehalten.

Unliebsame Besucher

Große und kleine Gefahren

Unliebsame Besucher können in Papua-Neuguinea nicht nur in Form von allzu aufdringlichen und rechthaberischen *tradern* oder gar potentiellen Strandräubern an Bord kommen. Gegen diese kann man sich mit wenigen effektvollen Maßnahmen recht gut schützen.

Weit gefährlicher sind hingegen die zumeist unsichtbaren Kleinstbesucher wie Moskitos, die gefährliche Krankheiten übertragen.

Die Willaumez-Halbinsel an der Nordküste von New Britain ist in dem *Lonely-Planet*-Handbuch über P.N.G. so positiv beschrieben, dass wir unbedingt dorthin wollten, wir wollten ja nichts versäumen. Geplant war, mindestens eine Woche in dieser Gegend zu bleiben, die als »abgelegen und wildromantisch« beschrieben wird. Beides stimmte, nur würde ich das »romantisch« weglassen – »abgelegen und wild« trifft es besser. Als wir am Abend ankamen und auf 30 Meter in der Tauwali-Bucht ankerten, empfahlen uns Einheimische einen Ankerplatz, doch wir verließen uns lieber auf unsere Erfahrung. Mit Recht, wie sich am nächsten Morgen herausstellte, als wir genau an der empfohlenen Stelle Brecher sahen – die einzigen weit und breit. Es war schon das dritte Mal, dass so etwas passierte, an Zufall konnte ich nicht mehr glauben. Mittags ankerten wir bei den kleinen Tuare-Inseln, wo uns ein Mann einen Korb voller Gemüse und Obst brachte, das wir gerne für gewünschte Sachen eintauschten. Erst später, als der Besitzer der Insel auftauchte, erfuhren wir, dass unser Lieferant alles aus dessen Garten gestohlen hatte.

Kurz vor dem Dunkelwerden hatten wir dann erneut Besuch. Wir hörten einen Außenborder. Als ich an Deck kam, war ein

Mann gerade dabei, an Bord zu klettern. Ein riesiger Einbaum mit weiteren 10 oder 12 Personen lag längsseits. TABOO III ist nicht leicht zu entern, was auch nicht von ungefähr kommt. Als ich den Kat entwarf, legte ich bewusst keinen Wert auf einen achterlichen Treppenaufgang, der selbst Schwimmern ein leichtes und lautloses An-Bord-Kommen ermöglicht. Auch an den Außenseiten der Rümpfe von TABOO III kann man nicht hoch, da das runde Kajütdach keinen Halt bietet, das Vorschiff bereits zu hoch über der Wasserlinie ist und das achterliche, unter Hochspannung stehende Trampolin sich bestenfalls für kleine Fahrzeuge eignet. Also bleibt für ein größeres Fahrzeug nur die letzte, flache Decksfläche jeden Rumpfes direkt neben der Ruderpinne übrig. Dort ist auch normalerweise eine solide Bordleiter eingehängt, aber die war bereits verstaut. Ein sportlicher Mensch kann sich ohne weiteres von einem niedrigen Boot aufs Deck schwingen, aber unser dicker Besucher schaffte das nicht beim ersten Versuch, und danach stand ich bereits im Weg.

»Haben Sie Erlaubnis hier zu sein?«, schnauzte er mich durch eine Alkoholfahne an. Sich in P.N.G. mit Besoffenen rumschlagen zu müssen, ist schon in Städten gefährlich, in dieser spärlich besiedelten Gegend ohne Polizei umso mehr. Aber soweit war es noch nicht. Die beiden Männer hielten sich zwar an TABOO III fest, konnten jedoch nicht hinauf. Das hätte ich auch um jeden Preis verhindert, notfalls mit Hilfe der griffbereiten Keule, mit der ich normalerweise große Fische besänftige. Seine Frage bejahte ich, ließ ihn aber auch wissen, dass eine Erlaubnis nicht notwendig sei und es außerdem keine Zeit für einen Besuch war, was nur ein blödes »Warum nicht?« zur Antwort hatte. So ging es für einige Minuten hin und her, bis ich ihnen dringend nahelegte, abzuhauen. Daraufhin forderte der Rädelsführer Angelhaken und Benzin, was natürlich nicht in Frage kam. Ein Nachgeben würde sofort als Schwäche ausgelegt werden. Fluchend fuhren sie kurz darauf ab und brausten unter Vollgas die Küste entlang, wahrscheinlich zum Dorf, bei dem sie uns auf das Riff lotsen wollten. Eines war uns klar: Nur weil die Männer nicht gleich an Bord konnten, kam es zu keiner kritischen Situation.

Andererseits ist es aber auch nicht so, dass man sich vor der gesamten Bevölkerung fürchten muss. Während ich am nächsten Vormittag den Bereich des »Weidezaunes« auf das besagte Achterdeck erweiterte, hatten wir ein Gespräch mit einem immens dicken, aber offensichtlich freundlich gesinnten Mann. Er riet uns, den Platz baldigst zu verlassen, denn jedes Fahrzeug, das die Küste entlangfährt, steuert die Inseln an. – Die ganze Halbinsel wusste bereits, dass wir hier ankerten, wir konnten also sehr bald mit einem nächtlichen Besuch und *trouble* rechnen. Ich verschwieg die 7000 Volt, den verriegelten Kajütniedergang und das griffbereite Schnellfeuergewehr. Dennoch war seine Warnung nett.

Auch vor Talasea, einer kleinen Stadt 15 Seemeilen weiter südlich, warnte er uns ausdrücklich. Dort gäbe es ein großes *rascal problem* und nicht einmal er würde sich für seine Einkäufe hintrauen. Damit hatten wir endgültig genug von der romantischen Willaumez-Halbinsel und verließen sie noch in derselben Nacht.

Im St. Mary's Hospital bei Rabaul hatte uns eine deutsche Nonne von der schönen Vitu-Insel erzählt, auf der sich eine katholische Mission befindet. Die Insel ist der Rest eines Vulkans, nur der Kraterrand ragt noch aus dem Meer. Durch eine offene Passage segelten wir am nächsten Vormittag in die fast kreisförmige Lagune und ankerten in der ersten Bucht in der Nähe einiger Gebäude. Wir waren umgeben von fast vertikalen Felswänden, die ab und zu von kleinen Stränden unterbrochen waren. Ebener Grund war eine Seltenheit.

Gleich nach unserer Ankunft kamen schwarze, kraushaarige Kinder mit Orangen, die sie tauschen wollten. Als sie damit Erfolg hatten, brachten sie neben den bestellten Trinknüssen zwei weitere Körbe, die wir ihnen auch abnahmen. Danach überraschte uns der Besuch eines Jungen, der zwar wie die anderen in einem schmalen Einbaum saß, aber hellhäutig und dunkelblond war. Er erzählte uns, dass seine Eltern holländische Missionare seien und hier lebten, um die Bibel in die Sprache der Eingeborenen zu übersetzen. – In P.N.G. gibt es über 800 verschiedene Sprachen.

Nachmittags besuchten wir die Familie an Land. Peter Bachet war Architekt und seine Frau Wiljo Ärztin. Beide hatten ihr Berufsleben in Holland seit Jahren unterbrochen, um diesen Insulanern zu helfen. Gerti und ich fanden das aufopfernd und bewundernswert. Die beiden Kinder betrachteten P.N.G. bereits als ihre Heimat, und alle hatten schon Malaria gehabt.

211

Malaria ist eine der beiden Haupttodesursachen in P.N.G. Durch die jahrelange Krankheit vergrößert sich die Milz enorm und bei einem Sturz, der normalerweise keine Folgen hat, platzt das Organ und die Person verblutet innerlich. Die andere Todesursache sind tropische Geschwüre, die bereits so weit fortgeschritten sind, dass eine Behandlung nicht mehr hilft. Als Wiljo dies erzählte, erinnerte ich mich an meine »Krankheit der neun Augen« am Knie, die trotz der neuen Antibiotika-Kur nicht heilen wollte. Wiljo sah sich das Abszess an, gab mir eine Creme, die zwar brannte, aber eine tiefenreinigende Wirkung hatte, und ein anderes Antibiotikum, auf das ich endlich ansprach. Von da an konnte ich bei der Heilung zusehen.

Jeder, der P.N.G. besucht, sollte sich mit Malaria auseinander setzen. Es kommen zwei Arten vor, Plasmodium vivax und P. falciparum. P. vivax ist die typische Malaria mit wiederkehrenden Schüttelfrösten. Die Parasiten haben die Eigenschaft, sich in die Leber zurückziehen und sich zu einem späteren Zeitpunkt wieder zu reproduzieren. Sie lassen sich prophylaktisch einigermaßen mit Chloroquine in Schach halten.

P. falciparum ist seltener und kann ohne Behandlung innerhalb kurzer Zeit tödlich ausgehen, weil die infizierten roten Blutkörperchen die kleinen Gefäße verengen und dadurch die Blutzufuhr zu Leber, Nieren, Gedärmen und Gehirn drastisch verringert wird. Hier hat es schon Todesfälle unter Yachties gegeben und es kann auch vorgekommen, dass eine Person zur selben Zeit mit beiden Arten infiziert wird. Mit einer kräftigen Dosis von Fansidar (Sulfadoxin + Primethamin) und Quinin lässt sich zwar P. falciparum erfolgreich bekämpfen, aber Fansidar sollte nicht prophylaktisch eingenommen werden, weil eine spätere Behandlung dadurch negativ beeinflusst wird. Abgesehen davon hat es starke Nebenwirkungen.

Auch treten lokale Variationen auf, die im Lauf der Jahre resistent geworden sind. Also muss das, was für eine Gegend gültig ist, noch lange nicht für eine andere stimmen. Die beste Information bekommt man vor Ort, wenn man sich bereits in einem Malariagebiet befindet, und nicht bei einer ärztlichen Beratung weitab vom Schuss, wo schlicht die tägliche Erfahrung fehlt. Was soll man also tun? Das bleibt jedem selber überlassen, aber wir entschieden uns für die folgende Taktik:

212

1. In erster Linie vermeiden, infiziert zu werden.

Das übertragende Anopheles-Moskito ist aktiv in der Morgen- und Abenddämmerung, daher verzichteten wir auf Landausflüge zu diesen Zeiten. Niedergänge und Seitenfenster waren mit Netzen gesichert. Wenn wir an Land waren, benutzten wir *lemon oil*, mit dem wir Vaitea seit ihrer Geburt vor Stechmücken geschützt hatten. Ein Teil dieses konzentrierten Limonengras-extraktes wird mit neun Teilen Öl (z. B. *Baby Oil Light*) vermischt und auf die unbedeckten Hautpartien aufgetragen. Dieses vollkommen natürliche Produkt riecht angenehm und ist verträglich, im Gegensatz zu dem im Handel erhältlichen giftigen Zeug. Bei Landausflügen haben wir immer ein kleines Fläschchen mit dabei.

2. Keine Prophylaxe, aber die entsprechenden Medikamente an Bord haben, um eine Radikalkur durchführen zu können, wenn Verdacht auf P. falciparum besteht. Denn weder in einer einsamen Gegend noch auf offener See besteht die Möglichkeit eines Bluttests.

Mit dieser Taktik sind wir ganz gut gefahren, alle drei sind wir während unseres P.N.G.-Aufenthaltes von Malaria verschont geblieben. Wer vor dem Besuch eines Malariagebietes mehr wissen möchte, sollte sich vielleicht für die Broschüre *International Travel and Health* von der Weltgesundheitsbehörde (WHO) interessieren, die auch ein *Research Centre* in Honiara auf den Solomoninseln unterhält.

Inzwischen kreuzten wir wieder einmal gegen die Strömung und leichten Gegenwind. Ich konnte mich nicht erinnern, wann wir das letzte Mal so geringe Etmale abgespult hätten. 70, 61 und 39 Seemeilen, es war zum Lachen. Doch eines Nachts weckte mich Gerti, sie konnte Guano und einen gewissen Busch riechen, der nur auf niedrigen Inseln wächst. Dies bedeutete, dass entweder ein Kreis- oder Doppelriff in Luv war. Unser Kurs sollte uns zwar 10 Seemeilen östlich davon vorbeiführen, aber anscheinend hatte uns die Strömung weniger versetzt, als ich angenommen hatte. Wenn es ein Doppelriff war, lagen beide in Luv. Sollte es aber ein Kreisriff sein, dann würden wir eines der Riffe direkt voraus oder etwas in Lee haben. Mit dieser Möglichkeit verflog jeglicher Schlaf. Jetzt konnte auch ich den scharfen Vogelmist riechen, der schwadenförmig zu uns getragen wurde.

Die Nacht war zwar mondlos, aber sternenklar, wir segelten also nicht in eine vollkommene Finsternis hinein. Mit dem Fernglas suchte ich die Gegend ab – es war nichts zu sehen und auch nichts zu hören, was fast wichtiger war. Für die nächste Stunde saßen wir beide an Deck und hielten die Augen offen, bis klar wurde, dass jegliche Gefahr vorbei war.

Die nächste Nacht verlief ähnlich. Am östlichen Ende von Manus kreuzten wir zwischen kleinen Inseln durch, die Rambutyo, Tong und Hormo hießen. Nur konnten wir dieses Mal die Inseln sehen, und sobald die Brecher am Riff zu tosen begannen, war es Zeit, auf den anderen Bug zu gehen. Um Mitternacht lag Seeadler Harbour abseits und ein Fix von Venus und Wega vor Sonnenaufgang wies den Weg zu den Hermite-Inseln.

Sie liegen inmitten einer riesigen Lagune, eingeschlossen von einem Riff, das mehrere Öffnungen hat. Wir kamen durch die südöstliche Einfahrt und schlängelten uns zum Dorf weiter. Die Ansiedlung von netten Häusern und sauberen Wegen befand sich zwischen zwei Hügeln auf einem dünnen Streifen Land, mit der Lagune zu beiden Seiten.

Der Platz strahlte einen fast fühlbaren Frieden aus. Kein Wunder, wie auf Ninigo waren die Leute Sieben-Tage-Adventisten, hatten dieselbe positive Lebenseinstellung und zeigten eine von Herzen kommende Gastfreundschaft. Es gab keinen Grund, das Boot zu verschließen oder sich um Vaitea Sorgen zu machen, wenn sie mit den anderen Kindern am Strand spielte.

Mit Stanley und seiner Frau fuhren wir zu einem anderen Teil der Insel, wo sie Sago machen wollten. Diese Palmen wuchsen in einem sumpfigen Gelände, zu dem wir über Mangrovenwurzeln turnten und uns vorsichtig bewegen mussten, um nicht bis zur Hüfte zu versinken. Mit dabei war Felix, ein muskulöser Mann aus dem Hochland von Papua, dessen undurchsichtige Herkunft uns faszinierte. Obwohl er keine Verwandten hier hatte, lebte er seit wenigen Wochen auf den Hermites, konnte sich nur auf Pidgin-English mit den anderen verständigen und war von so einer spontanen Hilfsbereitschaft gegenüber allen, dass er sich bereits großer Beliebtheit erfreute. Nur über das Hochland und von seiner Herkunft wollte er absolut nicht reden. Die Vermutung lag nahe, dass er wegen irgendeiner Geschichte untertauchen musste und dafür waren die Hermite-Inseln wie geschaffen. Die nächsten Behörden befanden sich in Lorengau, der Hauptstadt von Manus, und ohne triftigen Grund kam niemand hierher.

Die beiden Männer fällten kurzerhand eine Sagopalme und klappten die Rinde des Stammes in der Längsrichtung auf, um den weichen Kern freizulegen. Dieser wurde systematisch mit spatenähnlichen Werkzeugen zerbröselt, bis nurmehr ein Riesenhaufen des rosaroten Zeugs übrig war, das sich wie grobe Sägespäne anfühlte.
Danach wurde das Sago in mühsamer Kleinarbeit ausgewaschen und durch einen Mehlsack gefiltert. Übrig blieben drei schwere Säcke reiner Stärke ohne Ablaufdatum, von denen eine Familie mehrere Monate leben konnte. Mit Wasser angerührt und gekocht bildete es eine schwer verdauliche Masse, die zwar den Magen füllt, aber keinerlei Nährwert hat. Das Resultat dieser einseitigen Nahrung sind dann dünnbeinige Kinder mit aufgedunsenen Bäuchen. Die Bewohner der Hermites hatten aber dieses Problem nicht, Sago bildete hier nur einen geringen Bestandteil der täglichen Nahrung. Beim Abschiedsessen mit dem Sohn des *Chief* und seiner Frau bekamen wir den üblichen Fisch, Gemüse und Obst vorgesetzt. Ein Sack Sago, der mittlerweile die Konsistenz von Zement erreicht hatte, wurde uns für Williams Familie mitgegeben. Ich verstaute ihn im Ankerschapp, nachdem die noch immer rausrinnende dunkle Flüssigkeit das Deck eingefärbt hatte.

Mit einem leichten Südostwind segelten wir zu den Ninigos und wurden in Pihun wie alte Freunde empfangen. Williams Freude wurde noch größer, als er erfuhr, dass ich die defekte Videokamera aus dem *buck store* in Rabaul für einen akzeptablen Preis verkaufen konnte. Seine Schwägerin hatte während unserer Abwesenheit ein Kind bekommen und es nach unserem benannt. Wir durchstöberten das Schiff nach weiterer Babykleidung, Seifen und Popocremes und besichtigten Vaitea II. Wenn uns nicht William zum Essen einlud, dann brachte Kenneth frische Fische oder Hilma Trinknüsse vorbei.
Wir hatten vor, noch eine Zeit lang auf den Ninigos zu bleiben, aber machten uns jetzt schon Gedanken, was wir unseren Freunden schenken konnten. Mittlerweile revanchierten wir uns mit Einladungen an Bord, die immer, egal wo, sehr geschätzt werden.

Als der Wind wieder auf Nordwest drehte und damit auflandig wurde, zeigte uns Mark den Weg zwischen Korallenköpfen zu einem ruhigen Ankerplatz zwischen der Insel und dem Außenriff.

Mit dem Dingi erforschten wir die Umgebung. Auf einer nahen, unbewohnten Insel konnte Vaitea am Strand spielen, während wir nackt badeten, was öfter vorkommt, wenn wir allein sind. Nur war es dieses Mal nicht ganz der Fall. Wir wussten nicht, dass Hilma und ihre Freundin auf der anderen Seite der schmalen Insel Brennholz sammelten.

Irgendwann ließen sie ihre Arbeit liegen, schlichen rüber und sahen uns beim Planschen im Wasser zu. Wir hätten nie etwas davon erfahren, wenn sich nicht William und Hilda an diesem Abend selten verstört benommen hätten. Erst dann erinnerten wir uns, dass zwischendurch Vögel in den Büschen aufflogen. – Egal was die Mädchen gesehen hatten, sie konnten es anscheinend nicht für sich behalten und kämpften auch später noch mit der beobachteten Adventistensünde.

Wir verkrümelten uns für zwei Tage, danach konnten wir wieder normal miteinander reden.

In Anbetracht unserer kommenden Abfahrt wurde ein Abschiedsessen vorbereitet, das am Abend unter einem großen Brotfruchtbaum stattfand. Wir saßen an einem gedeckten Tisch, der sich unter der Last der Speisen bog, während eine Gruppe vor uns sang. Salome überreichte mir einen Hut, den ihre Schwiegermutter während der letzten Woche geflochten hatte. Als wir am nächsten Morgen absegelten, winkte uns das ganze Dorf zum Abschied.

39 Überall wo es Fische gibt,
trifft man auch auf Haie

40 Auf Ifalik bekommen wir
wieder eine Katze an Bord

40

41

42

41 Auf Yap tanzen die Männer im Sitzen

42 Das weibliche Geschlecht hat noch eine sehr untergeordnete Stellung

43 Eine alte Kultur zerbröckelt langsam: Kolonia, Yap

44 Das Steingeld auf Yap diente einst als Zahlungsmittel

44

45

45 Beim Kokosnussraspeln hilft die ganze Familie

46, 47 Wir rasen in senkrechte
Wellen. Innerhalb von
Sekunden bricht das Catwalk,
das Trampolin explodiert
förmlich und am Bug klafft
ein riesiges Loch

48 Fischer auf Bali

46

47

48

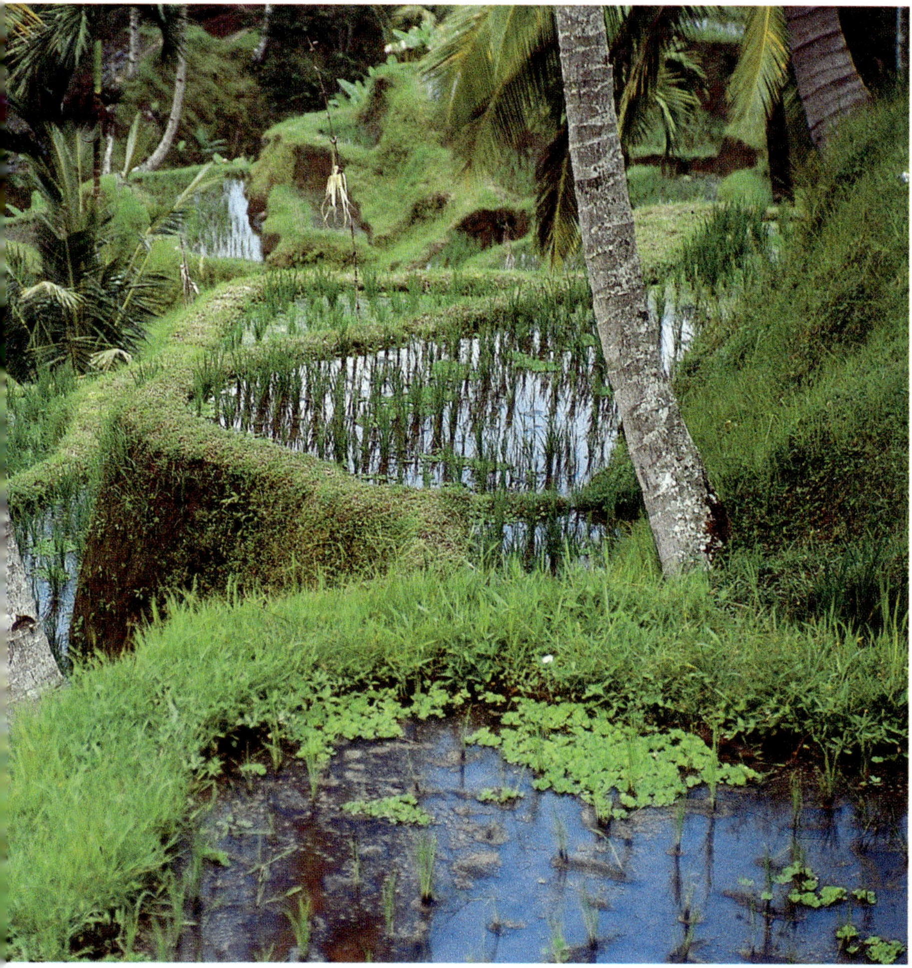

49

50

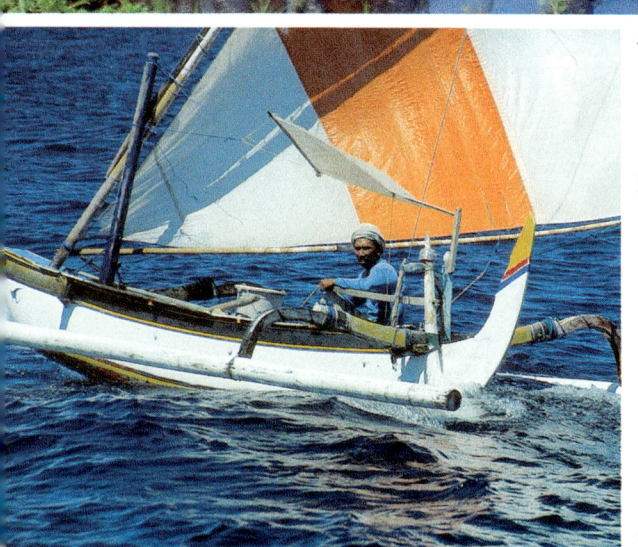

49 Auf Bali rinnt das Wasser über ein ausgeklügeltes System von einer Reisterrasse in die nächste

50 Schnittiges Segelkanu an der Küste von Lombok

51

52

51 Auf den Komodo-
Inseln ist es trocken
und menschenleer

52 Der Glaube hilft, auf
glühenden Kohlen zu
tanzen

53 Einer der „Komodo-
Drachen"

54

54 Die Komodo-Inseln:
   ein Paradies im
   Indischen Ozean

55 Weihnachten an Bord

55

Das verschlampte Paradies

Yap zum Zweiten

Wir verließen das Gebiet der treibenden Baumstämme, segelten nach Norden, überquerten den Äquator und hielten auf Mikronesien zu. Die direkte Route zurück nach den Philippinen, unterhalb des Taifungürtels, wäre bedeutend kürzer gewesen, aber wir wollten noch einmal Inseln besuchen, die wir von vorherigen Besuchen kannten. Wega und Venus wiesen den Weg zu dem Atoll Lamotrek. Wir kreuzten die Lagune hoch und ankerten am östlichen Ende. Die Kulisse schien unverändert, doch beim näheren Hinsehen gab es Unterschiede: Der Baumbestand war merklich schütterer geworden, die Insel glich einem halbgerupften Huhn, am Strand fehlte ein vorher markantes Männerhaus, dafür war weiter südlich ein buntes Planendach zu sehen.

Unser Antrittsbesuch beim *Chief* verlief positiv. Nachdem wir gerade 1000 Kilometer gekommen waren, um alte Freunde zu besuchen, wurde die unsinnige Fünf-Dollar-Ankergebühr pro Tag großzügig gestrichen. Das letzte Mal hätte sie uns fast den Aufenthalt vergällt. Jetzt servierten Mädchen, die nur den selbstgewebten *lava lava* um die Hüften geschlungen trugen, Trinknüsse und legten uns Blumenkränze auf den Kopf.

Im Kanuhaus am Strand trafen wir unseren Freund Joe, der sich sichtlich freute, dass wir ihn gleich nach dem *Chief* aufsuchten. Seit über einem Jahr, erzählte er uns gleich, konnte er seinen 25-PS-Außenborder nicht mehr zum Fischen verwenden, weil der Propeller bei Belastung in der Gummimanschette durchdrehte. Seitdem arbeitete Joe an einem neuen Segelkanu, das erste, das seit langer Zeit wieder auf Lamotrek gebaut wurde. Der Zeitpunkt des Stapellaufs war noch ungewiss, würde aber noch mindestens ein Jahr dauern. Ich reagierte sofort, holte Generator und

Werkzeug von Bord, bohrte Löcher, schnitt Gewinde, passte zwei 8-mm-Bolzen ein und bohrte ein paar Löcher in diverse Harpunenpfeile als Draufgabe. Es zeigte sich wieder einmal, wie hilflos diese Inselbewohner technischen Gebrechen ausgeliefert waren. Auf dem ganzen Atoll gab es weder eine Bohrmaschine noch Bohrer, Bolzen und dergleichen.

Nach getaner Arbeit waren wir zum Lunch bei ihm zu Hause eingeladen, wo es Taro, gebratene Brotfruchtscheiben und Schildkrötenfleisch gab. Das Letztere war für die Leute eine traditionelle Nahrung und willkommene Abwechslung zu dem ewigen Fisch. Es wäre sinnlos gewesen, ihnen zu sagen, dass diese Tiere schon fast überall unter Artenschutz standen.

Seit unserer letzten Begegnung hatten die beiden ein Kind bekommen, das nach dem Taifun OWEN benannt war. Dieser Wirbelsturm verwüstete am 28. November 1990 Lamotrek, nachdem Taifun MIKE die Insel ein paar Tage zuvor verfehlt hatte.

Joe erzählte, dass der Sturm plötzlich und ohne jegliche Warnung um drei Uhr nachmittags über die Insel herfiel. Nur hochgewachsene und gesunde Palmen, biegsam wie Weidenruten, konnten den 150 Knoten widerstehen, alle anderen wurden entwurzelt oder entzweigebrochen. Der Schwell war so riesig, dass er über die Insel in die Lagune rollte.

Einzig die Kirche, ein solides Betongebäude, bot Schutz in dieser Situation. Während die Leute knietief im Wasser standen und der Orkan um sie tobte, wurde Joes Sohn geboren.

Ein paar Stunden später war alles vorbei, aber während der Nacht traute sich niemand mehr raus. Mit der Sonne des nächsten Tages wurde dann erst das Ausmaß der Zerstörung sichtbar. Die Leute standen unter einem lähmenden Schock, der sie auf Hilfe warten ließ. Vierzehn Tage später kam die amerikanische Coast Guard mit Zelten, Lebensmitteln, Dosenfutter und Kochgeschirr aus Edelstahl. Sie räumten die Insel auf, betonierten Fundamente und stellten mehrere kleine bunkerähnliche Fertighäuser auf, die als künftiger Taifunschutz für jeweils einige Familien gedacht waren. Erst mit dieser Unterstützung begann das Inselleben wieder langsam in normale Bahnen zu gleiten. Jetzt, zweieinhalb Jahre später, erinnerten nurmehr die zahllosen, am Boden liegenden Palmenstämme an das Unglück.

218

Der Zufall wollte es, dass zwei Tage später wieder ein U. S. Coast Guard Cutter in die Lagune dampfte. Kurz darauf freuten wir uns über die Einladung des Kapitäns, der eine Barkasse vorbeischickte, nachdem er uns nicht auf Kanal 16 erreichen konnte.

Es war die erste Gelegenheit seit Monaten, nicht nur normal, sondern auch über Themen reden zu können, die bei Einheimischen vielleicht nur verständnislose Blicke hervorgerufen hätten. Der Skipper, Lt. Commander Robert Kohlhoff, zeigte uns die Basswood, auf der zweiundsechzig Mann unter seinem Kommando standen. Auf der Brücke war Lamotrek, das ganze Außenriff und selbst Taboo III ausgezeichnet am Radarschirm zu erkennen.

Ein halbes Jahr zuvor war die Basswood in den Philippinen gewesen und hatte bei dieser Gelegenheit auch die Coast Guard Station am Arrelano Boulevard in Cebu City besucht. Lt. Commander Kohlhoff konnte sich noch gut an die Gastfreundschaft seiner Kollegen und den damaligen Kommandanten erinnern, den ich natürlich auch kannte. Jetzt befand sich der ehemalige Minensucher auf einer letzten Kreuzfahrt durch yapesische Gewässer, um taifungeschädigte Leuchtfeuer und losgerissene Navigationstonnen zu erneuern. Danach sollte diese Aufgabe von der lokalen Regierung übernommen werden.

Währenddessen plauderte Gerti mit einem jungen Leutnant, der nicht glauben konnte, dass man in diesem Gebiet, das von starken und unregelmäßigen Meeresströmungen geprägt ist, nur mit dem Sextanten zurechtkommen kann. Er hätte es auch gerne gelernt, aber bei der letzten Überholung wurde die Basswood komplett auf elektronische Navigation umgestellt. Später übersiedelten wir auf Taboo III und ich konnte dem Leutnant zwar meinen Sextanten zeigen, aber für Navigationsunterricht blieb zwischen den Drinks wirklich keine Zeit.

Abgesehen von der maritimen Arbeit am Wasser wurde von den Amerikanern auch für das leibliche Wohl der Insulaner gesorgt. Egal was, Bauchweh oder Zahnschmerzen, es wurde behandelt. Dieses Angebot wurde freizügig auf uns erweitert, aber wir waren alle gesund und hatten auch keine Probleme mit den Zähnen.

Damit hatten wir Glück, denn am nächsten Tag beim Abschiedsfest an Land sprach ich mit dem Zahnarzt, der gerade an einem klebrigen Taroknollen herumwürgte. »Siebenundsechzig Zähne habe ich heute gezogen«, erzählte er leutselig und drehte dabei einer gekochten Languste den Schwanz ab, während ich an einem saftiges Steak kaute. »Na ja«, meinte er auf mein ungläubiges Gesicht hin, »vielleicht etwas radikal, aber mit den Instrumenten, die ich an Land nehmen kann, geht nicht viel mehr.« Joe, der normalerweise für die medizinische Betreuung der Inselbevölkerung sorgte, war für die Nachbehandlung verantwortlich. Sein Vorrat an Medikamenten und Verbandmaterial hatte bereits Nachschub erhalten.

Vor uns sangen und tanzten barbusige Mädchen in Grasröcken. Wobei Tanzen hier ein relativer Begriff ist, erst schoben sie einen Fuß nach vorne, dann den anderen, bewegten sich dabei aber keinen Zentimeter vom Fleck. Das Singen war genauso monoton und die Vorstellung insgesamt so ziemlich das Lahmarschigste, was ich je gesehen hatte. Doch nicht alle teilten meine Meinung. *»This is paradise«*, rülpste einer der jungen Seeleute, nahm einen Schluck Palmenwein und fixierte mit seinem glasigen Blick ein junges Mädchen, dem trotz der müden Herumschlurferei ein gewisser Sexappeal nicht abzuleugnen war. Zwei Stunden zuvor hatte mich Gerti auf sie aufmerksam gemacht, als sie einem anderen Mädchen die welligen, schwarzen Haare nach Läusen absuchte und die Krabbeltierchen in alle Richtungen wegschnippte. Danach saß sie gedankenverloren da und lutschte am öligen Kamm. *The other side of paradise.*

Der Tanz verebbte bald, aber die Besatzung der Basswood, mittlerweile in Hochstimmung, sprang in die Bresche. Vielleicht 20 der jungen Männer, behangen mit Blütengirlanden, produzierten den *hokey-pokey*, eine Parodie auf den Hula-Hula-Tanz von Hawaii, bei dem lautstark gesungen und auch viel mit dem Hintern herumgewackelt wird. Der Erfolg war einmalig, die Einheimischen brachen in schrilles Gelächter aus und konnten sich lange nicht beruhigen. Bei Sonnenuntergang war alles vorbei, die Crew wurde eingesammelt und zurück ging's auf die Basswood, die am nächsten Morgen nach Guam auslaufen wollte.

Beschenkt mit Früchten und *lava lavas* verließen wir die Lagune am nächsten Tag um die Mittagszeit und peilten das winzige Atoll Ifalik, 120 Seemeilen weiter im Südwesten, an. Auch dort wurden wir wie alte Freunde empfangen. Besucher in diesen Regionen sind naturgemäß spärlich gesät, aber dass jemand noch einmal kommt, gab es noch nie. Ifalik geriet zwar in den Randbereich des Taifuns OWEN, aber der Schaden hielt sich in ertragbaren Grenzen. Wie vorher segelten die schnittigen Kanus jeden Tag zum Fischfang aus, Außenborder waren nach wie vor nicht erlaubt.

Oft saßen wir mit Dominik, dem Sohn eines *Chiefs*, zusammen und plauderten. Er sprach gut englisch, aber trotzdem kam es zu einem kleinen Missverständnis, als er uns über die Rangordnung der drei *Chiefs* auf der Insel aufklärte.

»When the High Chief is shitting, no one is allowed to stand«, legte er los und wir waren sprachlos. Mit einigen Eigenheiten des Insellebens waren wir ja vertraut, so ist z. B. Pfeifen in Gesellschaft absolut tabu, es wird ausschließlich von Liebespaaren als akustische Hilfe verwendet, um sich beim Stelldichein in einer finsteren Nacht überhaupt zu finden. – Aber das grenzt an Schikane, nur weil der Oberhäuptling seine Notdurft verrichtet, darf niemand stehen. Wie sich es herausstellte, stimmte es auch nicht ganz. Dominik hatte beim Sprechen die Angewohnheit »s« und »sch« zu verwechseln, so ähnlich wie die Chinesen mit dem »r« und »l« dauernd durcheinander kommen. Gemeint hatte er, wenn der *High Chief* »is sitting«, also sitzt, darf niemand zur selben Zeit stehen, denn damit würde diese Person automatisch höher gestellt sein. Wenn er aber stand, durften alle anderen nur in gebückter Haltung vorbeischleichen. Egal was er tat, er hielt seine Mitmenschen dauernd auf Trab und das war vielleicht der Grund, warum der gute Mann mit seiner Familie in einem abgelegenen Teil der Insel lebte.

Wir erfuhren, dass sich die Einheimischen um ihre sumpfigen Tarofelder sorgten. »Entweder versinkt die Insel langsam«, sagte Dominik, »oder der Meeresspiegel steigt an.« Das Resultat war dasselbe, das Salzwasser sickerte mehr und mehr in die Plantagen und hatte bereits begonnen, den Bestand der Knollengewächse zu dezimieren. Vor Jahren klagten schon die Leute auf Truk über dasselbe Problem, aber damals gab man den hohen Tiden die Schuld. Jetzt wussten wir, dass die Gezeiten nicht mehr verantwortlich gemacht werden konnten.

Mikronesien stand schon immer auf der Wunschliste der amerikanischen Entwicklungshelfer ganz oben, da sie lieber auf einer sonnigen Palmeninsel mit Blick auf die Lagune Gutes tun wollen, als sich in irgendeiner staubigen Wüste Afrikas eine unheilbare Infektionskrankheit zu holen. Beseelt von dem Gedanken, den armen Eingeborenen zu helfen, stürzen sich diese jungen Idealisten in ihre Arbeit und beginnen Projekte, die manchmal von vornherein zum Scheitern verurteilt sind. So ging es auch dem letzten Idealisten auf Ifalik. Er sollte die nicht vorhandenen sanitären Anlagen verbessern und mit lokaler Unterstützung Toiletten über dem Wasser errichten, sozusagen eine tropische Version des alten Plumpsklos. Im Prinzip ist das ja nichts Neues und in vielen Teilen der Welt gebräuchlich, nicht aber hier, wo es gegen den Anstand verstößt, gesehen zu werden, wenn man die Toilette aufsucht.

Auf Ifalik geht man tagsüber auf das »große Klo« ins Wasser, gerade so, als wolle man sich abkühlen, und in der Nacht sieht's sowieso niemand. Durch die mangelnden Recherchen der Entwicklungshelferorganisation kam es zu diesem mißglückten Vorhaben. Im Prinzip hätte das ja keinen gestört, die Einheimischen haben schon öfter Unfug »von oben« einstecken müssen. Sie hätten auch das noch verkraftet, wenn nicht der Amerikaner begonnen hätte, die Anlage als seine private Toilette zu benutzen. Das brachte das Fass zum Überlaufen. Als die MICRO SPIRIT das nächste Mal vor der Laguneneinfahrt auf und ab dampfte, wurde er an Bord gebracht und allen weiteren Entwicklungshelfern ein Inselverbot erteilt.

Die Leute von Lamotrek und Ifalik waren liebenswerte Menschen, über die man sich beim besten Willen nicht beklagen konnte, noch dazu als Gast. Im Gegensatz zu der Bevölkerung von Truk und den Marshalls waren sie fleißig, machten Kopra, schnitzten Segelkanus und hatten unter anderem in Ifalik die bewundernswerte Ausdauer, ein riesiges geknüpftes Fischernetz herzustellen, für das erst die Fasern von Tausenden von Kokosnüssen zusammengedreht werden mussten.

Aber eines fiel mir in zunehmendem Maße auf, sie hatten die Angewohnheit, eher alles fallen zu lassen und ab dann ewig drüberzusteigen, als einmal wegzuräumen. Das galt für rostige Blechdosen wie den Schubkarren, der auf der Seite vor Dominiks Haus lag und bereits mit Unkraut überwuchert war. Täglich gingen Familienmitglieder um ihn herum, aber niemand kam auf die

222

Idee, das Wrack in das nahe Unterholz zu kippen, geschweige denn, es zu entsorgen.

Nach den sauberen Ninigos war der Unterschied etwas zu krass. Dort wurden an einem Tag der Woche Häuser und Dächer repariert, generell aufgeräumt und die zusammengefegten Blätter verbrannt. Das wäre hier undenkbar, erst wenn Joes morsche Plane über dem Kanuhaus durch die Latten fällt, wird sie durch ein Nippadach ersetzt werden. Unsereiner hätte bei so einer Wirtschaft wenigstens ein schlechtes Gewissen, aber die Inselbewohner haben nicht einmal den Funken einer Idee, dass da was nicht stimmen könnte. So wachsen sie auf und sehen nichts anderes von Geburt an. Wer kann ihnen also einen Vorwurf machen?

Seit dem Tod von Mimmi in Kota Kinabalu war TABOO III ohne Bordkatze. Allen war uns klar, dass sich früher oder später dieser Zustand wieder ändern würde und jetzt, zwei Jahre später, war es so weit. Hier erspähte Vaitea ein winziges Kätzchen, das jeden Abend vom *Chief* in einem Bootshaus ausgesetzt wurde, um dort Ratten zu fangen. Vorher wurde es aber regelmäßig von kleinen Buben malträtiert, wenn es nicht rechtzeitig auf einen Baum flüchten konnte. Vaitea wollte es vor diesem Schicksal retten und mitnehmen. Der *Chief* willigte zum Glück ein und wir hatten wieder eine Bordkatze, die wir einstimmig Ifalik nannten. Ernährungsprobleme gab es keine, sie fraß Papayas genauso gerne wie gekochten Reis, Kürbissuppe oder fliegende Fische, von denen sie höchstens ein paar Schuppen übrig ließ.

Eines Abends saßen wir am Strand, tranken etwas Palmenwein und sahen der Sonne zu, wie sie in der Lagune versank. Als ein junger Mann etwas über seine Heimatinsel Satawal erzählte, sagte ich ihm gleich, dass er Mau Piailug kennen müsste. Nicht nur das, er war sogar sein Neffe. Piailug ist einer der wenigen noch lebenden traditionellen Navigatoren, der sich ohne westliche Navigationshilfen am Meer zurechtfindet. 1976 hatte er eine großartige Chance, sein Können unter Beweis zu stellen. Anlässlich des 200-jährigen Bestehens des Bundesstaates Hawaii wollte man ein polynesisches Kanu nach der alten Methode von der Insel Maui nach Tahiti segeln. Die Sache hatte nur einen Haken: Die letzte dieser Fahrten wurde vor mehr als 500 Jahren unternommen, keiner wusste mehr, wie ein *voyaging canoe* aussehen sollte. Kapitän Cook hatte allerdings Zeichnungen dieser klassischen Fahrzeuge hinterlassen, den *pahis* von Tahiti und den *tongiakis* von Tonga. Es stellte sich heraus, dass beide identische Unterwasserlinien besaßen. Nach diesen Angaben entstand das *double canoe* HŌKŪLA'A, ein 20-Meter-Katamaran, benannt nach dem »Star of Gladness« Arkturus. Alles, was jetzt noch fehlte, war jemand, der nach den Sternen navigieren konnte. In Polynesien gab es niemanden mehr, der diese Kunst beherrschte. Der letzte der alten Meister, Tevake vom Pileu-Atoll in den Santa Cruz Reef Islands brach zu einer Fahrt mit seinem Auslegerkanu sechs Jahre zuvor auf und war seitdem verschollen.

Lediglich in den Karolinen gibt es ein Hand voll dieser Männer zu finden und Piailug (1932 auf Satawal geboren) ist einer davon, der seit seinem sechsten Lebensjahr unterwiesen wurde und bereits mit achtzehn Jahren Navigator auf einer traditionellen Kanufahrt nach Saipan und zurück war.

Die große Frage vor dem HŌKŪLA'A-Unternehmen war, ob seine traditionelle Methode, die er bis dahin auf einem relativ kleinen geographischen Raum praktizierte, auch Gültigkeit für die fast unendliche Weite des Pazifiks haben würde. 2500 Seemeilen und einunddreißig Tage später bestanden darüber keine Zweifel mehr.

Auf dem Weg nach Kolonia, der Hauptstadt von Yap, besuchten wir noch das Ulithi-Atoll, mussten aber unseren Aufenthalt in der großen Lagune vorzeitig abbrechen, weil WWV auf Hawaii ein nahendes tropisches Tief meldete. Die 30 Knoten Windgeschwindigkeit waren nicht aufregend, doch aus jedem Sturm kann sich ein Taifun entwickeln. Momentan war er auf 5° Nord und bewegte sich mit drei Knoten in eine westliche Richtung. Wir befanden uns auf 10° Nord, also würde das Tief 300 Seemeilen südlich von uns vorbeiziehen, und das auch erst in einigen Tagen.

Vorausgesetzt diese Prognosen treffen alle zu, ist auch das nicht weiter beunruhigend. Jetzt könnten sich aber die 30 Knoten innerhalb eines Tages verdoppeln oder verdreifachen, die Marschgeschwindigkeit auf 10 Knoten steigern und der Kurs nach Nordwesten, also in unsere Richtung, abschwenken. Wenn man in dieser Situation vor Anker liegt und dann noch auf Tageslicht warten muss, um aus der Lagune rauszukönnen, hat man

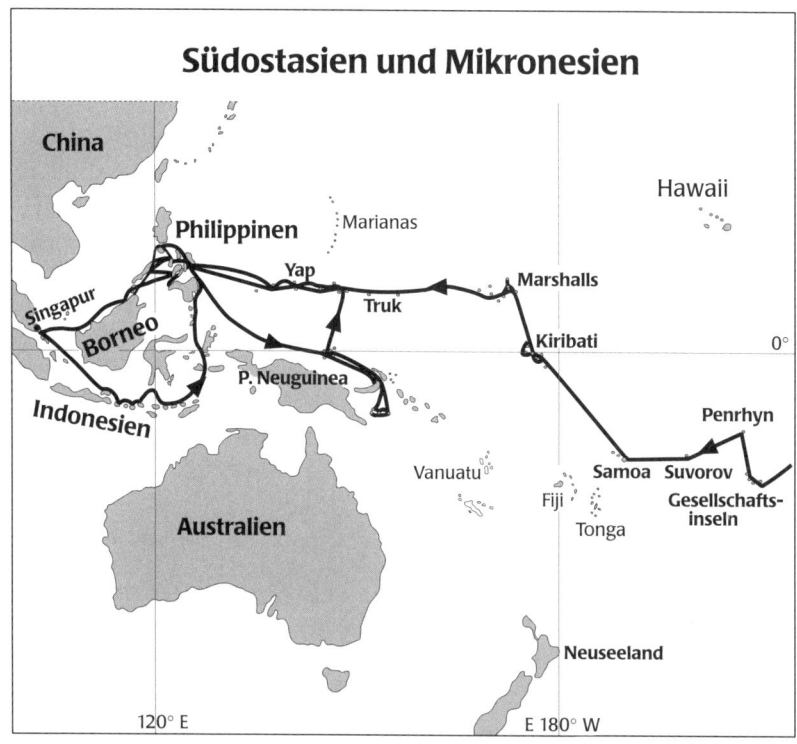

Südostasien und Mikronesien

China

Hawaii

Philippinen   Marianas

Yap

Singapur

Borneo

Truk

Marshalls

Kiribati   0°

P. Neuguinea

Indonesien

Penrhyn

Vanuatu

Samoa   Suvorov

Fiji

Gesellschafts-
inseln

Tonga

Australien

Neuseeland

120° E   E 180° W

vielleicht mehr Aufregung, als gesund ist. Um das zu vermeiden, liefen wir noch vor Einbruch der Dunkelheit aus. Von unserem vorherigen Besuch wussten wir, dass sich in Yap geeignete Schlupfwinkel befinden.

Die Berge von Yap wurden am folgenden Nachmittag sichtbar. Wie gewohnt kreuzten wir langsam gegen Wind und Strom, bevor wir mit dem ersten Licht des neuen Tages in den langen Kanal zwischen den Riffen einfuhren. Das kleine Hafenbecken war gerammelt voll mit chinesischen Fischerbooten, die ständig in chaotischer Bewegung waren. Entweder luden sie Fische aus oder bunkerten Eis. Längsseits gehen war gleichbedeutend mit einem Rammen des Piers und Manövrieren nur mit Entlangschrammen an anderen Schiffen möglich. Wir verlegten uns rasch um die Ecke zum Manta Ray Hotel, das frei von asiatischen Kamikazeschiffen war.

Mittlerweile hatte die *tropical depression* eine zweifache Metamorphose durchgemacht. Zuerst zum *tropical storm* und dann zum *typhoon*, der CORYN benannt wurde, sich aber noch immer schleppend langsam dahinbewegte.

Dann allerdings überstürzten sich die Ereignisse. Während WWV am zeitlichen Morgen noch die üblichen Meldungen von sich gab, brach eine fieberhafte Tätigkeit beim Dive Shop des Hotels aus. Alle Taucherboote verließen ihre Murings und der schwimmende Pier wurde mit dem Schneidbrenner demontiert; eindeutig wussten die mehr als wir. Ich fuhr an Land und fragte den Tauchlehrer. CORYN bewegte sich mit 12 Knoten auf uns zu und die Vorhersage für Yap waren 100 Knoten Windgeschwindigkeit in zwölf Stunden. Diese Schreckensbotschaft kam von Radio Guam, der besten Wetterstation im Nordwestpazifik. Allerdings nur auf SSB, das ich nicht empfangen konnte. Bis jetzt hatte mich die Kurzwellenstation WWV noch nie im Stich gelassen, aber das war nun ein echter Schnitzer.

Ich schoss zurück zu TABOO III, Gerti und ich holten die drei Anker an Deck und wir dieselten im Regen aus der Bucht. Als wir etwas aus dem Lee unseres Ankerplatzes kamen, wurde klar, mit welcher Wucht die Böen über die Berge kamen. Eindeutig waren wir bereits im Außenbereich des Taifuns.

Im trüben Wasser tasteten wir uns in die neue Bucht und ankerten, denn die seichte Stelle, wie für unseren Kat geschaffen und gegen alle Windrichtungen geschützt, war durch ein Korallenriff versperrt. Erst mit der steigenden Tide würden wir dorthin können.

Der Platz war keine 50 Meter von der Straße entfernt, wir konnten also nach Kolonia laufen, falls die Butter knapp würde. Nur stand das momentan überhaupt nicht zur Debatte, wichtiger war, sofort einen zweiten Anker am Riff auszubringen. Denn sollte der Wind noch mehr zulegen und wir schlieren, würde er TABOO III unweigerlich aus der Bucht blasen.

Ich schäkelte eine verlängerte Ankertrosse mit fünf Metern Kette an das Betonabflußrohr an der Straße. Geplant war so eine Benutzung sicherlich nie, aber das Risiko nahm ich gerne auf mich. Über diese 150 Meter lange Nabelschnur würden wir auf jeden Fall auch ohne Maschine zu unserem Liegeplatz kommen – notfalls mit der Ankerwinsch.

226

Während der nächsten drei Stunden legte der Wind kräftig zu und Sturmböen fegten den Berg herunter, doch dazwischen gab es immer wieder Perioden, in denen es weniger stark heulte. Ich nutzte diese Pausen, um den Kat über das Riff zu ziehen, sobald der Wasserstand hoch genug war.

Mit zwei weiteren Festmachern an Bäumen war Taboo III bald vollkommen sicher.

Am frühen Abend zog CORYN vorbei, wie sich herausstellte, etwas nördlich von uns. Wir bekamen deshalb auch nicht die vollen 100 Knoten ab, trotzdem wurde der Kat eine Zeit lang mit abgebrochenen Ästen bombardiert.

Zwei Tage später, wir lagen wieder beim Manta Ray Hotel, zog CORYN über die Philippinen und machte unter anderem 25000 Leute obdachlos, was in Anbetracht der 135 Knoten Windgeschwindigkeit nur bedeuten konnte, dass dicht besiedelte Gebiete verschont geblieben waren.

In Lamotrek wollte die Basswood per UKW mit uns sprechen und zwei Wochen danach hatte der Hafenkapitän von Kolonia kein Glück, als er versuchte, Taboo III zu kontaktieren. Beide Vorfälle gaben mir zu denken. Der einzige Grund, warum sich kein UKW an Bord befand, war, dass ich schlicht noch nie eines hatte und es mir auch nicht wirklich fehlte – außer vielleicht während des Taifuns MIKE in Carmen oder in Kota Kinabalu, wo sich die Buchungen für die Touristenausfahrten mit der Marina leichter über Funk hätten abwickeln lassen. Andererseits gibt es seit einem Jahr einen leistungsfähigen Computer an Bord, der mich von dem Joch der antiken Schreibmaschine erlöst hatte. Den hat es zwanzig oder dreißig Jahre früher auch nicht gegeben, nichtsdestoweniger bin ich umgestiegen. Warum sollte ich also nicht auch UKW-Funk haben?

Ein paar Tage später faxte ich einem guten Kunden in den USA meine Bestellung: Ein Einbaufunkgerät und ein Handgerät. Das Letztere zur besseren Verständigung zwischen dem Schiff und Land oder dem Dingi auf Tauchfahrt. Eine Bezahlung im herkömmlichen Sinne war nicht notwendig, einen Teil der Ebenholzschnitzereien, die wir unlängst gegen Zigaretten, Bettlaken und Alkohol in den Trobriands eingetauscht hatten, tauschte ich jetzt mit meinem Kunden weiter gegen die moderne Elektronik, die ich zu den Philippinen schicken ließ.

Doch es kam wieder einmal anders. Nachdem mein tropisches Geschwür am Knie inzwischen verheilt war, kam jetzt Vaitea an die Reihe. Sie entwickelte eines zwischen dem Nasenrücken und dem linken Auge und sah bald so schlimm aus, dass wir schleunigst das Spital aufsuchten. Der amerikanische Arzt versuchte sofort, mit einer großen Kanüle den Eiter abzusaugen. Dazu musste erst ein Weg durch gesundes Gewebe gebohrt werden, damit der Tränenkanal zwischen Auge und Nase nicht in Mitleidenschaft gezogen wurde. Vaitea wurde während dieser schmerzhaften Prozedur niedergehalten und brüllte herzerweichend. Leider blieb der Erfolg aus, das entstandene Loch füllte sich sofort mit Blut und schwoll wieder an. Dr. Rutstein war der Meinung, dass wir mit Vaitea in so einem Zustand nicht weitersegeln konnten, und wir vereinbarten einen Termin für den nächsten Tag. Diesmal allerdings im Operationssaal unter Narkose. Nur so konnten wir diesen größeren Eingriff unserem Kind und auch uns selber zumuten. Glücklicherweise verlief dann auch alles planmäßig, der Arzt füllte den gereinigten Hohlraum mit einem Gazestreifen, der für die nächsten drei oder vier Tage die Funktion eines Dochtes ausüben sollte.

Nachdem Vaitea sowieso nicht ruhig zu halten war, besuchten wir nachmittags das alte Männerhaus in Rule, das vom Hafen aus mit dem Dingi zu erreichen ist. Gerade dort liegt noch viel von dem imposanten Steingeld herum. Danach machten wir noch die letzten Einkäufe, denn am nächsten Tag wollten wir nun aber wirklich weiter.

Der Tanz mit dem Taifun

Auf Tuchfühlung mit ROBIN

Seit unserer Abfahrt von Yap hatten wir südwestliche Winde, gerieten aber bald in eine östliche Luftströmung, die wir als Geschenk betrachteten. Diese »Monsunstörung« versüßte das Leben mit achterlichen Brisen und war fast zu schön, um wahr zu sein.

Ende Juli ist Hochbetrieb in der Teufelsküche der Taifune, immer ist etwas los. Es vergeht keine Woche, in der nicht einer dieser Wirbelstürme in Mikronesien geboren wird, oft sind auch zwei zur selben Zeit unterwegs. Manche bleiben in der Entwicklung stecken, kommen nicht über das Anfangsstadium einer *tropical depression* hinaus und verrecken wieder. Die meisten aber saugen begierig die feuchte, warme Luft in ihren Schlund, werden größer und schneller und können es nicht erwarten, ihre vernichtende Kraft endlich an etwas anderem zu messen als dem Stillen Ozean, der zumindest in diesem Teil der Welt seinen Namen nicht verdient.

Aus dem hinter uns entstandenen Taifun wurde ich nicht recht klug. Fast 1000 Seemeilen im Osten von uns zusammengebraut, entwickelte er sich zu einem normalen Taifun, der ROBIN genannt wurde und sich mit 12 Knoten westwärts bewegte. An diesem fast vorbildlichen Verhalten gab es nichts auszusetzen, bis er bei 80 Knoten Windgeschwindigkeit stecken blieb und zur selben Zeit nicht mehr seinem Kurs beibehalten wollte. Drei Tage lang war er auf 10° Nord dahingezogen, was auch unserer Breite entsprach, dann begann er plötzlich Slalom zu fahren. Erst täuschte er ein typisches *recurving* nach dem Nordwesten vor, fegte aber die anfängliche Erleichterung mit einem besoffenen, kurzen Schwenken nach dem Südwesten wieder unter den Tisch. Laut Wettervorhersage der Station WWV auf Hawaii weiteten sich die *radiating gale winds* zur selben Zeit von 120 auf 180 Seemeilen aus, ROBIN gewann sozusagen an Umfang.

Während sich der tropische Orkan mit 12 Knoten nach dem Westen schraubte, trödelten wir in den leichten Winden mit fünf Knoten dahin. ROBIN holte also ständig auf, wenn auch nicht in einem rasanten Tempo. Seine Richtung im jetzigen Stadium war zu 90 Prozent vorprogrammiert, kurz vor den Philippinen sollte sie zwischen West und Nordwest liegen. Wichtig für uns war, dass sich das Zentrum immer nördlich von uns befand, denn damit waren südwestliche Winde garantiert und tags darauf würden wir, falls notwendig, im Lee von Mindanao südwärts rauschen, unterstützt vom Äquatorstrom, der dort mit zwei bis drei Knoten in dieselbe Richtung schiebt. Während der Nacht drehte sich der Wind auf Südwest, was beruhigend war. Alles verlief wie erwartet; wir waren etwas unterhalb von 10° Nord und ROBIN knapp darüber.

Um die Mittagszeit wurden die hohen Berge von Mindanao sichtbar. Wir näherten uns der Küste und ankerten um 18 Uhr bei der kleinen Insel Aling. ROBIN war bereits auf 11° Nord und noch immer 240 Seemeilen entfernt. Jetzt konnte er uns nicht mehr gefährlich werden.

Mit einem frischen südwestlichen Wind pflügten wir am nächsten Morgen zwischen den Inseln hoch und fädelten uns in die sehr schmale Hinatuan-Passage, die aufgrund der starken Strömungen von bis zu 12 Knoten nur von kleinen Schiffen bei Tageslicht benutzt werden kann. Die Tide schob kräftig an und das Land flog nur so vorbei. Es war atemberaubend, besonders wenn ein Strudel den Kat plötzlich um die halbe Achse drehte. Kurz nach Rasa Island kamen wir aus dem Lee von Mindanao. Gleichzeitig drehte der südwestliche Wind nach Westen und begann schrill durch die Spannschrauben zu pfeifen. Circa eine halbe Meile voraus sah ich weißes Wasser, das sich deutlich von den normalen Schaumkronen abhob. »Jetzt wird's ruppig«, rief ich Gerti zu, die mit Vaitea unter Deck war. Schon vorher hatten wir öfter diese *tide rips* bemerkt, brechende Wellen, die örtlich sehr begrenzt waren. Nur sollte es dieses Mal anders kommen.

Rascher, als ich es für möglich gehalten hätte, kamen wir zu der Stelle und erst dann merkte ich, dass uns eine steile, brechende Wellenwand entgegenrollte, vor der es kein Entrinnen gab.

Die Annäherungsgeschwindigkeit war so groß, dass ich mich instinktiv an das Steuerrad klammerte. Von unten her zertrümmerte sie mit einem krachenden Bersten den Catwalk, die laminierte Laufplanke zwischen den Rümpfen. Wasser überflutete das Deck und ergoss sich in Belüftungslöcher und Niedergänge.

Der Aufprall der zweiten Welle ließ das Trampolin förmlich explodieren, das vernähte Flechtwerk aus breiten Gurten wurde samt einem Teil der Bugspitze aus der Verankerung gerissen und kippte mit dem zerstörten Catwalk außer Sicht. Ein riesiges Loch klaffte am Bug des Backbordrumpfes.

Von unten hörte ich Vaitea markdurchdringend kreischen. Gerti tauchte eine Sekunde später klitschnass auf. »Wir sind am Riff!«, schrie sie.

»Nein«, brüllte ich über das Heulen des Windes zurück, »Vaitea muss in der Koje bleiben und du hilf mir.« Vorne wurde das Schiff mit einem Vorschlaghammer bearbeitet. Mit jedem Untertauchen donnerte der zerbrochene Catwalk wie ein Rammbock gegen den anderen Rumpf und drohte ein weiteres Leck, dieses Mal unter der Wasserlinie, zu schlagen.

Die mitschleifenden Wrackteile mussten geborgen werden, sie per Hand hochzuziehen war unmöglich. Ich wies Gerti an, höher anzuliegen, um die Geschwindigkeit etwas zu verringern, aber der Kat war bei dem starken Wind kaum zu drosseln. Über das zerfetzte Trampolin stieg ich von Bord, war im nächsten Moment zwei Meter unter Wasser und wurde durch den enormen Druck gegen die Gurte gepresst. Ich war absichtlich nicht gesichert, denn hätte es mich da unten weggespült, wäre ich früher bewusstlos geschlagen als wieder an Deck gewesen. Beim Hochkommen schnappte ich nach Luft und verkrallte mich, um nicht abgeworfen zu werden. Das war genau der kurze Moment, in dem ich überhaupt etwas tun konnte.

Ich brauchte einige dieser Zyklen, um endlich ein Seil am Catwalk zu befestigen. Gerti war erleichtert, mich wieder an Deck zu sehen. Der einzig vernünftige Ansatzpunkt für den Umlenkblock war das Vorstag, normalerweise über den jetzt fehlenden Catwalk zu erreichen. Ich hatte keine andere Wahl, wartete den Zeitpunkt ab, an dem der Backbordbug gerade nicht in einer Welle steckte, und hangelte mich über die glatte 12-mm-Nirostange des Hahnepots zur Mittellinie hoch, schnappte den Block samt Seil ein und ließ mich wieder zurückrutschen. Sekunden später waren die mörderischen Trümmer mit der elektrischen Ankerwinsch verholt und wenigstens diese Gefahr gebannt, doch der Alptraum war noch nicht zu Ende.

Mit jedem Hineinkrachen in die Wellenwände, die genau frontal anrollten, steckte der Kat bis zum Mast unter Wasser und schluckte regelmäßig eine gehörige Wassermenge durch das Loch am Bug, der bereits sichtbar tiefer als der andere lag. Eine halbe Meile in Lee befand sich eine felsige Küste, Abfallen war also nicht möglich und Umkehren hätte den beschädigten Rumpf noch mehr unter Wasser gedrückt; momentan arbeitete der Winddruck in den Segeln zu unseren Gunsten.

Gerti war bereits im Bootsinneren am Schöpfen, der geflutete Bugteil ist über ein Rohr mit der zentralen Lenzkammer verbunden. Ich stand am Steuerrad und versuchte den Kat freizusegeln, hatte aber das Gefühl, dass es immer länger dauerte, bis der beschädigte Bug wieder aus der Welle auftauchte. Der Schwerpunkt des Schiffes wanderte nach vorne, trotz der irren Kurbelei am Rad lief der Kat mehrmals aus dem Ruder. Es war nur noch eine Frage der Zeit, bis Taboo III total manövrierunfähig war.

Glücklicherweise begann sich aber ein Ende dieser verrückten Wellensituation abzuzeichnen. Ein paar hundert Meter voraus hörten die steilen Brecher auf und die Meeresoberfläche glich sich den vorherrschenden sieben oder acht Windstärken an. Erst jetzt, nachdem die größte Gefahr vorbei war, merkte ich den stechenden Schmerz in der Brust beim Atmen. Gerti sah nach Vaitea, die letztlich hermetisch abgeriegelt war und keinen Ton von sich gegeben hatte. Unsere Tochter saß in der klitschnassen Koje und trocknete ihre LEGO-Steine ab. Erst als wir im Lee einer kleinen Insel ankerten und sie das riesige Loch sah, begann sie bitterlich zu weinen: »Unser schönes Schiff ist kaputt.«

Unser Schiff war zwar etwas kaputt, aber angesichts dessen, was alles hätte passieren können, waren wir froh, so leicht davongekommem zu sein. Ein paar junge Männer kamen angepaddelt und boten ihre Hilfe an. Ich winkte sie an Bord und drückte ihnen einen Kübel in die Hand. Einer sprang durch das Luk in den Segelstauraum und verschwand bis über den Kopf im Wasser. Stunden später war alles ausgeschöpft, Taboo III schwamm wieder horizontal und wir verholten uns in die Bucht einer größeren Insel, die mehr Schutz vor dem beträchtlichen Seegang bot.

Gerti und Vaitea schliefen in dieser Nacht am Boden der Kabine, die Matratze der Doppelkoje war ein nasser Schwamm. Ich kampierte im Salon und blieb für einige Stunden wach, weil der Sturm noch immer schrill über die Hügel pfiff.

WWV bestätigte meinen Verdacht: Um die Mittagszeit hatte sich der Taifun ROBIN 90 Seemeilen nordnordöstlich von uns befunden und war uns damit am nächsten gewesen.

Das bösartige Timing hätte nicht besser sein können, denn sein verlängerter Arm, die *radiating gale winds*, die den Südwestmonsun kräftig angekurbelt hatten, wartete nur darauf, gegen den 10-Knoten-Strom zu blasen, mit dem wir aus der Hinatuan-Passage in die Mindanao-See hinausschossen.

Am nächsten Morgen taten mir alle Gliedmaßen weh, von der schmerzenden Brust ganz abgesehen. Überall hatte ich blaue Flecken, obwohl ich bei der Unterwasserbergungsaktion überhaupt nichts gespürt hatte. Gerti ging es nicht viel besser: als sich Taboo III in die erste Welle katapultierte, klebte sie mit Vaitea am Schott, das die Doppelkoje nach vorne begrenzt. Später wurde sie beim Schöpfen auf eine bestialische Art und Weise herumgeschleudert. Solche Schiffsbewegungen waren unserem Zuhause während der letzten vierzehn Jahre nie passiert. Aber wie die Engländer sagen: *»There is always a first time!«*

Gerti begann mit der Trockenlegung des Schiffes, ich mit den provisorischen Reparaturen. Aus dem zerbrochenen Catwalk schraubte ich eine verkürzte Version zusammen, um überhaupt zum Vorstag gelangen zu können. Den herausgerissenen Teil der Bugspitze, der ja noch mit dem Trampolin verbunden und daher vorhanden war, nagelte ich wieder über das Loch, was zwar nur eine Notlösung war, aber optisch gesehen Wunder wirkte. Das wenige, eventuell beim Segeln eindringende Wasser konnte spielend ausgepumpt werden.

Ein paar Tage später, auf dem Weg nach Cebu, stand wieder ein normaler Südwestmonsun in den Segeln. Jetzt, mit etwas Ab-

233

stand zu dem Vorfall, versuchte ich diese Verkettung von Umständen zu analysieren.

Die Hinatuan-Passage ist unter günstigen Wetterverhältnissen ohne Probleme zu befahren, wir hatten sie ja auch auf dem Weg nach Papua-Neuguinea benutzt. Sie kann aber im westlichen Teil extrem gefährlich werden, wenn der starke Strom direkt in die vom Südweststurm aufgepeitschte raue See läuft. Selbst die Männer, die schöpfen halfen, wunderten sich, dass wir durch diese Meeresenge gekommen waren. Schon seit zwei Tagen nahmen die Küstenschiffe einen Umweg durch die Surigao-Straße auf sich und manchmal, erzählten sie, ist die Hinatuan-Passage für jeglichen Verkehr gesperrt.

Der starke Strom spie uns in die Mindanao-See und wir selber rauschten mit 12 Knoten durchs Wasser. Wie rasch sich die Wellenberge uns entgegenbewegten, lässt sich schwer schätzen, aber die gegenseitige Annäherungsgeschwindigkeit muss enorm gewesen sein. Der erste Zusammenprall kam einer Kollision gleich, deswegen war Gerti der Meinung, dass wir auf ein Riff aufgelaufen waren.

TABOO III steckte zwar periodisch bis zum Mast im Wasser, aber das konnte der Kat verkraften. Die Probleme entstanden erst durch den mitschleifenden Catwalk und massiven Wassereinbruch, der aber durch ein wasserdichtes Schott auf die ersten fünf Meter des Backbordrumpfes begrenzt war. Diese Abdichtung hatte uns vor einem totalen Schiffbruch bewahrt. Das große Trampolin aus zwei Zoll breiten Gurten bot zu viel Widerstand, es riss die vordere Verankerung von unter her aus dem Bug, während die beiden dahinter keinen Schaden erlitten. Erneuern würde ich es bestimmt nicht mehr. Die teure Maßanfertigung aus San Diego, Kalifornien, war eine Fehlinvestition gewesen. Manche Leute schmeißen das Geld zum Fenster hinaus, ich halt in die Welle.

Doch nun hielt das gute Wetter an und schon bald ankerte TABOO III vor Liloan, was beruhigend war, denn der folgende Tag war Freitag, der dreizehnte, 1993.

Nach dem Einklarieren trafen wir unseren Freund Helmut Haas, der während der vergangenen sieben Monate unser Postfach regelmäßig geleert hatte. Bei einem Kaffee tauschten wir unsere Erlebnisse aus. Zufälligerweise war auch ein Polizeiarzt anwesend, den ich kannte. Der schob seine Hand unter meine

Achsel und drückte kräftig gegen die Rippen. Hörbar knirschte es nahe dem Brustbein. Ein paar weitere Griffe und die Diagnose stand fest: Zwei gebrochene Rippen knapp unterhalb des Schlüsselbeins. Er empfahl Ruhestellung, was mich zum Lachen reizte, was ich wiederum gleich bereute. Nur Niesen war schlimmer.

Die nächsten Wochen hatten wir wieder eine arbeitsreiche Phase, eine Unmenge von Päckchen mit Schneckenschalen und Schnitzereien mussten in alle Welt geschickt werden. Dazwischen reparierten Jerry und Felipe unser Schiff. Neben der Reparatur am Bug ließ ich auch gleich einen neuen Catwalk anfertigen, eine kürzere Version aus stabilem Lattenrost. Das zerstörte Gurtentrampolin sollte durch ein Netz ersetzt werden.

Zwischenfälle

Der Orkan CORING

Unser nächster Zwischenfall sollte sich schneller ereignen, als uns lieb war.

Gegen den Nordostmonsun segelte TABOO III die Küste von Cebu hoch. Wir alle hatten einen Urlaub nötig. Ich war gerade aus Wien zurückgekommen und brauchte dringend Sonne. Auf einem Schiff in den Tropen ist sie eine Selbstverständlichkeit, aber nach vier Wochen im kalten Novembernebel zeigte ich bereits Entzugserscheinungen.

Gerti brauchte hauptsächlich Ruhe, sie hatte sich alleine mit den Taifunen in Carmen herumschlagen müssen, die um diese Jahreszeit unberechenbar sind. Nach unserer altbewährten Methode hatte sie sich zweimal an Mangrovenbäumen vertäut und so die Stürme ohne Schaden überstanden.

Zunächst wollten wir nach Boracay, einer kleinen Insel nördlich von Panay, die wir schon früher einmal besucht hatten. So nahmen wir die Linkskurve um die Nordspitze von Cebu und konnten etwas abfallen. Der Wind frischte auf, TABOO III machte 12 bis 14 Knoten Fahrt durch die finstere Nacht, in der Leuchtfeuer den Weg durch die Riffe wiesen. Gefährlicher als die Riffe waren jedoch kleine, ungenügend beleuchtete Fischerboote, die bei Regen erst im letzten Moment Konturen annahmen.

Es war wieder einmal eine spritzige und nasse Fahrt, auf der man höllisch aufpassen musste. Das zentrale Cockpit war zwar voll den Elementen ausgesetzt, bot aber eine perfekte, durch keine Deckskajüte behinderte Rundumsicht.

Bei Tagesanbruch pflügte TABOO III an der grünen Küste von Panay entlang, während die Schaumkronen unter den Rümpfen durchrollten und die wärmende Sonne das Deck trocknete. Doch

236

der achterliche Wind war trügerisch: Kaum hatten wir Boracay umrundet, als die sieben Windstärken wieder voll zu spüren waren. Wir waren aber fast an unserem Ankerplatz, lediglich die Einfahrt mussten wir noch passieren. An der Westseite der Insel reicht das seichte Wasser ca. eine Meile seewärts. Der Untergrund besteht aus mit Korallen durchsetztem Sand. Es gibt zwar eine tiefere Einfahrt vom Süden her, aber mit dem geringen Tiefgang von TABOO III nehmen wir immer die direkte Route im rechten Winkel zum Strand und schlängeln uns unter Maschinenkraft an den Korallenköpfen vorbei. So wollten wir es auch dieses Mal machen, nur segelte ich zu weit, und ein Korallenkopf berührte in einem Wellental das Backbordruder. Die Erschütterung war kaum wahrzunehmen, aber sofort war das Steuerrad blockiert. Also Segel runter, Maschine starten und sehen, was mit der Ruderanlage ist. Der untere Ruderbeschlag war verbogen und deswegen klemmte die Pinne am Achterdeck. Mit Gewalt ließ sie sich allerdings noch bewegen. Wir motorten zum Strand und ankerten. Ich war sauer, die eigenen Fehler sind immer am schwersten zu verkraften. Zumal Gerti mich kurz vorher auf die seichte Stelle aufmerksam gemacht hatte und ich sie trotzdem und trotz eines Aufschießers nicht vermeiden konnte. Ein Tag vor Weihnachten diese völlig unnötige Havarie. Doch es sollte noch schlimmer kommen.

Zunächst verschwand Ifalik, unsere neue Bordkatze, auf Nimmerwiedersehen. Wir vermuteten, dass sie in ihrem rolligen Zustand andere Katzen an Land riechen konnte und einfach hingeschwommen war. Sie hatte ja absolut keine Scheu vor Wasser, war schon siebzehnmal hineingefallen und einmal lief sie sogar über den Ruderstock ins Wasser und schwamm uns entgegen, als sie uns im Dingi kommen sah. Sie war überhaupt etwas außergewöhnlich. Fliegende Fische, die an Bord klatschten, wurden von ihr sofort aufgespürt und inklusive der Flügel restlos aufgefressen. Eine weitere Spielerei von ihr war, Vaitea unvermutet von hinten anzuspringen und sich mit den nadelspitzen Krallen in deren Rücken festzuklammern. Trotz dieses Minuspunktes war Vaitea traurig; wir suchten zwar das Ufer und die Umgebung ab, fanden aber keine Spur von ihr.

Am 26. Dezember dann erfuhren wir, dass gerade ein Taifun durch die Philippinen zog. Ich selber konnte schon seit einigen Tagen WWV, den Zeit-und-Wetternachrichten-Sender auf Hawaii, wegen lokal verursachter Störungen kaum empfangen und war daher nicht informiert.

Momentan befand sich CORING noch über Mindanao, doch ich musste sofort eine Entscheidung treffen.

Ich konnte am Ankerplatz bleiben, Seeraum gewinnen und den Sturm abwettern, ein sicheres Taifunloch aufsuchen oder TABOO III bei Hochwasser auf den Strand setzen.

Im Prinzip war nur die Strandung denkbar, denn bei dieser Variante hatte ich alles im Griff und es gab keine Fragezeichen wie: Bricht bei der rauen Überfahrt der Ruderbeschlag komplett und laufen wir damit in Gefahr, die halbe Ruderanlage zu verlieren? (Was vom Aufwand her den Schaden in der Hinatuan-Passage zur Lappalie gemacht hätte.) Wie gut oder schlecht ist der Ankergrund im nächsten sicheren Loch? Wer sagt, dass kein Fischerboot auf uns draufschliert und wir nur deswegen an einem Riff landen?

So hatte ich genügend Zeit, eine geeignete Stelle mit Bäumen dicht am Ufer zu finden, die gleichzeitig auch in der Nacht gut zu erkennen war.

Um 22 Uhr war es dann schließlich so weit, Anker und Leinen vorbereitet, das Schlauchboot an Deck und das Ruder auf der beschädigten Seite hochgezogen. Wir peilten unsere Landmarke an und preschten durch die Brecher auf den Strand zu. Trotz Vollgas war die Landung weich. Ich warf einen Anker über Bord, sprang hinterher und schleppte ihn ca. 50 Meter weit neben das Boot. Ein Handzeichen und Gerti winschte die Leine stramm. Der Schwell hatte eine südliche Komponente und dieser Anker verhinderte, dass er den Kat herumdrückte. Jetzt zum Bug, dort hing bereits ein Ankertau griffbereit. Ich schnappte es, hetzte zu einer der drei Palmen vor mir und befestigte es. Gerti legte es um die elektrische Ankerwinsch und brachte 800 kg Spannung auf das Seil. Bis jetzt verlief alles genau nach Plan. Alle paar Sekunden hob der brechende Schwell das Heck um einen Meter und der Kat rollte weich ab, momentan steckten wir ja nur mit der vorderen Hälfte im Sand.

Mit einem weiteren Anker auf der anderen Heckseite war TABOO III optimal stabilisiert, und die Maschine, die die ganze Zeit im Vorwärtsgang gearbeitet hatte, war nicht mehr notwendig.

Zur Sicherheit brachte ich noch weitere Leinen zu anderen

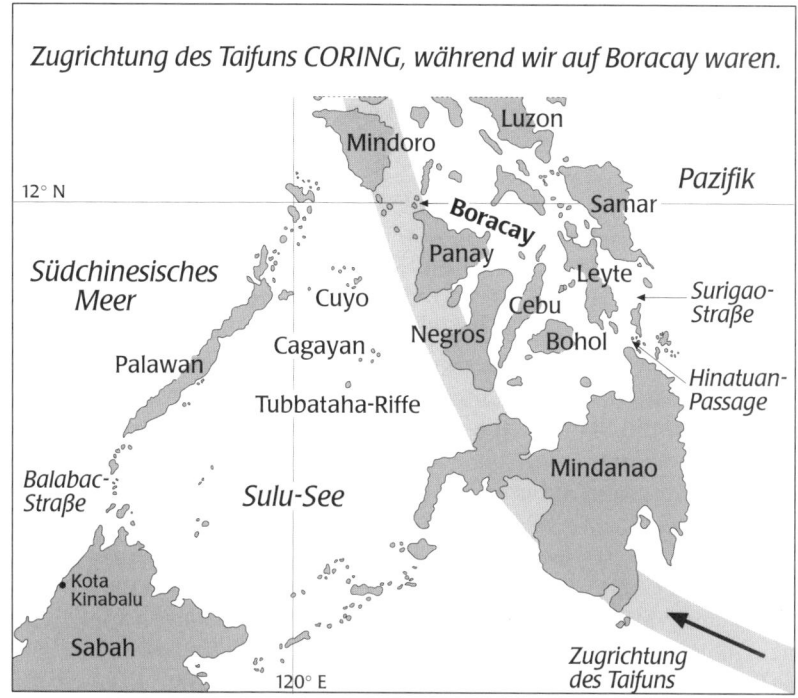

Zugrichtung des Taifuns CORING, während wir auf Boracay waren.

Luzon

Mindoro

Pazifik

12° N

Boracay

Samar

Südchinesisches
Meer

Panay

Cuyo

Leyte

Surigao-
Straße

Cagayan

Negros

Cebu

Bohol

Palawan

Tubbataha-Riffe

Hinatuan-
Passage

Balabac-
Straße

Sulu-See

Mindanao

Kota
Kinabalu

Sabah

120° E

Zugrichtung
des Taifuns

Bäumen aus; unser Kat war damit wie in einem Spinnennetz verspannt und konnte nurmehr auf und ab schaukeln. Aber auch das hörte nach dreißig Minuten auf, die Bewegungen wurden leichter und leichter, bis wir endgültig festsaßen. Die Wellen donnerten noch immer auf den Strand, aber wir räkelten uns in einem Gefühl der totalen Sicherheit.

Der Taifun CORING fegte in den zeitlichen Morgenstunden über uns hinweg. Das Zentrum befand sich allerdings 30 Meilen seewärts, was die lokalen Windgeschwindigkeiten auf 60 bis 70 Knoten drosselte und nur einen dementsprechend geringen Schaden auf der Insel anrichtete.

Um die Mittagszeit war der Spuk wieder vorbei, es wehte die normale kräftige Brise und die Sonne strahlte, als ob nichts passiert wäre. Nur Taboo III saß mitten auf dem Strand, blockierte den Fußgängerverkehr und wurde bald zur Touristenattraktion. Für uns war es die Gelegenheit, uns endlich mit der Ruderanlage zu beschäftigen. Obwohl das unterste Ende des Ruders durch die Grundberührung nur eine kleine Delle hatte, war der 20 mm starke Bolzen, um den sich der Beschlag drehte, gehörig verbogen und verklemmt. Ein Abmontieren im Wasser wäre daher unmöglich gewesen, wir hatten schon genug Probleme.

Unser alter Freund Hans war bereits zur Stelle und half das Ruder zu entfernen. Freddie und Carlito, zwei Brüder aus Manila, packten beim schweren Ruderstock mit an, den wir nach der Demontage aufs Vordeck winschten.

Die beiden waren nur die Vorhut der Carmona-Familie, die sich auf Boracay zusammengetroffen hatte. Bald kamen auch Bruder Tony und die dazugehörigen Frauen. Wir verstanden uns so gut, dass wir ein Picknick unter dem Vorschiff von Taboo III veranstalteten, komplett mit Tisch und Stühlen. Rings um uns glühte der Sand unter der Nachmittagssonne, wir aber saßen in einer kühlen und schattigen Oase, tranken Wein und verzehrten ein ausgezeichnetes Roastbeef, das aus Freddies eigener Produktion stammte. Er hatte einen Lebensmittelverarbeitungsbetrieb in Manila, Carlito importierte Rinder und Tony leitete eine internationale Firma in Hong Kong. Die drei Brüder hatten spanische Vorfahren, waren selbstbewußt und erfolgreich. In Europa würde man sie für Südländer halten. Diesen Leuten musste man nichts vormachen, mit ihnen konnte man offen reden und obendrein waren sie von einer Herzlichkeit, die ihresgleichen suchte. Tony offerierte, das in Hong Kong erhältliche, feinmaschige Netz zu besorgen, mit dem ich das kaputtgegangene Trampolin ersetzen wollte. – So hatten wir wieder eine Sorge weniger.

In der Nacht wollten wir wieder vom Strand runter, aber trotz einer höheren Tide und stramm gewinschtem Ankerseil rührte sich der Kat nicht von der Stelle. Durch das Herumschaukeln in der Wellenbewegung hatten sich die Rümpfe etwas eingegraben und außerdem wurde durch den vom Taifun verursachten hohen Schwell mehr Sand angewaschen. Diese flache Düne begann hinter dem Heck von Taboo III und lief den ganzen Strand entlang.

Ich war beunruhigt, denn die nächste Tide war zwar genauso hoch, aber danach begann sie wieder zu fallen. Wir hatten keine Lust, für weitere zwei Wochen den Strand zu blockieren und jeden Morgen unpassend früh geweckt zu werden. Denn anscheinend konnte niemand an unserem Schiff vorbeigehen, ohne an den Rümpfen herumzuklopfen. Vorsorglich schaufelte ich zwei Rinnen in den Sand, damit das Schiff leichter nach hinten rutschen konnte.

Obwohl ich dann verbissen um Mitternacht an den beiden Ankerseilen herumwinschte, passierte wieder nichts. Erst etwas später merkten wir, dass jeder Bug bereits eine meterlange Spur im Sand hinterlassen hatte. Obwohl wir noch immer fest aufsaßen, hatte sich der Kat millimeterweise seewärts gearbeitet. Das spornte mich an, ich sprang ins Wasser und begann einen Bug aufzuschaukeln, was sofort weitere 20 Zentimeter brachte. Gerti winschte, ich schaukelte und bald darauf waren wir frei.

Silvester feierten wir mit unseren neuen Freunden auf TABOO III.

Die Pfropfen knallten und die Stimmung war ausnehmend gut, bis ich rein zufällig bemerkte, dass das Schlauchboot nicht mehr am Heck hing. Wann es wegkam, war unklar. Jetzt war es kurz vor Mitternacht und den letzten Besuch hatte ich schon vor über zwei Stunden vom Strand abgeholt. Aber vielleicht hatte es sich erst vor wenigen Minuten selbstständig gemacht? Wir holten den Anker an Bord und motorten fürs Erste einmal los. Da gerade Hochwasser war, mussten wir keine Sorge wegen seichter Stellen haben. Der Wind blies ablandig und die Strömung lief die Küste runter. Die Nacht war mondlos, das Meer dunkel und das Schlauchboot grau. Alles in allem hoffnungslos, selbst der 500 000 Candela starke Suchscheinwerfer zeigte nichts außer Wellen und Schaumkronen, während am Ufer das Feuerwerk hochging. Um ein Uhr dreißig kehrten wir entmutigt zurück. Der Verlust eines Dingis ist schmerzhaft, noch dazu wenn es auf menschliches Versagen zurückzuführen ist. Wer verantwortlich war, ließ sich nicht mehr sagen, aber ich als Fahrer kam sicherlich in die engere Wahl.

1993 war zu Ende, aber die Pechsträhne, unter der wir litten, schien nicht aufzuhören. Zuerst schockte uns über geraume Zeit Gertis Melanom, dann kamen wir in der Hinatuan-Passage fast ums Leben, hier auf Boracay hatten wir einen weiteren Schaden am Schiff, unsere Katze Ifalik war weg, und um das Maß voll zu machen, kam jetzt noch dieser Blödsinn hinzu.

Das erste echte Problem hatten wir, als unsere Gäste später an Land wollten. Ich schlug Schwimmen vor. Tony und Freddie warfen sich im angeheiterten Zustand in die Fluten, unterstützt durch zwei aufgeblasene Plastiktiere, die Vaitea großzügig zur Verfügung gestellt hatte. Allerdings nur unter der Bedingung, dass diese an die jeweilige Person angebunden blieben.

So kehrten sie eine halbe Stunde später mit einem Auslegerboot zurück und wir konnten wenigstens dieses Transportproblem abhaken.

Am Morgen schwamm ich an Land und suchte meinen alten Freund Hans auf, der gleich gute Nachrichten parat hatte: Alles, was schwimmt und verloren geht, landet entweder in einer Bucht direkt hinter Nasog Point, der sich in Sichtweite befindenden Nordwestspitze von Panay, oder auf einer Insel 30 Seemeilen weiter. Das galt für Windsurfer wie auch Kanus. Er schlug vor, ein größeres Auslegerboot zu heuern und den in Frage kommenden Küstenabschnitt abzusuchen.

Gesagt, getan. Eine halbe Stunde später fuhr ich bei TABOO III vorbei und sagte Gerti Bescheid, dann folgte ein Abstecher zur Küstenwachtstation in Catlican, deren Kommandant mir vollste Unterstützung zusagte, und danach brausten wir Richtung Nasog Point. Wegen des frischen auflandigen Windes und der vorgelagerten Riffe mussten wir etwas Abstand halten, aber ich hatte mein Fernglas mitgebracht, was sich als sehr gute Idee entpuppte. Ich hätte nämlich sonst nie unser Schlauchboot erkannt, das am letzten Strand halb verdeckt im Schatten eines Baumes lag. Allerdings ohne Außenborder. Landen war dort unmöglich, also umrundeten wir das Kap, liefen die erste geschützte Bucht an und marschierten mit einem lokalen Führer drei Kilometer über den Berg zu dem Strand, wo ich zu meiner Erleichterung das Dingi in einem unversehrten Zustand antraf. Als Nächstes galt es, den Mann ausfindig zu machen, der es geborgen hatte. Dieser würde am ehesten über den Außenborder Bescheid wissen. Unser Führer machte sich wieder auf den Weg, während ich mir unter den Uferbäumen einen schattigen Platz suchte.

Zwei Stunden später war er mit den letzten Neuigkeiten wieder da. Ein alter Fischer hatte das in eine felsige Grotte gespülte Dingi noch in der Nacht geborgen und den Außenborder mit zu seinem Haus genommen. Morgens war er losgezogen, um den Fund bei den Behörden zu melden, aber von diesem weiten Marsch noch nicht zurückgekehrt. Die Ehrlichkeit dieser einfachen Leute war verblüffend, aber wir befanden uns auch in einer ländlichen Gegend, in der noch andere Maßstäbe galten als in der Stadt.

Kurz darauf traf der Sohn des Fischers ein, der den Außenborder drei Kilometer auf der Schulter angeschleppt hatte. Rundum gab es nur freundliche Gesichter, denn der junge Mann erwartete mit Recht einen Finderlohn, und ich war gerne bereit, diesen zu zahlen. Seine Forderung war jedoch so gering, dass ich ihn einlud, am kommenden Sonntag mit seiner Familie bei uns vorbeizukommen, um sich einige Geschenke abzuholen.

Nach einem kurzen Probelauf des Außenborders fuhr ich den Strand entlang und suchte eine Stelle, an der sich die Wellen am Riff weniger brachen als sonst. Dort schoss ich mit dem Schlauchboot ins tiefe Wasser und fuhr die Küste entlang zum geparkten Auslegerboot. Rund um Nasog Point fielen die Felswände aus großer Höhe steil ins Meer, waren aber nahe der Wasseroberfläche höhlenartig ausgewaschen. Der Schwell donnerte mit so einer Wucht hinein, dass mir die Trommelfelle vibrierten. Wäre das Dingi hier angeschwemmt worden, wäre es wohl im Nu zermalmt gewesen.

In der Bucht nahmen wir das Schlauchboot an Bord und knatterten nach Boracay zurück. Der erste Tag im neuen Jahr war erfolgreich verlaufen, ab jetzt konnte es nur besser werden.

Ende Januar segelten wir wieder zurück nach Cebu. Der elektrische Autopilot funktionierte auch mit nur einem Ruder zufrieden stellend. CORING hatte sichtbare Spuren in Carmen hinterlassen. Wracks lagen am Ufer und in den Mangroven. Es waren aber weniger die starken Winde, die die Verwüstungen angerichtet hatten, als der unglückliche Umstand, dass der Taifun während eines extremen Hochwassers wütete.

In Cebu City ließ ich neue Ruderbeschläge anfertigen, den Schaden am Ruderstock hatte ich schon in Boracay behoben und ein paar Tage später war TABOO III wieder voll einsatzbereit.

Kurz darauf trafen Gerhard und Manuela ein, um uns auf einer dreiwöchigen Kreuzfahrt durch die Philippinen zu begleiten.

Das junge Paar, Fluglotsen von Beruf, baute selber einen Wharram-Kat nahe dem Neusiedler See und ein Urlaub auf TABOO III war irgendwie nahe liegend. Wir wählten eine Route aus, die auch für Gerti und mich zu einem Großteil aus Neuland bestand.

Im Zuge dieses Törns kamen wir auch nach Puerto Galera an der Nordküste von Mindoro. Noch während wir durch die schlauchähnliche Einfahrt segelten, sahen wir den Schuner BLACK DOUGLAS in einer der malerischen Buchten liegen und hielten darauf zu. Der Besitzer, Douglas Bruce, war ein alter Bekannter aus Cebu. Er stellte uns gleich eine Muring neben seinem Trockendock zur Verfügung, bevor wir seine Einladung auf einen Drink annahmen, um die letzten Neuigkeiten zu hören. Ohne Radio waren wir ja nicht ganz so auf dem Laufenden wie der Rest der Segler.

Douglas' schwarzes Schiff war wie immer eine Augenweide. Alles sah brandneu aus, die Winschen auf Hochglanz poliert, und die Lackflächen spiegelten nur so, einfach beneidenswert. Der philippinische Bootsboy Tim, der für diesen Zustand verantwortlich war, glänzte ebenfalls – durch Abwesenheit, er streikte gerade. Douglas hatte ihn zusammengestaucht und wieder einmal angeschrien, weil frühmorgens das Beiboot nicht zu Verfügung stand, nachdem Tim die ganze Nacht damit Kanister durch die Gegend geschippert hatte, um die generös bemessenen Wassertanks aufzufüllen.

Douglas ist klein und drahtig, ein richtiges Energiebündel, mit einem Temperament, das zum Überkochen neigt. Und genau das konnte Tim manchmal nicht verkraften. Im Prinzip kann das auf den Philippinen niemand verkraften, weil Wutausbrüche hier absolut unüblich sind und die Einheimischen somit auf keine Erfahrungen zurückgreifen können. Sie nehmen das Herumbrüllen für bare Münze und wissen nicht, dass sich der cholerische Ausländer damit lediglich abreagiert und bald alles vergessen hat.

Am nächsten Tag verlegten wir uns in eine Bucht, von der die kleine Stadt mit dem Schlauchboot leichter zu erreichen war. Direkt vor uns am Strand stand ein native-style Bungalow eines Holländers. In früheren Jahren stand Frederik, so hieß der Mann, zusammen mit seiner Frau Nina als singendes Duo auf der Fernsehbühne und erfreute sich in ganz Europa großer Beliebtheit.

Frederik selber sprach natürlich nicht über seine Vergangenheit, genauso wenig erwähnte er, dass er jede Nachricht über ein weiteres geborenes Enkelkind deprimierend findet, weil er sich damit umso älter fühlt. Diesen Tratsch hatten wir von Douglas gehört. Frederik selber war sauer, dass er mit seinen 63 Jahren seine große Ketsch nicht mehr selber bedienen konnte. Momentan war er im Begriff, sie für über eine dreiviertel Million Dollar zu verkaufen, und ließ sich bereits eine Motoryacht in China bauen.

Ansonsten lebte er zufrieden mit seiner jungen Lebensgefährtin im ewigen Sommer unter den Palmen, mit Blick auf die grünen Berge und den Strand nur ein paar Schritte von seiner Haustür entfernt.

Nach dieser Reise landeten wir wieder auf Boracay, von wo aus es gute Flugverbindungen nach Manila für unsere Gäste gab.

Dann segelten wir wieder zurück nach Cebu, und zwar auf einer Route, die wir bereits zur Genüge kannten. Trotzdem hätte es fast eine böse Überraschung gegeben. Ich löste gerade Gerti bei der Nachtwache ab, warf einen routinemäßigen Blick mit dem Fernglas in die Runde und sah direkt vor uns etwas Undefinierbares auf dem Wasser. Sofort hechtete ich nach hinten, um den Autopiloten auszuhängen, und riss die Pinne herum. Wir verfehlten das Hindernis um keine zwei Meter. Im Scheinwerferlicht sahen wir dann ein großes, offenes Auslegerboot, in dem mehrere Männer schliefen. Verdammte Idioten. Ohne Licht ankerten sie auf weiter Flur in einer Wassertiefe von 15 Metern. Hätte ich sie nicht rein zufällig bemerkt, wären wir mit acht Knoten in sie hineingekracht, sie würden jetzt im Wasser liegen, um Hilfe schreien und wir hätten Scherereien ohne Ende, vom allgemeinen Schaden gar nicht erst zu sprechen.

Aufgrund des Nordostmonsuns suchten wir wieder Carmen auf. Diese Bucht ist zwar elendiglich weit von Cebu City entfernt, wurde für uns aber mit dem Herannahen des 120-Knoten-Taifuns OWEN wieder attraktiv. Wie gehabt verspannten wir Taboo III zwischen den Mangroven und dem Ufer. Es war Anfang April, da standen die Chancen gut, dass der tropische Wirbelsturm weiter nördlich vorbeiziehen würde, so wie sein Namensvetter zwei Jahre zuvor. Doch OWEN hatte andere Pläne. Nach mehreren Täuschungsmanövern peilte er dann doch Carmen an, heulte aus Nordwesten über die Berge, verhielt den Atem für eine halbe Stunde und kam aus Südwest wieder zurück. Seit dem planlosen Herumkurven hatte der Taifun jedoch an Kraft verloren, die jetzt nur noch 80 Knoten reichten nicht aus, einen echten Schaden anzurichten, auch wenn wiederum einheimische Fischerboote wie gewohnt am Riff oder in den Mangroven klebten.

Dynamitfischer und Banditen

Wieder in Sabah

Schmerzhaft langsam quälte sich TABOO III über die Sulu-See. Der Nordostmonsun lag in einem kraftlosen Zweikampf mit westlichen Winden und die jeweiligen Brisen hielten den Kat gerade noch in Schwung. Zwischendurch herrschte in den Flauten eine brütende Hitze, die viel zu selten durch ein Gewitter gelindert wurde.

Ein paar Tage später sahen bei Sonnenuntergang die beiden Bergspitzen von Balabac Island gerade über den Horizont. Die Sicht in der rein gewaschenen Luft war ausgezeichnet, mittels eines Fixes von Sirius, Canopus und Capella konnte ich feststellen, dass die Insel noch 40 Seemeilen entfernt war.

Wie gewöhnlich waren die Windverhältnisse während der Nacht besser, trotzdem wurde es vier Uhr morgens, bis wir durch den Nusabata Channel segelten. Kurz nach Sonnenaufgang kamen zwei kleine Fischerboote herangebraust und fragten vergeblich nach Zigaretten und Alkohol. Jetzt, bei Tageslicht, nahm ich eine Abkürzung über eine weitflächige Untiefe, die aber erst in zehn Meter Wassertiefe lag. Plötzlich ließ mich der Krach einer heftigen Explosion instinktiv ducken. Eine riesige Fontäne schoss keine 100 Meter vor uns aus dem Wasser.

Das Dynamitfischen ist eine auf den Philippinen sehr verbreitete Unsitte, man kann fast sagen, es wurde dort erfunden, aber diese Ladung ging weit über das normale Maß hinaus. Wenn man sich noch dazu in unmittelbarer Nähe und obendrauf im Bootsinneren befindet, glaubt man einen Volltreffer abbekommen zu haben, der das Schiff zerreißt. Gerti schrie vor Schreck laut auf. Ich verdächtigte die beiden Männer, die jetzt auf die Stelle zuhielten, die Sprengladung absichtlich auf unserem Kurs platziert zu haben. Entweder das oder es war ihnen egal. Das Getöse lockte aber auch andere Fischer in einem weiten Umkreis an; sternförmig kamen sie angeschossen, um an der Ernte teilzunehmen.

Gegen Wind und Strömung kämpften wir uns an der Küste von Borneo nach Süden und ankerten eineinhalb Tage später bei der Insel Gaya.

Neben dem schwarzen Schuner BLACK DOUGLAS. Anstatt aufzukreuzen, hatte Douglas mit seinen 240 PS die direkte Route genommen.

Wir kamen gerade zur rechten Zeit, um an einem Strandgrillfest teilzunehmen. Obwohl diese Art von Essen weitaus umständlicher ist als an Bord, wird sie durch die romantische Stimmung mehr als wettgemacht. Genüsslich tranken wir einen Sundowner, das Fleisch brutzelte über der Holzkohlenglut, vereinzelt heulten Affen im Urwald und wir erfuhren wieder einmal alle Neuigkeiten seit unserem letzten Treffen in Puerto Galera.

So mussten Douglas und Alma alleine zurechtkommen. Tim, der Bootsboy und Wasserschlepper vom Dienst, hatte sich nach dem letzten Zusammenschiss endgültig verabschiedet. Jetzt zog Douglas den Kauf einer Wasseraufbereitungsanlage ernstlich ins Kalkül. Die anderen Geschichten, die Douglas erzählte, waren weitaus schockierender.

Kurz nach unserem Besuch dort wurden Frederik und seine Lebensgefährtin getötet. Der Holländer spielte an diesem Nachmittag mit seinem Freund Olaf Tennis, später aßen sie noch zusammen und nahmen ein paar Drinks ein. Kurz nachdem sein Gast gegangen war, drang jemand in das offene Haus ein, hielt Frederik einen 45er Colt unter das Kinn und drückte ab. Seine Freundin, die daraufhin offensichtlich aus der Dusche stürzte, wurde zweimal in den Rücken geschossen. Sekunden später flüchteten die beiden Täter mit heulendem Motor in Frederiks großem Schlauchboot aufs offene Meer. Olaf, der die drei Schüsse gehört hatte und mit seinem eigenen Dingi zurückgekommen war, sah die Killer nur noch davonbrausen. Bis heute blieb das Motiv für diesen Mord auf Bestellung ungeklärt. Man munkelte von Drogen-Deals, in die Frederik verwickelt gewesen sein soll. Puerto Galera wie auch Boracay sind zwar als Umschlagplätze bekannt, und da wie dort haben Ausländer ihre Finger im Spiel, aber

Frederik dieser Tätigkeit zu verdächtigen war lachhaft, alleine schon, weil er keine finanziellen Sorgen hatte. Vielleicht lag Alma mit ihrer These richtiger, die einen persönlichen Racheakt vermutete. Frederik, sagte sie, hatte sich durch seine oft beleidigende und ätzende Art eine Menge Feinde gemacht.

Auch wir wussten, dass der Anlass für so eine Tat gar nicht extrem zu sein braucht. Oft genügt es, zur falschen Zeit an den falschen Mann zu geraten. So wurde ein Europäer zu später Nachtstunde in Mactan in einem Tricycle erstochen, nur weil er einen zusteigenden Filipino grob angeschnauzt hatte. Alma, mit der Psyche ihres eigenen Volkes vertraut, machte sich deswegen schon immer Sorgen um ihren Mann, der ja auch zu heftigen Ausbrüchen neigt. Frederiks gewaltsamer Tod hatte sie noch mehr und Douglas zum ersten Mal verunsichert. Deshalb kam ihnen die jetzige Fahrt ausser Landes gar nicht so ungelegen; seitdem sie Puerto Galera verlassen hatten, konnten beide wieder ruhig schlafen.

In Kota Kinabalu verkauften wir den Großteil unserer eingetauschten Ebenholzschnitzereien von den Trobriand-Inseln. Durch vorherige Geschäftsverbindungen hatten wir bereits gute Kontakte, trotzdem zog sich diese Beschäftigung etwas in die Länge. Wir ankerten deswegen häufig bei der Marina des Tanjung Aru Beach Hotels, und wenn wir Ruhe haben wollten, segelten wir nach Gaya.

Kurz nach Beginn des Südwestmonsuns war es touristenmäßig ziemlich ruhig im Hotel, dafür krachte es täglich mehrmals in der Bucht. Wie ein schleichendes Gift hatte sich das Dynamitfischen nach Süden gearbeitet und auf Sabah übergegriffen. Die Methode war dieselbe, nur wurde es hier *fish bombing* genannt. Peter, der Halbchinese von der Marina, wollte besonders freche Burschen von einem nahen Riff verscheuchen, gab aber bald auf, nachdem explodierende »Fischbomben« in seine Richtung geworfen wurden. Die Wasserpolizei kann oder möchte nichts tun, obwohl sie mit ihren raschen Booten leichtes Spiel hätte, die Übeltäter zu stellen. Sie meiden auch die beiden großen Pfahldörfer auf Gaya, direkt gegenüber der Stadt, mit einer unglaublichen Hartnäckigkeit. Dort leben nämlich mehrere tausend Filipinos in einem Niemandsland zwischen Hoch- und Niedrigwasser. Teils sind es politische Flüchtlinge aus den Kriegswirren zwischen den Muslims und der Regierung auf Mindanao, teils illegale Einwanderer, die sich einfach verbessern wollen und sehr oft als Arbeiter und Handwerker geschätzt sind.

Es sind riesige Konglomerate von zusammengeschusterten Hütten, über denen jeweils der Zwiebelturm einer Moschee ragt. Kriminelle Elemente könnten keinen besseren Unterschlupf finden. Die dort hausenden Leute sind wortkarg. Unerwünschte Besucher, die über die wackeligen Stege turnen, laufen Gefahr, eine Kugel in den Rücken zu bekommen und zwischen Exkrementen im Schlick zu landen.

Diese Zurückhaltung wird nicht nur von der Polizei, sondern auch von lokalen Zeitungen praktiziert. So berichtete die BORNEO MAIL von einem Piratenüberfall, bei dem der Fischer Alexander Rudolph dreimal angeschossen und seines Außenborders beraubt wurde. Die Täter flüchteten danach in internationale Gewässer; die Polizei verdächtigte Ausländer eines Nachbarstaates. Zwischen Sabah und den Philippinen gibt es nämlich keine internationalen Gewässer, die Grenze läuft haarscharf an kleinen Inseln vorbei, die auf der einen Seite noch zu Sabah und auf der anderen bereits zum Sulu-Archipel gehören. Dementsprechend befindet man sich entweder in Malaysien oder auf den Philippinen, dem Nachbarstaat, dem auch die »Ausländer« zuzuordnen sind.

Diese fast regelmäßigen Überfälle laufen immer nach demselben Schema ab: Die Banditen nähern sich dem Opfer unter irgendeinem Vorwand – im obigen Fall baten sie den jungen Fischer um Hilfe bei der Bergung eines anderen, gestrandeten Bootes – und sobald sie nahe genug sind, wird gleich geschossen, um die Insassen kampfunfähig zu machen. Alexander Rudolph, der alleine war, hatte Glück und überlebte. Mit zwei Pistolenkugeln in den Beinen und einer Schussverletzung am Kinn paddelte er sechs Stunden zurück an die Küste und konnte wenigstens den Vorfall melden.

Andere hatten nicht so viel Glück. So gilt eine mehrköpfige Mannschaft als vermisst, doch in ihrem angetriebenen Boot, dem natürlich der Außenborder fehlte, befanden sich Blutspuren, Fleischfetzen und Knochensplitter menschlichen Ursprungs. Ein Indiz, dass sie aus ganz kurzer Distanz mit Schnellfeuergewehren niedergemäht wurden.

Während unseres letzten Besuches von Sabah griff die Polizei in der Nähe von Kota Kinabalu rein zufällig ein schnelles Motorboot auf, dessen Insassen mit mehreren M16 bewaffnet waren. Auch hier berichtete man anschließend diskret von »Ausländern«.

Doch zurück zu uns. Wir verbrachten gerade wieder einige geruhsame Tage, bis Vaitea Fieber bekam. Erst dachten wir an eine Verkühlung oder leichte Grippe, doch als sie einen Ausschlag und eine pelzige, erdbeerfarbige Zunge bekam, begannen wir in der medizinischen Bordliteratur zu stöbern. Alles deutete auf Scharlach hin. Ich wurde in meiner Jugend damit angesteckt und musste mehrere Wochen in strenger Quarantäne im Spital zubringen. In Kota Kinabalu suchten wir mit Vaitea eine Kinderärztin auf und die Chinesin bestätigte unseren Verdacht, doch glücklicherweise musste unser Kind hier nicht in Quarantäne. Stattdessen bekam sie Antibiotika für eine Woche verschrieben und damit war der Fall erledigt.

Christina, unsere *Korean connection*, hatte plötzlich eine Ausfahrt mit dreißig Leuten auf Lager, die wir uns nicht entgehen lassen konnten. Allein schon um die scheelen Blicke zu rechtfertigen, die wir seit unserer Ankunft auf uns gezogen hatten, wollten wir gerne wieder ein bisschen ins Geschäft kommen. Natürlich gab es auf der FLYING LADY und dem DOUBLE DRAGON einen Aufruhr, aber damit konnten wir gut leben. Weniger gut lebte der ganze Ankerplatz aufgrund der ständigen Angst vor der FLYING LADY. Während der jetzt häufigen Böen aus dem Westen hatte der Schoner eine beängstigende Tendenz zu schlieren, die durch das Nichteingreifen des meist angeheiterten Skippers noch verschärft wurde. Während unserer Abwesenheit trieb der riesige Eisenkoloss einmal durch das ganze Bojenfeld und blieb erst am Ufer stecken. Nichts Außergewöhnliches für Peter, der so was locker wegsteckt, aber nervtötend für die Besitzer einiger angeschrammter Yachten, deren Schadenersatzansprüche er später empört zurückwies.

250

The Filipino Way of Life

Abstecher zu den Philippinen

Wie üblich ankerten wir während des Südwestmonsuns wieder bei Liloan, dem Dorf etwas nördlich von Cebu City.

Der Muschel- und Schneckenschalenbestand an Bord musste aufgearbeitet, gereinigt, katalogisiert und zum größten Teil in alle Welt verschickt werden, was mit einem regen Schriftverkehr verbunden war. Von Liloan klappte das am besten und außerdem war die Beförderung auf dem Luftweg nicht nur viel billiger, sondern auch selten zuverlässig. In den vielen Jahren dieser Tätigkeit ist mir noch nie ein einziges von den Philippinen abgeschicktes Päckchen verloren gegangen.

Auf dem Markt trafen wir einen früheren Bekannten, den wir seit Urzeiten nicht mehr gesehen hatten. Wir waren erschüttert, Tito wie einen alten, kranken Mann am Stock dahinkriechen zu sehen, obwohl er beileibe nicht alt war. Wir hatten ihn als einen lebenslustigen Gesellen in Erinnerung, der immer hinter Mädchen hergewesen war. Aber jetzt machte er anscheinend den üblichen Schrumpfakt durch, der durch eine einseitige und hauptsächlich aus Reis und etwas Gemüse bestehende Kost eingeleitet wird. Für alte und vor allem unproduktive Menschen ist dies die Nahrung der letzten Jahre. Das fehlende Protein lässt die Muskeln schrumpfen, bis die Knochen nur noch von der Haut zusammengehalten werden. So ein klappriger Körper braucht dann immer kleiner werdende Mahlzeiten.

Tito hatte dieses Endstadium noch nicht erreicht, sah aber nichtsdestoweniger sterbenselend aus und hatte obendrein bereits die eigene Todesurkunde in der Tasche. Sie stammte allerdings aus einer Zeit, in der er noch lebensfroher war. Seine Frau Estella hatte damals mit einem kanadischen Zahnarzt einen lei-

251

denschaftlichen Briefwechsel, der in einer gemeinsamen Heirats-
absicht kulminierte. Leider lebte sie aber noch mit Tito unter einem Dach. Scheidung gibt es auf den Philippinen nicht, also wurde Tito zum Hemmschuh, den Estella nur beseitigen konnte,
indem sie ihn für tot erklären ließ. Ein bestechlicher Beamte in
ihrer Heimatgemeinde auf Leyte half ihr dabei und stellte die notwendige Urkunde aus. Estella hatte das Ticket bereits in der
Tasche, aber noch bevor sie abfliegen konnte, sickerte die Nachricht vom Tod ihres ahnungslosen Gatten zurück nach Liloan und
derselbige durchkreuzte ihre Pläne in letzter Minute.

Auch wir verabschiedeten uns kurz darauf von Liloan, denn die
Wettersituation wurde unberechenbar. Nur aufgrund von zwei Taifunen, die knapp hintereinander über Luzon zogen, hatten wir
Ende Oktober noch ablandige Südwestwinde, aber der Nächste,
WILMA, mit 120 Knoten Windgeschwindigkeit, näherte sich rapide auf unserem Breitengrad, und das bedeutete Alarmstufe eins.
Noch in derselben Nacht segelten wir nach Carmen und tasteten
uns in der Dunkelheit durch die Riffeinfahrt, nur um am nächsten
Morgen auf WWV zu hören, dass der Taifun nach Nordwesten ab-
gedreht hatte. Aber es ist ja zur Abwechslung auch einmal ganz
schön, umsonst Sicherheitsvorkehrungen getroffen zu haben.

Da wir nun schon einmal da waren, besuchten wir einige Be-
kannte auf der Schiffswerft von Danao. Diese Werft liegt eine
knappe Meile südlich unseres Ankerplatzes und ist durch dieselbe
Einfahrt wie Carmen zu erreichen, nur muss man am Ende des Rif-
fes nach Backbord abbiegen. In den künstlich ausgebaggerten
Kanälen liegen immer einige Yachten, die dort entweder abgestellt
sind oder sich in diversen Stadien der Reparatur befinden. Bruce,
ein pensionierter Amerikaner, ist schon seit Jahren damit beschäftigt, ein Stahlschiff zu bauen, und oft sehen wir bei ihm vorbei.
Bruce war diesmal trotz des schleppenden Weiterkommens guter
Dinge und zeigte mir gleich den Fortschritt seit dem letzten Be-
such. Auch trafen wir einen weiteren Bekannten, den Australier
Tim, der zwei Tage zuvor Opfer einer Verwechslung wurde. Die
Geschichte entbehrte nicht einer gewissen Komik:
Unweit von ihm lag das winzige Schiff eines weiteren jungen
Australiers, der in eine Filipina von Danao verliebt war und sie
heiraten wollte. Zur Abwechslung kam das Mädchen nicht aus

einer Bar, sondern aus guten Verhältnissen und studierte noch. Das Studium wurde seit Jahren von ihrer Tante finanziert, und diese sah sich plötzlich um ihren finanziellen Einsatz geprellt. Anstatt in Kürze Geld ins Haus zu bringen, vermutete sie, dass ihre Nichte auf Nimmerwiedersehen nach Australien entschwände. Sie wollte wenigstens die von ihr generös aufgerundeten Kosten der Ausbildung ersetzt bekommen, stieß dabei aber beim Bräutigam auf taube Ohren. Der war voll damit beschäftigt, das Geld für zwei Flugtickets in die Heimat zu organisieren. Um ihren Forderungen etwas Nachdruck zu verleihen, schickte sie einen Polizisten in Zivil auf die Werft. Der kletterte uneingeladen an Bord und legte gleich gehörig los.

Nur – er war auf dem falschen Boot – und unser Freund Tim glaubte es mit einem Verrückten zu tun zu haben. Als sich der Eindringling als Polizist zu erkennen gab, wollte Tim seinen Ausweis sehen. Der Polizist zog seine Pistole, fuchtelte Tim damit im Gesicht herum und brüllte ihn an: »Das ist mein Ausweis.«

Nun war Tim überhaupt nicht scharf auf die Probleme anderer Leute, er hatte selber welche. Zwei Jahre zuvor hatte er ein Mädchen geheiratet, das nicht nur sehr hübsch, sondern auch seefest war, was eher die Ausnahme ist. Zusammen segelten sie nach Australien und wieder zurück zu den Philippinen. Jetzt allerdings arbeitet sie wieder im Silver Dollar, einem der Go-go-Lokale in Cebu City, in dem er sie damals auch kennen gelernt hatte. Um die einjährige Tochter kümmerte er sich, bis er einen Ersatz für die fehlende Mutter fand.

An der Küste von Mindanao, in der Nähe von Zamboanga City, wurde ein Frachtboot überfallen und ausgeraubt. Auch das war nichts Neues, schließlich möchte die *Moro Liberation Front* ja auch »leben«. Anfang der achtziger Jahre waren die Philippinen und Thailand die beiden Länder in Südostasien, in denen Yachten mit einer gewissen Regelmäßigkeit überfallen wurden. In Thailand hat der Staat diese Situation recht gut in den Griff gekriegt, vielleicht deswegen, weil Probleme dieser Art der Touristenindustrie nicht gerade förderlich sind. Es passiert also praktisch nichts mehr, und das schon seit mehreren Jahren. Auf den Philippinen hingegen ist alles beim Alten geblieben, die Behörden setzen einfach andere Prioritäten.

Die korrupte Militärmaschinerie ist hauptsächlich damit beschäftigt, sich zu bereichern, und schlägt dabei immer wieder phantasievolle neue Wege ein.

Schon immer wurden in Manila die Kinder reicher Geschäftsleute, sprich Chinesen, entführt und gegen millionenschwere Lösegelder wieder freigelassen. So sehen zumindest die Pläne aus. Manchmal aber geht es schief und dann werden die Geiseln getötet und manchmal vorher noch gemartert, wie z. B. der Teenager, dessen Kopf mit kochendem Wasser übergossen wurde. Eine Kommission untersuchte sechzehn dieser Fälle und fand heraus, dass in zwölf dieser Entführungen Armeegeneräle die Drahtzieher waren. Auch bei der Polizei sieht die Sache nicht gerade rosig aus. Ein Bericht der *National Police Commission* stellte fest, dass bei mehr als der Hälfte aller Morde auf den Philippinen Polizisten involviert sind: entweder direkt als Täter oder indirekt, indem sie die Täter schützen.

Von den weniger als 10 Prozent der Verbrecher, die verurteilt werden, kommen kaum welche ins Gefängnis; und wenn, dann müssen die Killer erstaunlicherweise nie die volle Haft absitzen. Kein Wunder, dass ein Großteil der Bevölkerung bewaffnet ist; sie muss sich ja nicht nur gegen die Ganoven, sondern auch gegen die Verbrecher in Uniform wehren.

Präsident Fidel Ramos versucht dieser haarsträubenden Situation Herr zu werden und konnte in den zwei Jahren seiner Amtszeit bereits Erfolge verbuchen. Er rief ein Komitee ins Leben, um den Polizeiapparat zu durchleuchten, was in weiterer Folge die frühzeitige Pensionierung von mehr als zwanzig Polizeigenerälen und vierzig Obersten zur Folge hatte. Auch öffnete Ramos die Gefängnisse in Manila. Nicht etwa, um die Inhaftierten zu entlassen, sondern um Angehörigen die Chance zu geben, nach vermissten Anverwandten zu suchen. Unter Marcos verschwanden ja unzählige Menschen auf Nimmerwiedersehen im Kerker.

Andererseits sollte man ein paar Raubüberfälle pro Jahr nicht überbewerten. Bei diesen Menschenzusammenballungen rund um Großstädte, wo junge Slumbewohner eine kriminelle Laufbahn mit der gleichen Selbstverständlichkeit einschlagen wie die Söhne reicher Eltern eine akademische, fällt einfach mehr Kriminalität an, zu Lande wie auch auf dem Wasser.

Es sind ja auch beileibe nicht nur ausländische Segler, die

vor der Mündung eines Sturmgewehres zur Kasse gebeten werden. Jeder, bei dem etwas zu holen ist, kann drankommen. Das gilt für Geschäftsleute, die mit größeren Geldbeträgen zur Heimatinsel übersetzen, genauso wie für Passagiere auf Schiffen. So wurden kurz vor Weihnachten auf der Fähre J AND N EXPRESS alle Leute auf der kurzen Fahrt von Bohol nach Cebu City beraubt.

Überraschenderweise kam die Attacke nicht von außen, sondern aus der Toilette des Schiffes. Acht maskierte Männer, alle mit einer M16 bewaffnet, feuerten Warnschüsse über die Köpfe der Leute ab, zerstörten das Schiffsradio und erleichterten dann in Ruhe die verstörten Passagiere um Bargeld und Wertsachen. Danach stiegen sie in ein motorisiertes Auslegerboot um und flitzten zurück nach Bohol. Laut Zeugenaussagen wurden vorher Männer bemerkt, die mit zwei größeren Paketen die Toilette aufsuchten.

Die Zeitungen berichteten wieder einmal von einem Piratenüberfall, aber für mich standen die Täter fest: Normale Verbrecher hätten diese gut organisierte Attacke nicht ganz so reibungslos durchgezogen und außerdem mit einem Sortiment von verschiedenen Schießeisen herumgefuchtelt, das von Pistolen zu Schrotflinten und vielleicht zwei M16 gereicht hätte. Aber acht Mann und acht M16? Da hätten sie auch gleich ihre Militäruniformen tragen können.

Tempel und Tänze

Bali

Nach einem zweimonatigen Aufenthalt auf den Philippinen segelten wir wieder nach Süden, überquerten die Sulu-See und
standen eines späten Abends vor der Balabac-Strait, die ins
südchinesische Meer führt. Der frische Nordostmonsun blies TA-
BOO III rapide zu der Riffpassage, die durch das Leuchtfeuer auf
Comiran Island gekennzeichnet ist. In der Nähe dieser Durch-
fahrt sollte dann das Espina-Point-Leuchtfeuer auf Balabac sichtbar werden, nur war weder das eine noch das andere in Betrieb,
eine Tatsache, die ich fast erwartet und deshalb Vorsorge getroffen hatte. Ein Sternenfix von Rigel, Capella und Mars um
21.30 Uhr – unter dem Halbmond war der Horizont gut sichtbar –
ergab eine ausgezeichnete Position, mit deren Hilfe TABOO III in
den Nusabata-Channel rauschte. Danach ging es in die problem-
lose Zielgerade nach Kota Kinabalu auf Sabah.

Zur selben Zeit schraubte sich ein paar hundert Meilen weiter
im Norden der schwere Taifun AXEL entlang, aber in Sabah, dem
»Land unter dem Wind«, spürten wir nichts davon. Cebu hingegen
wurde zum dritten Mal hintereinander zu Weihnachten heimgesucht. Insgesamt war es der fünfundzwanzigste Taifun in diesem
Jahr für die Philippinen. Das bedeutete aber noch immer keinen
Rekord, denn es wurden in manchen Jahren manchmal über
dreißig innerhalb von zwölf Monaten gezählt.

Sabah war auch zur Abwechslung ganz nett, aber dieses Mal
hatten wir unsere Ziele etwas weiter gesteckt. Schon seit längerem wollte ich nach Indonesien und jetzt war der Zeitpunkt für
einen mehrmonatigen Besuch gerade richtig. Umso mehr, nachdem sich die verantwortungsvollen Eltern von Vaitea entschieden
hatten, ein Schuljahr sausen zu lassen. Gerti hatte den Lehrstoff

des ersten Jahres erfolgreich in Vaitea hineingepaukt, jetzt wären schon längst die Bücher und Hefte des zweiten Jahres dran gewesen, aber aus vorheriger Erfahrung wussten wir, dass auf TABOO III Lernen in konzentrierter Form nicht mit anderen Tätigkeiten zu vereinen ist. Am wenigsten mit Segeln in neuen Revieren. Wer möchte sich schon mit dem Einmaleins herumquälen, wenn das grüne Wasser und der Strand locken? Außerdem hatten wir sowieso im kommenden Herbst vor, Vaitea eine ordentliche Schulbank im heimischen Österreich drücken zu lassen. Das verlorene Schuljahr würde niemandem abgehen, uns aber die letzte Gelegenheit zu einem gemeinsamen Törn geben und Vaitea Eindrücke vermitteln, die für ein normales Kind unerreichbar sind. Der Ernst des Lebens würde für sie noch früh genug beginnen.

Einige Wochen und 2000 Seemeilen später segelten wir praktisch im Schatten von Gunung Agung, dem über 3000 Meter hohen, aktiven Vulkan im Norden von Bali. Die ganze Fahrt samt einem Abstecher nach Singapur war ohne besondere Ereignisse verlaufen, die riesigen Windhosen am frühen Abend nahe von Maduras und das darauf folgende Gewitter, bei dem Blitze unentwegt rund um uns in das Wasser knallten, einmal ausgenommen.

Indonesien ist das korrupteste Land in Südostasien und damit wahrscheinlich weltweit. Es stellt selbst die Philippinen in den Schatten. Mit anderen Worten, es zahlt sich aus, alle Papiere in Ordnung zu haben, denn jede Blöße, die man sich gibt, hat einen finanziellen Aderlass zur Folge. Deshalb hatte ich ein gültiges C.A.I.T. (Clearance Approval for Indonesian Territory), das Gegenstück zu dem *Vessel Entry Permit* in Mikronesien, abgestempelt von vier verschiedenen Ministerien und schon Monate vorher über einen Agenten in Jakarta beantragt, bezahlt und vor kurzem erhalten, sowie gültige Visa, ausgestellt in Singapur. Im Besitz aller notwendigen Dokumente waren die Besuche bei fünf verschiedenen Behörden im Hafen von Benoa nach zwei Stunden beendet und kostenlos. Einzig der *Chief of Immigration* machte einen erfolglosen Versuch abzukassieren.

In der Marina trafen wir auf einen alten Bekannten, den Amerikaner Mike Miller mit seinem 20 Meter langen Kat HUMU HUMU NUKU NUKU ATUÁA aus Hawaii. Das letzte Mal hatten wir uns vor zwei Jahren in Carmen auf Cebu gesehen, als er auf dem Weg nach Thailand war. Jetzt stand er am Pier und begrüßte uns freudig. Trotz seiner fortgeschrittenen Jahre ist Mike ein eingefleischter Surfer, der auch in dieser Branche mit Zubehör viel Geld gemacht hatte. Ursprünglich wollte er zwischen Thailand und Indonesien je nach Saison und Surfbedingungen hin- und herpendeln, blieb aber dann, wie andere Ausländer vor ihm, in Bali hängen. Für viele besitzt diese Insel, ähnlich wie Tahiti, eine magische Anziehungskraft.

Mike mühte sich gerade mit einem riesigen Sack ab, in dem sein neues Großsegel im Wert von sage und schreibe 26 000 US-Dollar steckte. – Für geringfügig weniger kaufte ein Bekannter vor kurzer Zeit in Kota Kinabalu eine durchaus akzeptable Kielyacht um die 40 Fuß.

Mike stellte uns für die Dauer unseres Aufenthaltes seine Muring im Hafen zur Verfügung, der Kat mit dem unaussprechlichen Namen lag am Schwimmsteg der Marina, während er Vorbereitungen für den kommenden Surftrip nach Sumba traf. Uns kam das sehr gelegen, denn der mit Charteryachten und asiatischen Fischerbooten voll gepfropfte Hafen war einer beachtlichen Tidenströmung ausgesetzt.

So konnten wir Taboo iii unbesorgt allein lassen, während wir mit einem der preiswerten Mietautos unterwegs waren. Es war die beste Art, Bali zu sehen, das Hinterland wie auch die vom Touristenstrom umspülten Knotenpunkte. Es blieb nicht bei einer Fahrt, denn sofort wurde uns klar, dass diese Tropeninsel für uns mehr als nur exotische Sehenswürdigkeiten zu bieten hatte.

Man konnte nicht zum Pura Besakih, dem größten Hindu-Tempel am Fuß des Gunung Agung fahren, den Kratersee von Mount Batur bestaunen oder einen der traditionellen Tänze besuchen, ohne von einer Unzahl von Souvenirläden und Verkaufsbuden förmlich erschlagen zu werden. Unter dem reichhaltigen Angebot waren kunstvoll geschnitzte Ebenholzfiguren, handbemalte Batikstoffe, bunte Masken und viele andere Sachen, die sich sehr gut für einen Wiederverkauf in anderen Ländern eigneten. Wir mussten nur die jeweilige Quelle dieser Dinge finden, um sie möglichst preiswert zu erstehen.

In Indonesien ist Kaufen gleichbedeutend mit Handeln, wer es nicht tut, zahlt drei- oder viermal so viel und wird obendrein noch mit Recht für blöd gehalten. Während unseres Aufenthaltes waren ca. 2220 indonesische Rupien einen US-Dollar wert, daher ging es immer um riesige Geldbeträge, die einem anfangs die Rede verschlugen. Die Empörung über die Preise war also echt und musste nicht simuliert werden. Später gewöhnten wir uns daran, aber dann hatten wir auch schon mehr Routine.

Vorsicht war auch bei manchen Geldwechslern in Kuta geboten, besonders bei denen, die einen verlockend hohen Umrechnungskurs angeschrieben hatten. Dann konnte es nämlich passieren, dass man statt 660 000 Rupien nur 600 600 hingezählt bekam. Es kam vor, dass ich zweimal zurückgehen musste, bis ich endlich alles beisammen hatte.

Trotz unseres langen Aufenthaltes in Südostasien nahm das Handeln auf Bali eine neue Dimension an. Wir hatten es mit richtigen Profis zu tun. So wie die Straßenhändler in Kintamani, mit denen man sich erst um irgendetwas finanziell rumbalgt und dann zufrieden weil sehr preiswert kauft. Nach der Bezahlung wird dieselbe Ware noch einmal, aber um so viel weniger angeboten, dass man nicht umhinkann, wieder die Geldbörse zu zücken. Für diese Taktik hat man ja noch Verständnis, weniger waren wir von dem Typ beeindruckt, der bei irgendeinem Tempel für eine kleine, exquisit geschnitzte Holzfigur einen hohen Betrag wollte, sich aber zum Schluss auf so einen lachhaften Preis drücken ließ, dass wir einfach kaufen mussten. Erst später merkten wir, dass er uns eine andere Figur eingepackt hatte. Sie war zwar ähnlich, aber von mieser Qualität.

Selten genossen wir das Herumfahren so wie in Bali, einer hinduistischen Enklave in dem ansonsten islamischen Indonesien. Diese aus Indien kommende Religion ist ein fester Bestandteil das täglichen Lebens und prägt auch das Straßenbild. Kein Tag verging, ohne dass wir buntgekleidete Mädchen und Frauen sahen, die Opfergaben auf dem Kopf balancierend zu einem der unzähligen Tempel trugen. Auch die kunstvoll angelegten Reisfelder in verschiedenen Schattierungen von Grün, in denen das Wasser von einer Terrasse in die nächste rinnt und so Dutzende von Malen genutzt wird, faszinierten uns.

Am Ende unseres Aufenthaltes auf Bali wurde selbst der großzügige Stauraum auf TABOO III etwas knapp. Wir hatten zwar gefeilscht wie noch nie und eine Menge Geld ausgegeben, wussten aber, dass mit dem zu erzielenden Profit unsere Lebenskosten auf dem Schiff für ein Jahr gedeckt waren.

Drachen und Gewürze

Die Sunda-Inseln und die Molukken

Nusa Tenggara ist eine Kette von Inseln, die sich von Bali aus nach Osten erstreckt. Lombok ist die erste davon und wir ankerten zuerst einmal an der Westküste. Am Abend sahen wir Gunung Agung, den Vulkan auf Bali, im Sonnenuntergang verschwinden, was uns an die zackigen Berge von Moorea erinnerte.

Hermanto, der Hafenkapitän für diesen Küstenabschnitt, hatte uns schon vorher aufgesucht. Während er umständlich die Papiere überprüfte, erzählte er uns gleich von einer Yacht, die er an die Kette legen ließ, weil sie nicht ordnungsgemäß in Benoa ausklariert hatte. Mit TABOO III hatte er nicht so viel Glück, alles war in Ordnung. Mir kam seine Geschichte etwas übertrieben vor, aber nur zwei Tage später konnte er erneut zuschlagen, als ein spanisches Schiff kein C.A.I.T. besaß. Dieses wichtige Stück Papier kostet über einen Agenten in Jakarta um die 250 Dollar und ist ab einem genau festgesetzten Datum für drei Monate gültig. Abgesehen davon war es notwendig, unsere Visa jeden Monat zu verlängern. Noch nie zuvor musste ich für den Besuch eines Landes so viel im Voraus und auch während des Aufenthaltes planen.

Während auf Bali die hohen Berge für einen ständigen Regenfall sorgen, beginnt sich in Lombok dieses Bild zu ändern.
Der Westen der Insel ist noch grün, aber im Süden säumen bereits braungebrannte Hügel die vom Indischen Ozean umspülten malerischen Buchten und Strände. Je weiter wir in Nusa Tenggara nach Osten vorstießen, desto trockener sollte es werden.
An den steilen Hügeln und tiefen Buchten von Sumbawa vorbei segelten wir zu den Lagunen der flachen Paternoster-Inseln, die in der Flores-See liegen. Wie üblich in neuen Revieren, über-

260

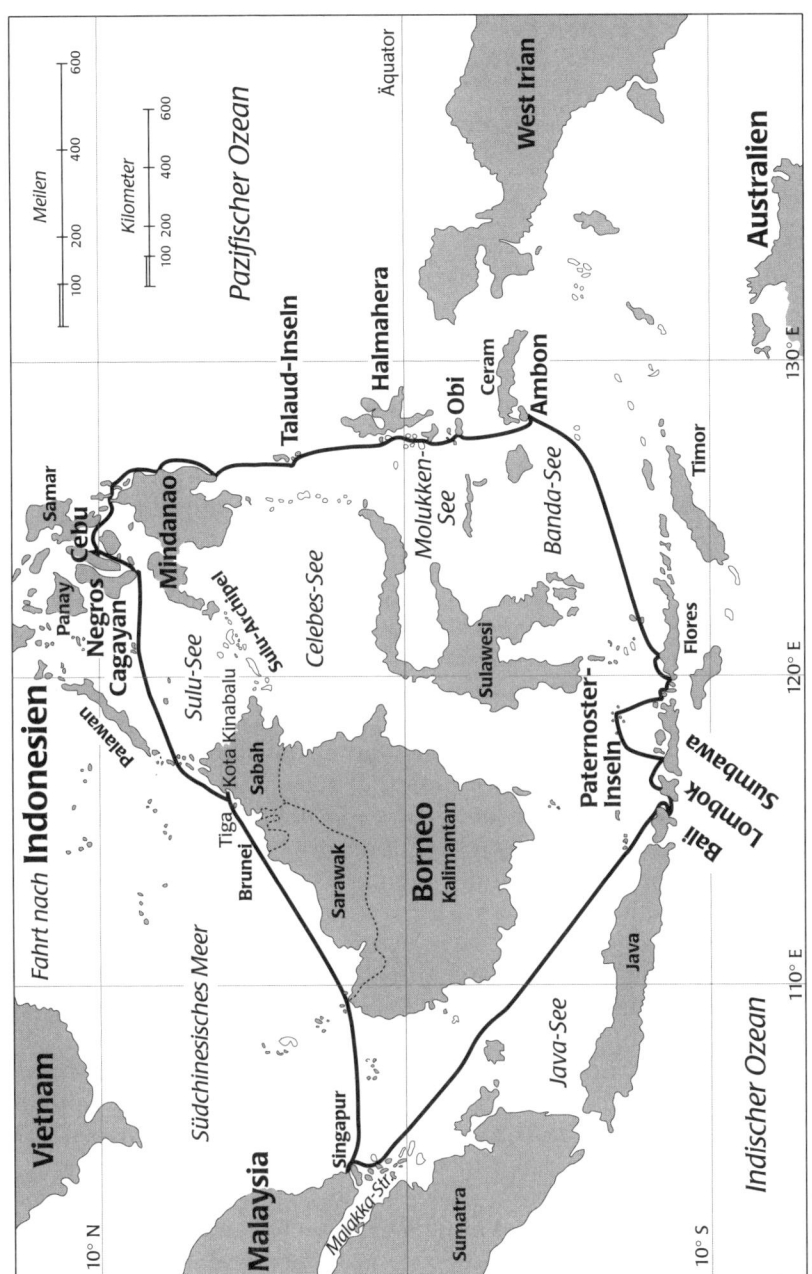

Fahrt nach **Indonesien**

Vietnam

Malaysia

Südchinesisches Meer

Singapur

Malakka-Str.

Sumatra

Palawan

Brunei

Tiga
Kota Kinabalu

Sabah

Borneo
Kalimantan

Sarawak

Java-See

Java

Sulu-See

Sulu-Archipel

Cebu
Negros
Cagayan

Panay

Samar

Mindanao

Celebes-See

Talaud-Inseln

Halmahera

Molukken-
See

Obi

Ceram

Ambon

Banda-See

Sulawesi

Paternoster-
Inseln

Bali
Lombok

Sumbawa

Flores

Timor

Pazifischer Ozean

Äquator

West Irian

Australien

Indischer Ozean

10° N

10° S

110° E

120° E

130° E

Meilen

600
400
200
100

Kilometer

600
400
200
100

261

prüften wir die Riffe auf interessante Schnecken und Muscheln. Nach ihren Erfolgserlebnisssen in Papua-Neuguinea war Vaitea mit vollem Eifer dabei und nicht zu bremsen.

Dann segelten wir wieder südwärts, um die Riesenechsen auf den Komodo-Inseln zu sehen.

Die erste und auch interessanteste Begegnung mit den *Komodo Dragons* fand auf der Nordseite der Insel Komodo statt. Vaitea und ich kletterten den Berg hoch, umrundeten einen riesigen Felsbrocken und stolperten fast über zwei dieser Tiere, die aber so schnell flüchteten, dass es nur so staubte. Eines war knappe drei Meter lang, das andere bedeutend kleiner. Offensichtlich hatten wir die Echsen beim Sonnenbaden gestört, noch dazu vor ihrer eigenen Haustür, denn auf der anderen Seite des Felsens befand sich ein ausgetretenes Loch, der Eingang zu einer Höhle unter dem Stein. Zu sehen war nichts, nur dumpfe Geräusche klangen aus der Tiefe empor.

»Papi, fressen die auch Menschen?«, fragte Vaitea, die mich jetzt etwas fester an der Hand hielt. Daran hatte ich gar nicht gedacht, aber für ein Kind ist diese Überlegung vielleicht nahe liegender.

»Uns bestimmt nicht, du hast ja gesehen, wie die sich gefürchtet haben und blitzartig abgehauen sind«, versicherte ich ihr. Soweit ich es beurteilen konnte, ernährten sich diese Rieseneidechsen von Wild. Wir hatten schon öfter Rehe auf den Berghängen bemerkt und auch selber welche aufgestöbert. Auch schwarze Wildschweine beobachteten wir, die täglich im Morgengrauen in dem fast ausgetrockneten Flussbett herumwühlten und den Strand absuchten.

Nach einigen Tagen besuchten wir das Hauptquartier des Komodo National Parks. Loh Liang liegt am Ende einer großen Bucht und besteht aus einem Verwaltungsgebäude sowie Unterkünften für Touristen. Bei unserem Antrittsbesuch wurden wir gleich darauf aufmerksam gemacht, dass ein älterer Schweizer den fresswütigen Echsen zum Opfer gefallen war, außer seinem Fotoapparat und einem abgelegten Kleidungsstück wurde nichts mehr von ihm gefunden. Einfach schrecklich, auch wenn sich die blutige Tragödie schon vor mehr als zwanzig Jahren ereignet hatte. Aber dafür hat sie schon unzähligen Touristen einen kalten Schauer über den Rücken gejagt. Auch wurden wir darauf aufmerksam gemacht, nicht ohne Begleitung eines Parkführers in der Gegend herumzulaufen, denn für so eine Unvorsichtigkeit wären wir nicht versichert.

»Wir sind versichert«, fragte ich, »wie kommt das?«

»Ganz einfach« sagte der gute Mann, »das ist bei jedem Parkbesuch inbegriffen und noch dazu für eine Woche gültig.«

Genauso wie die anderen Gebühren, die er gleich aufzählte: 6000 Rupien Eintritt, das sind 2000 pro Person, 2000 Rupien für die Benutzung des kleinen Außenborders, 2000 Rupien für die Benutzung der Schiffsmaschine, 3000 Rupien für die Echsenbesichtigung mit Führer und 600 Rupien für die Versicherung.

Was insgesamt 13 600 Rupien machte und sehr viel teurer klang, als es ist: kaum mehr als sechs Dollar. Was würden die Verbliebenen wohl im Todesfall ausbezahlt bekommen, wenn die Prämie für eine dreiköpfige Familie nur einen Vierteldollar beträgt? Möglicherweise die beeindruckende Summe von einer Viertelmillion Rupien (= 112 Dollar).

Auf dem Weg zum Pier lief uns eine mittelgroße Echse entgegen. Wobei »laufen« leicht übertrieben ist, denn sie hätte sich nicht langsamer fortbewegen können. Als das Reptil uns sah, machte es eine vorsichtige Kursänderung und torkelte im Zeitlupentempo davon. Hier handelte es sich eindeutig um ein Haustier. Am Strand sahen wir ein Wildschwein, das sich etwas zügiger entfernte. Etwas weiter von der Station weg bewegten sich die Rieseneidechsen doch flotter. Als wir eine aufstöberten, warf sie sich sofort unter ein Dickicht und blickte uns kühl an.

Ranger John begleitete uns am nächsten Vormittag nach Banu Nggulung, einem ausgetrockneten Flussbett, in dem es immer »Drachen« zu sehen gibt. Das stimmte zwar, nur handelte es sich um ein Dutzend der lethargischen Sorte, die reglos im Staub herumlagen. Ich war froh, mit Vaitea die beiden Echsen in der freien Wildbahn gesehen zu haben. Das Duo war prall gewesen, hatte eine glänzende Haut und bewegte sich lebhaft. Die faltigen Tiere hier machten einen abgeschlafften Eindruck und reagierten auch nicht, als John sie mit seinem gegabelten Stecken anstupste. Wahrscheinlich waren sie enttäuscht, weil wir keine Ziege mitgebracht hatten, wie das manchmal mit anderen Gruppen der Fall ist. »Dann werden sie aktiv«, erzählte John. »Auch tote

Leguane werden ebenfalls von ihren Artgenossen restlos aufgefressen. Nur bei den Hirschen lassen sie das Geweih übrig«, sagte er. Wie kommen diese trägen Reptilien überhaupt an einen
flinken Hirsch? Nur durch List und Tücke. Schon vor dem Morgengrauen legen sie sich neben einen Wildwechsel und brechen
ihren Opfern mit gewaltigen Schwanzhieben die Beine.

Nachdem wir die auf der Welt einzigartigen »Komodo-Drachen«
als abgehakt betrachten konnten, setzten wir mit unserem Schiff
zu der nahen Insel Padar über. Wir nahmen gerade eine Mahlzeit
ein, als Gerti das Ufer durchs Seitenfenster rapide vorbeiwandern
sah. Die Tide war gekentert und hatte den Anker rausgerupft; jetzt
rauschten wir mit vier oder fünf Knoten auf steile Felswände zu.
Blitzschnell reagierten wir und verlegten uns an das Nordende von
Rinca, wo wir uns mit zwei Ankern an die ebenfalls schräg abfal-
lende Riffkante krallten. Mit solchen, meist lokal begrenzten Strömungen wurden wir schon seit Bali konfrontiert. Manchmal waren
sie so kräftig, dass TABOO III trotz Segel und vollem Maschinen-
einsatz nicht vom Fleck kam und wir zum jeweiligen Kap oder Riff-
ende einen größeren Abstand einhalten mussten.
   An vielen kleinen Inseln vorbei schlängelten wir uns weiter
nach Flores. Die karge und palmenlose Schönheit dieses Gebietes
stand in einem krassen Gegensatz zu der sonst üblichen üppigen
Vegetation der Tropen, obwohl wir uns nur acht oder neun Breiten-
grade südlich des Äquators befanden. Kein Platz, in dem einem die
Früchte in den Mund fallen, die allgemeine Dürre der Trockenzeit
macht den Einwohnern das Leben schwer. Und die sind sowieso
dünn gesät, weniger als zwei Prozent der indonesischen Bevölkerung leben in Nusa Tenggara, dieser 1500 km langen Inselkette.
   Hier stießen wir auf erschreckend arme Leute, die nicht viel
mehr als das Gewand am Leib, ein Dach über dem Kopf und ein
paar Hühner hatten, uns aber stolz ihre Gemüsegärten zeigten,
ohne die sie wahrscheinlich schon längst verhungert wären. Es
war wieder eine Gelegenheit, Kleidung, Schuhe und Haushalts-
gegenstände auf TABOO III auszumustern. Angesichts dieser bit-
terlichen Armut trennte sich Vaitea gern von einigem Spielzeug.

   In dem kleinen Ort Labuhanbajo holte ich mir eine neue *Port
Clearance,* was wider Erwarten freundlich und gebührenfrei erledigt wurde.

Unsere nächsten Stopps waren danach einsame Buchten an der Nordküste von Flores, in denen bei Niedrigwasser Horden von langschwänzigen Affen das Riff nach Futter absuchten. Doch obwohl es uns hier gut gefiel, wollten wir gerade in dieser Gegend nicht zu lange verweilen. So wie es die meisten Taifune auf den Philippinen gibt, wird keine andere Region der Welt so häufig von Erdbeben heimgesucht wie der indonesische Archipel. Im Februar rüttelte es kräftig auf Sumatra und kurz danach, während wir noch in Lombok waren, gab es ein Seebeben in der Teluk-Bucht von Sulawesi, gar nicht so weit nördlich von uns. Flores selber ist als einer der instabilsten Flecken auf der Erde bekannt, es gibt vierzehn aktive Vulkane auf der Insel, die jährlich von Erdbeben geschüttelt wird. Zwei Jahre zuvor starben über 3000 Menschen, als nach einem Seebeben riesige Flutwellen die Küste überrollten.

Die Land- und Seebrise nützend, segelten wir die Küste von Flores entlang und nahmen direkten Kurs auf Ambon. Zum ersten Mal seit langer Zeit machten wir wieder acht Knoten Fahrt, eine willkommene Abwechslung nach den häufigen Flauten der letzten Tage.

Im Gegensatz zu Nusa Tenggara war auf den Molukken gerade Regenzeit. Während es nur so schüttete, ankerten wir im Hafen von Ambon an einem Platz, der auch von lokalen *prahus* frequentiert wurde. Es war eine reine Freude zuzusehen, wenn einer dieser Lastensegler ohne Motorhilfe aus dem engen Platz manövriert wurde. Beim Besuch der Coast Guard wurde darauf hingewiesen, dass wir sehr nahe bei der *society* ankerten.

Damit war das Pfahldorf und etwaige zwielichtige Elemente direkt vor uns gemeint. Kein Problem, wir konnten alles abschließen und sind normalerweise vor Einbruch der Dunkelheit wieder zurück an Bord. Die 7000 Volt des elektrischen Zaunes, unser bester Schutz gegen unerwünschte Besucher, erwähnte ich nicht, konnte aber nicht umhin, meinen philippinischen Coast-Guard-Ausweis zu zücken. Daraufhin wurde jedes Mal beim Hafeneingang zackig salutiert.

Ambon war einst das Handelszentrum der Gewürzinseln. In der Stadt merkten wir nicht viel davon, aber auf Obi Latu sahen wir zum ersten Mal ganze Hügelseiten nur mit Nelkenbäumen bepflanzt. In der Nacht regnete es dort heftig und ein donnerartiges Grollen riss uns aus dem Schlaf. Morgens bemerkten wir, dass eine ganze Hügelseite abgerutscht war. Schuld daran waren die Rodungen für weitere Nelkenplantagen.

An der Westseite von Halmahera pflügten wir nach Norden. Die wenigen Leute, die wir trafen, waren von sich aus zu scheu, um Kontakt aufzunehmen, aber durchweg freundlich, sobald wir sie ansprachen. Allerdings war ich noch nie zuvor in einem Land mit solchen Verständigungsschwierigkeiten gewesen.

Eines Tages stießen wir unvermuteterweise auf ein größeres Dorf mit gemauerten Häusern und einer Moschee. Am Ufer spielten Kinder, andere paddelten in kleinen Kanus herum, hielten aber deutlich Abstand zu uns.

Bei unserem Landbesuch verursachten wir einen Menschenauflauf. Ein alter Mann begrüßte uns höflich und geleitete uns zum Bürgermeister. Dort bekamen wir erst eine Tasse überzuckerten Tee vorgesetzt, und nachdem etwas Zeit verstrichen war, fragte er, ob wir irgendwelche Papiere hätten. Als er das C.A.I.T. mit den indonesischen Stempeln sah, wollte er es gleich behalten. Das war kein Problem, denn durch vorherige Vorfälle gewitzt, hatte ich generell nur Kopien bei mir, die ich locker entbehren konnte. In Indonesien sind Leute in offiziellen Funktionen, und seien diese noch so bedeutungslos, geradezu süchtig, Dokumente, Bewilligungen oder abgestempelte Papiere zu sehen und an sich zu nehmen. Am schlimmsten war Hermanto auf Lombok, meine Mappe mit sämtlichen Papieren und noch mehr Kopien übte eine magische Anziehungskraft auf ihn aus. Jedes Mal, wenn ich etwas suchte, hatte auch er seine Finger drinnen, bis ich draufklopfte.

Mit den drei Dorfältesten stapften wir durch die Ansiedlung und langten dann wieder beim Strand an. Sie sagten kein Wort, aber es war ihnen anzusehen, dass sie vor Neugierde brannten und liebend gern mitgekommen wären. Also luden wir sie ins Dingi und nahmen das Trio mit an Bord. Während wir an Deck saßen und ebenfalls Tee tranken, fragte mich prompt einer, ob er nicht auch so ein Papier wie der Bürgermeister haben könnte. Ich kramte gleich drei Kopien raus, eine für jeden. Vor unserer Abreise am nächsten Morgen kam noch einer von ihnen vorbei, um ein

266

Geschenk für Vaitea und Früchte abzuliefern. Alles in allem sehr nette und überhaupt nicht aufdringliche Leute.

Schon seit einiger Zeit hatten wir eine konstante Meeresströmung gegen uns, die letztlich gute zwei Knoten betrug. Es war der Äquatorialstrom, der auf den philippinischen Archipel aufprallt und nach dem Süden abgelenkt wird. Zweimal ankerten wir an der Küste von Mindanao, bevor wir zum nördlichen Ende kamen und wieder die Abkürzung durch den Hinatuan Channel nahmen. Gerti meldete zwar Bedenken an, schließlich steckten wir dort zwei Jahre zuvor bis zum Mast in Brechern und kämpften gegen das riesige Leck im Backbordrumpf. Aber dieses Mal war absolut nichts zu befürchten. Ende Juli ist zwar Taifunzeit, aber der jetzige hatte gerade die Philippinen überquert und machte das Südchinesische Meer unsicher, war also weit genug weg.

Ausschlaggebend jedoch war das feinmaschige Netz im Bugbereich, das im Vergleich zu dem Gurtentrampolin dem Wasser sehr wenig Widerstand bot. Selbst eine ähnlich schlimme Situation sollte also TABOO III nichts anhaben können.

In Cebu war alles wie gewohnt, wir besuchten Helmut, der wieder unsere Post seit Ende des vergangenen Jahres in Verwahrung genommen hatte. Sein Haus in Banilad war eine Oase des Friedens. Einen Fernseher gab es nicht, dafür spielten aber seine Frau und die beiden Töchter auf dem Klavier – ungewohnte Klänge für uns. Zwei Wochen später segelten wir nach Bonbonon, wo TABOO III für einige Zeit allein gelassen werden sollte. Mit drei Ankern und einer starken Trosse zu einem Baum baute ich eine Muring, an der sich der Kat frei drehen konnte.

Ein neuer Anfang

Wien, Cebu und Kota Kinabalu

Gegen Ende August trafen wir in Wien ein und stiegen fürs Erste einmal bei Freunden ab. In Kürze sollte Vaitea die zweite Klasse der Volksschule besuchen. Wo, war noch ungeklärt, denn zuerst mussten wir eine Bleibe finden. Wir hatten zwar eine Wohnung in Salzburg in Aussicht gehabt, aber bei unserer Ankunft bestand dieses Angebot nicht mehr. Trotzdem fuhren wir in diese Richtung, und als wir uns dem Salzkammergut näherten, schlug Gerti vor, nun von der Autobahn runterzufahren. Über Gmunden schlängelten wir uns am Traunsee entlang, fuhren durch Bad Ischl und kamen dann zum Wolfgangsee. Die Landschaft war so schön, dass wir unser ursprüngliches Vorhaben etwas aus den Augen verloren.

Außerdem erinnerte ich mich, dass Hubert Raudaschl seine Segelmacherei direkt am See hatte. Der jetzige Zeitpunkt war genauso gut wie jeder andere, um bei ihm vorbeizusehen. Er war zwar nicht da, aber wir trafen seine Frau Gabi, die uns auf einen Kaffee einlud. Als wir auf der Terrasse saßen und über die grünen Wiesen auf den See mit den Bergen dahinter blickten, waren Gerti und ich bald einer Meinung. Wir befanden uns praktisch in der schönsten Gegend von Österreich, also warum nicht hier unser Kind die Schule besuchen lassen? Außerdem wäre es ein Trostpflaster für Gerti, die nach sechzehn Jahren auf dem Wasser den Großteil der nächsten Jahre an Land zubringen würde.
Während der nächsten paar Tage fanden wir mit Hilfe von Gabi und anderen Freunden die perfekte Wohnung für uns. An der Esplanade im Stadtzentrum gelegen, befand sich alles in Gehweite und die Volksschule war durch den Kurpark in zehn Minuten zu erreichen.

Zu Schulanfang waren wir halbwegs etabliert und Vaitea lernte zum ersten Mal in ihren Leben Stress kennen: mit dem rasselnden Wecker aufstehen, fertig machen, frühstücken und pünktlich zur Tür draußen sein.

Kurz danach flog ich wieder auf die Philippinen und fand Taboo III nach einer zweimonatigen Abwesenheit heil vor. Seit einem Jahr hatte ich den Kat etwas vernachlässigt, jetzt wartete eine Menge Arbeit auf mich, vor allem musste die riesige Decksfläche neu gestrichen werden.

Ende Oktober zog ein Killertaifun im Norden vorbei. Diese spezielle Art von heftigen Wirbelstürmen ist sehr kompakt und schlägt ohne Warnung zu. Die 135 Knoten Windgeschwindigkeit erzeugten eine Flutwelle an der Küste von Leyte, die über hundert Leute tötete. In Bonbonon merkte man zum Glück nichts davon. Gleich danach kam der Supertaifun ANGELA, der 155 Knoten vor sich herschob und auf Manila zuhielt. Aufgrund der korrekten Vorhersage konnten eine viertel Million Menschen rechtzeitig aus der direkten Bahn fliehen, trotzdem starben über 600. Diesen großflächigen Taifun bemerkte ich auch in Bonbonon in Form von Regen und stürmischen südwestlichen Winden.

Zu spüren war auch eine weitere Veränderung: Am 6. November 1995 betrat Imelda Marcos wieder die politische Arena und wurde als Kongressfrau vereidigt. Der Kreis hatte sich geschlossen. Es war lachhaft und zur gleichen Zeit typisch philippinisch. Die Staatsanwalt hatte seit Jahren ein Verfahren wegen Korruption, Hinterziehung und Transfer von Staatsgeld ins Ausland gegen sie laufen, als sie noch im Exil in Hawaii lebte. Cory Aquino hatte ihr vorher mit einer Verhaftung gedroht, sollte sie je wieder einen Fuß auf philippinischen Boden setzen. Trotzdem kehrte sie unter dem Jubel Tausender von Anhängern zurück. Die Polizei stellte ihr ein Ultimatum, aber sie ignorierte auch das. Wie ein Taifun mit seiner Gewalt alles vor sich vernichtet, so macht Imelda Marcos ihre Gegner mit Geld nieder. Und dafür ist nur ein winziger Teil ihres unermesslichen Reichtums notwendig. Auch Präsident Fidel Ramos konnte trotz gegenteiliger Aussagen ihre politischen Ambitionen nicht zügeln. Eines war aber ziemlich sicher: im Gegensatz zur Diktatur ihres Mannes herrschten jetzt demokratische Verhältnisse und absolute Pressefreiheit. Ein Comeback würde also ungleich schwerer sein.

Anfang November segelte ich nach Jao Island an der Nordküste von Bohol, um TABOO III dort unterzustellen. Die Taifune kamen zwar jetzt seltener, aber dafür wurden sie heftiger und auch unberechenbarer, weil sie weiter nach Süden kamen.

Heinz Kuntzemanns *Laguna de Escondida* ist für den Kat ein einmalig sicherer Platz, der mir erlaubte, die nächsten zwei oder drei Monate und Weihnachten mit meiner Familie in Bad Ischl zu verbringen.

Im Frühjahr 1996 war ich wieder zurück auf dem Schiff und im Mai unterwegs nach Sabah. Es war der erste längere Törn, den ich nach langer Zeit wieder allein unternahm.

Diese Fahrt wurde durch eine technische Neuerung versüßt. Schon vor längerer Zeit hatte ich eine Radaranlage gekauft und fürs Erste einmal weggepackt. Gerti und ich schoben ja immer regelmäßig Nachtwachen, also bestand kein Bedarf dafür. Jetzt sah aber die Situation anders aus, in Zukunft würde ich öfter allein unterwegs sein und auf diesen Fahrten notgedrungen auch schlafen müssen. Das Gerät sollte mir die Gewissheit geben, dabei nicht von Schiffen über den Haufen gefahren zu werden.

Als ich früher allein segelte, nahm ich dieses Risiko auf mich. Ich versuchte zwar solche Situationen zu vermeiden, indem ich manchmal endlos Wache schob, aber das geht nur bis zu einer gewissen Grenze. Spätestens nach zwei oder drei Tagen holt sich der Körper seinen Schlaf, ob man will oder nicht, und dann ist man für ein paar Stunden vollkommen weggetreten.

Jetzt, mit Frau und Kind, befand ich mich in einer veränderten Konstellation. Der Gedanke, dass ich auf so eine blöde Art umkommen könnte und die beiden allein dastehen würden, war einfach inakzeptabel.

Angeschafft hatte ich das Radar wegen einer einzigen Funktion: der Alarmzone mit verbundenem Piepston, sobald ein Fremdkörper wie z. B. ein Schiff in den eingestellten Bereich eindringt. Durch die heutige ausgereifte Elektronik ist kein Dauerbetrieb mehr notwendig, auf Stand-by schaltet sich das Gerät je nach Wahl alle fünf oder zehn Minuten für kurze Zeit ein und überprüft die Umgebung. Der Stromverbrauch hält sich daher in erträglichen Grenzen. Allerdings musste ich feststellen, dass Regen vom Radar ebenso angezeigt und der Alarm ausgelöst wird. Doch wenn es rundherum prasselt und stürmt, bin ich sowieso an

270

Deck. Mir genügt es, wenn ich unter normalen Bedingungen ab und zu für einige Stunden schlafen kann und damit für den Rest der Zeit fit bin.

Neben dem Radar hatte ich auch ein GPS an Bord. In den frühen Jahren der noch nicht ganz so genauen SatNav-Geräte hielt ich es für ausgesprochenen Unfug, Tausende von Dollar für etwas hinauszuschmeißen, das mir zwar die Arbeit mit dem Sextanten und die Rechnerei erspart, mich aber deswegen, von ganz wenigen Ausnahmen einmal abgesehen, auch nicht früher ans Ziel bringt.

Mit der neuen Generation der GPS-Geräte wurden diese Probleme vom Tisch gewischt. Die immer günstigeren Preise machten sie bald für jeden erschwinglich, und wer selber keine Standlinien ausarbeiten kann, kauft zur Sicherheit gleich zwei. Ich bin überzeugt, dass nur aufgrund dieser neuen und preiswerten Navigationshilfe erheblich mehr Yachten weltweit unterwegs sind. Geschippert werden sie von Leuten, die jetzt die Gewissheit haben, sich auch ohne nautische Vorkenntnisse zurechtzufinden, weil ihre Positionen ja aus dem Weltall kommen. Außerdem ist inzwischen das Preis-Leistungs-Verhältnis so günstig, dass es fast an einen Unfug grenzt, heute kein GPS an Bord zu haben.

Natürlich war es mir nicht vergönnt, mit Hilfe dieser auf TABOO III neuen Elektronik bei Nacht und Nebel durch die riffgespickte Balabac Strait zu rauschen, wie ich es mir aus Testgründen gewünscht hatte. Es passierte tagsüber, wie konnte es anders sein? Dafür hatte ich aber das Vergnügen, für vierzig Stunden gegen südwestliche Schauerböen und kräftigen Gegenstrom aufzukreuzen.

In Kota Kinabalu gab es am Wasser einige Veränderungen. Die FLYING LADY glänzte durch Abwesenheit. Peter und Anne hatten einen Käufer für den Eisenkoloss gefunden und waren zu jedermanns Erleichterung auf Nimmerwiedersehen abgedampft.

Dafür präsentierte sich Jean-François' gelber DOUBLE DRAGON im neuen Look. Erst beim zweiten Hinsehen fiel mir auf, dass ein Teil des fehlenden Besanmastes am Deck lag. Ein kurzer, verrotteter Stumpen ragte noch aus dem Achterdeck hoch. Der veraltete Trimaran sah dadurch eindeutig schnittiger aus.

271

Gerti und ich hatten in Indonesien eine große Menge kunstvoller Gegenstände erstanden. Ein Schwung der kleineren Stücke war bereits per Post an Abnehmer gegangen, aber der Großteil der Sachen befand sich noch an Bord, verkörperte einen nicht unbeträchtlichen Wert und nahm obendrein viel Platz weg. Jetzt war die Zeit gekommen, den Bestand auszuräumen und in Geld umzusetzen.

Zuerst war es notwendig, alles auszupacken, zu katalogisieren und eine einheitliche Verkaufsstrategie auszuarbeiten, bei der meine Preise fixiert wurden; bei ähnlichen Objekten sollte natürlich der Preis gleich bleiben.

Bei Einzelstücken gab es kein Problem, aber da waren z. B. sechs gleich große Figuren aus Rosenholz, bei denen der Einkaufspreis je nach Bezugsquelle merkliche Unterschiede aufwies. Es genügte aber nicht, die Gesamtsumme durch sechs zu dividieren, das hätte ich auch mit Hilfe der sorgfältigen Aufzeichnungen von Gerti machen können. Nein, die sechs Figuren mussten zuerst geortet und noch einmal auf gleich bleibend gute Qualität überprüft werden, wir hätten ja auch beim Einkauf unter schlechten Lichtbedingungen irgendeine Macke übersehen können. War das der Fall, dann bekam dieses Stück den niedrigsten Einkaufspreis zugewiesen und wurde auch dementsprechend billiger angeboten.

Es dauerte also ein paar Tage, bis ich zum ersten Mal in der Stadt unterwegs war, aber dann lief der Verkauf wie geplant. Zuerst waren größere Stück dran, um die Kajüte, in der Vaitea schlafen sollte, freizumachen.

Eine Woche später holte ich meine Familie vom Flugplatz ab. Die ersten paar Tage verbrachten wir in einer stillen Bucht auf Gaya, dann nahmen wir den restlichen Verkauf gemeinsam in Angriff.

272

Die Piraten von Tawi Tawi

Rache in der Sulu-See

Während wir wieder in Kota Kinabalu waren, bekam die Marine-polizei einen vertraulichen Hinweis, dem zufolge Piraten einen Überfall auf lokale Fischerleute planten. Mehrere getarnte Poli-zeiboote patrouillierten daraufhin den Küstenabschnitt, wurden auf drei verdächtige Fahrzeuge aufmerksam und forderten die Insassen per Lautsprecher auf, die Motoren abzustellen. Als Ant-wort darauf wurden die Polizisten mit Schnellfeuergewehren und M79-Granaten beschossen. Danach flüchteten die drei Motorboo-te in »internationale Gewässer«, was im Klartext die Grenze zwi-schen Malaysia und den Philippinen bedeutet. Die Tawi-Tawi-Gruppe des Sulu-Archipels befindet sich ja in Sichtweite der Küste von Sabah und von dort kommen natürlich auch diese pe-riodischen Attacken.

Bei der anschließenden Verfolgungsjagd kam es zu einem Feuergefecht, in dessen Verlauf zwei Boote versenkt und vier Pi-raten, die zum Teil mit kugelsicheren Westen ausgestattet waren, getötet wurden.

Auch die Polizisten trugen kugelsichere Westen. Das erfuhren wir von Chief Inspector Mohammed Sedek, der an diesem Einsatz teilgenommen hatte und den ich eines Abends beim Wasserbun-kern kennen lernte. Er hatte ein winziges Boot befehligt, das mit einer selten starken Maschine und einem versteckten Maschi-nengewehr ausgerüstet war. Unter Dauerfeuer ging eines der Pi-ratenboote in Flammen auf, bevor es samt den Insassen sank.

Als er jedoch wie zufällig die Rede auf Waffen lenkte, kam mir dieses Treffen verdächtig vor. Damals war noch nicht die Rede von dem Piratenüberfall. Wollte er mich aushorchen? Auf illegalen Waffenbesitz stehen in Malaysien 20 Jahre Gefängnis, also spricht man nicht darüber mit einem Fremden. Und schon gar nicht mit

273

einem Polizeiinspektor, was diesem auch klar sein musste. Aber vielleicht wollte er das Gefühl suggerieren, dass er als Polizist mehr wusste, als mir lieb war, und meine Reaktion darauf testen. Oder ging es ihm um das Nachbarboot, das wir von den Philippinen kannten, wenn wir auch mit der Crew, die mit Drogen zu tun hat, seit einer zurückliegenden Episode nicht mehr redeten.

Es wäre nicht das erste Mal gewesen, dass eine Yacht angezeigt wird, der Grund braucht gar nicht sonderlich ernst zu sein. So wurde Peters FLYING LADY einmal von einer Abordnung der Zollfahndung besucht, die mehr über den Alkoholbestand des Schiffes wissen wollte. Das Lager war reichhaltig, aber alles war ausschließlich für den Genuss an Bord bestimmt, was Peter auch gleich mit jeder Menge noch nicht entsorgter, leerer Flaschen belegen konnte. Und gegen den Eigenbedarf gab es schließlich nichts einzuwenden. Wie aber kam es zu dieser Anzeige? Ein Mann hatte ihn bezichtigt, Alkohol an Land zu verkaufen. Peter hatte ihn bei einer seiner Parties rausgeschmissen, weil sich dieser selber eingeladen hatte.

Die Unterhaltung mit Sedek, dem Chief Inspector, dauerte ziemlich lange, weil wenig Druck im Wasserschlauch war und wir eine dreiviertel Stunde benötigten, bis alle Kanister voll waren. Danach war ich mir aber fast sicher, dass ich Sedek zu Unrecht verdächtigt hatte. Er war eben von Natur aus kontaktfreudig, und wir kamen gerade zur rechten Zeit an. Er unterhielt sich auch gern mit Vaitea. Und meine Tochter auszufragen, hätte wenig Sinn gehabt, denn sie wusste genau, welche Themen tabu sind.

Am nächsten Nachmittag trafen wir uns wieder. Sedek ließ sich gleich auf TABOO III absetzen, als er von einem Ausflug nach Gaya zurückkam. Eine junge Frau stellte er als seine Kusine vor, aber das nahmen wir ihm nicht ab. Besonders, als sie Gerti später erzählte, dass sie in Kuala Lumpur ein uneheliches Kind hat und jetzt in Sabah einige Tage Urlaub macht. In der späteren Unterhaltung nahmen weder sie noch Sedek ein Blatt vor den Mund, und warum sollten sie auch? In Kürze würden wir separate Wege gehen und uns vermutlich nie mehr wieder sehen.

Während eines Tees erzählte er von seiner Arbeit, bei der er auch schon Verdächtige durch ganz Südostasien verfolgt hatte.

Über die Ursache eines Überfalles, der nur wenige Wochen zuvor in Semporna stattfand, wusste er allerdings weniger. Die Zeitungen berichteten von der Plünderung zweier Juweliergeschäfte und einer Schießerei zwischen Polizei und Gangstern, bei der mehrere Personen starben. Alles in allem nichts Außergewöhnliches, doch die Hintergründe dieser Aktion waren bezeichnend. In Sabah leben etwa 70 000 illegale Filipinos permanent im Land. Tausende kommen nur für eine Zeit lang, arbeiten hart und kehren mit dem ersparten Geld wieder nach Mindanao zurück. Sie alle kommen über Semporna, wo die philippinischen Schmuggelboote anlegen. Auf allen Zufahrtsstraßen zu dieser Hafenstadt sind Polizeikontrollen errichtet, bei denen die Ausweispapiere der Buspassagiere überprüft werden. Nun hat aber ein illegaler Filipino weder eine Aufenthaltsgenehmigung noch eine Arbeitsbewilligung oder einen in Sabah gültigen Ausweis. In Ermangelung dessen zückt er eine *red Identity Card,* die bereitwillig entgegengenommen und behalten wird. Es ist eine rote 10-Ringgit-Banknote, deren Wert umgerechnet vier Dollar beträgt. Bis er dann endlich in Semporna ist, hat der Filipino mehrere dieser *red Identity Cards* ausgeteilt.

Bei so einer Kontrolle überreichten vier Filipinas ihre Geldscheine, aber die Polizisten sahen sich genötigt, die schönen Mädchen zwecks weiterer Befragung mit auf die Polizeistube zu nehmen. Wie es dort weiterging, kann sich jeder selbst ausmalen, nur machten die Ordnungshüter einen unverzeihlichen Fehler: Sie nahmen den vermeintlichen Prostituierten das ganze erarbeitete Geld weg, bevor sie wieder laufen gelassen wurden.

Kein Wunder, dass kurz darauf eines Morgens zwölf schwer bewaffnete Männer von See her an Land stürmten, Passanten von der Straße scheuchten und Stellung gegenüber der Polizeistation bezogen. Einer dieser Uniformierten forderte Gäste im gegenüberliegenden Restaurant auf, den Tisch zu wechseln, weil er den Platz am Fenster benötigte, um seine M79-Granaten abzufeuern.

In den letzten Tagen des Vietnamkrieges hatte ich Gelegenheit, diese Waffe zu verwenden. Sie ist handlich, aber nicht sehr zielgenau. Das erklärt vielleicht, warum der erste Schuß einen Baum statt das Polizeigebäude traf.

Zur selben Zeit wurde das Hauptquartier der Marinepolizei unter Beschuss genommen, während eine dritte Gruppe den beiden Juwelierläden der Stadt einen Besuch abstattete. Die Aktion war durchaus verständlich, irgendwie mussten ja die Freunde und Brüder der Mädchen die erlittene Schmach rächen und das gestohlene Geld zurückerobern ...

275

Nachdem unsere Handelsware verkauft war, hielt uns nichts mehr in Kota Kinabalu. TABOO III pflügte die Küste zur Balabac Strait hoch. Am folgenden Tag waren wir wieder in der Sulu-See. Zuerst besuchten wir einige der Cuyo-Inseln, fanden sie aber uninteressant und segelten deshalb weiter nach Koron, wo mich eine Bucht ganz am südlichen Ende der Insel reizte.

Die Einfahrt war fast zur Gänze durch ein Riff blockiert, aber nahe den steil aufragenden Felsen fanden wir eine tiefere Rinne, durch die wir uns hineintasteten. Am hinteren Ende kamen wir in einen Kessel, der von senkrechten Felswänden und Minibuchten mit kleinen Sandstränden umgeben war. Der schöne Platz strahlte ein Gefühl der Ruhe und Geborgenheit aus, so dass wir gleich für zwölf Tage blieben und die Seele baumeln ließen.

Vaitea hatte bereits ein eigenes Programm, sie ruderte selbstständig mit dem Schlauchboot zum Ufer oder inspizierte die Riffe bei Niedrigwasser.

Nahe der Einfahrt befand sich eine Ansammlung einfacher Hütten, die wir bald besuchten. Wir trafen auf einige Frauen, Kinder und zwei alte Männer, die jüngeren waren mit ihren Booten draußen auf dem Meer fischen. In schwarzen Aluminiumtöpfen brodelte es auf Steinen über offenen Feuern und im Hintergrund hingen Tintenfische auf einer Leine zum Trocknen. Keiner dieser scheuen Leute sprach ein Wort Englisch, was für die Philippinen ungewöhnlich ist, aber sie freuten sich auch so über das Kinderspielzeug und die diversen Kleidungsstücke, die wir mitgebracht hatten. Für uns war es eine willkommenen Gelegenheit, Schapps und Schubladen um einiges Zeug zu erleichtern.

Beim Weitersegeln hatten wir den Wind ziemlich auf die Nase und ankerten deshalb über Nacht bei Pamelican, eine der nördlichen Cuyo-Inseln. Das letzte Mal hatten wir sie sechzehn Jahre zuvor besucht.

Damals war der kilometerlange weiße Strand praktisch unbewohnt gewesen, jetzt machten sich zahlreiche Bungalows eines *Resorts* bemerkbar, hinter denen gerade ein kleines Propellerflugzeug aufstieg. Zur Zeit erholte sich der Platz von einem Taifun, der vier Wochen zurücklag und die Uferanlagen wie auch die Gebäude in Mitleidenschaft gezogen hatte.

Nach weiteren Stopps in Boracay und Liloan saßen wir alle Anfang September wieder im Flugzeug und düsten Europa entgegen. Für Vaitea und Gerti war die Zukunft durch ein weiteres Schuljahr vorgezeichnet, doch es meldeten sich langsam die ersten Zweifel, ob diese ständige Umsiedelung nach Österreich wirklich so erstrebenswert ist. Die Umstellung machte beiden mehr zu schaffen, als wir anfangs wahrhaben wollten. Man kann nicht wie Gerti in einer fast absoluten Freiheit gelebt haben und dann nahtlos in eine Welt voller Vorschriften und täglicher Reibereien einsteigen und dies als »normal« empfinden. Dazu braucht man eine dicke Haut, die sich nur langsam bildet. Auch Vaitea war nicht besonders glücklich. Unfreiwillig war sie in eine Gesellschaft geraten, in der Fremde nicht willkommen sind.

Auf jeden Fall wird Vaitea noch die dritte Klasse der Volksschule in Bad Ischl beenden und dann wird es höchste Zeit sein, diesen Aufenthalt in Europa wieder zu beenden.

Ich selber dachte eigentlich daran, ziemlich bald in die Karibik zu segeln, aber je mehr ich darüber nachgrübelte, desto hirnrissiger kam mir diese Idee vor. Eigentlich reizten mich nur die Fahrt dorthin und die Stopps in Madagaskar und Brasilien, nicht aber das Ziel als solches. Denn was würde ich dort finden? Eine Hand voll tropischer Inseln, überfüllte Buchten und eine Lebensqualität, die im Lauf der Zeit bestimmt nicht besser geworden ist.

Andererseits gibt es hier in Südostasien Tausende von Inseln, mehr als sonst irgendwo auf der Welt, verstreut über Länder wie die Philippinen, Indonesien, Malaysia, Thailand und Vietnam, die alle an das Südchinesische Meer angrenzen.

Hier sind Revolten nahezu an der Tagesordnung, Vulkane brechen aus, Taifune ziehen regelmäßig ihre Bahnen und ein Menschenleben mag vielleicht auch nicht viel wert sein. Dennoch stört mich das alles genauso wenig wie die Korruption, die es überall gibt, aber nur selten so offensichtlich betrieben wird wie hier.

In meinen Augen ist dies das echte Leben, dem eine gewisse Ehrlichkeit nicht abzusprechen ist und das noch eine persönliche Handlungsfreiheit zulässt.

Außerdem hat man hier fast die Gewähr, nicht vor Langeweile sterben zu müssen, denn davor fürchte ich mich am meisten.

Aus dem Logbuch von TABOO III

	See-meilen	Anker-plätze	Datum
Durch den Panamakanal			
in den Pazifik			2. 7. 85
in panamaischen Gewässern	360	15	
Secas–Golfito	119		5.–6. 8. 85
in Costa Rica	365	16	
Golfito–Secas	105		3.–4. 11. 85
in panamaischen Gewässern	1796	128	
Jicaron–Golfo Dulce	165		4.–5. 6. 86
in Costa Rica	258	8	
Paquera–Cocos	487	1	21.–28. 8. 86
Cocos–Puerto Ayora	551		3.–7. 9. 86
in den Galapagos	48	4	
Floreana–Fatu Hiva	3018		17. 9.–5. 10. 86
in den Marquesas	232	18	
Haka Hetau–Taiaro	441		15.–21. 11. 86
in den Tuamotus	161	11	
Fakarava–Tahiti	256		17.–20. 12. 86
in den Gesellschaftsinseln	1522	46	
Bora Bora–Penrhyn	636		13.–18. 10. 87
im Penrhyn-Atoll	20	5	
Penrhyn–Suvorov	441		5.–8. 11. 87
im Suvorov-Atoll	6	3	
Suvorov–Pago Pago	478		24.–27. 11. 87
in Amer. Samoa	2	3	
Pago Pago–Tarawa	1555		5.–19. 3. 88
in Kiribati	524	27	
Butaritari–Mili	205		6.–7. 6. 88
in den Marshalls	811	25	
Ebon–Kosrae	368		17.–20. 9. 88
in Kosrae	18	2	

	See-meilen	Anker-plätze	Datum
Kosrae–Ponape	330		26.–30. 9. 88
in Ponape und Ant-Atoll	64	8	
Ant-Atoll–Lukunor-Atoll	309		13.–16. 10. 88
im Gebiet von Truk	967	30	
Puluwat–Lamotrek	210		2.–4. 2. 89
im Gebiet von Yap	619	9	
Ngulu–Unib	805		23.–30. 3. 89
in den Philippinen	326	10	
(Überholung an Land)			
Mindanao–Kota Kinabalu	523		16.–20. 12. 90
in Sabah und Brunei	832	55	
Banguey–Tubbataha Riff	205		2.–4. 7. 91
in den Philippinen	3708	69	
Hinatuan–Ninigo	1370		28.12.92–7.1.93
in Papua-Neuguinea	3112	39	
Ninigo–Lamotrek	602		20.–27. 5. 93
im Gebiet von Yap	491	10	
Yap–Aling	721		28. 7.–6. 8. 93
in den Philippinen	2125	41	
Bonbonon–Gaya	560		26. 4.–3. 5. 94
in Sabah	214	18	
Koto Kinabalu–Dumaguete City	455		23.–29. 8. 94
in den Philippinen	475	8	
Cagayan–Kota Kinabalu	435		7.–13. 11. 94
in Sabah, Johor und Singapur	695	19	
Singapur–Lobau	40		15. 3. 95
in Indonesien	3097	45	
Pulau Malo–Mindanao	316		18.–21. 7. 95
in den Philippinen	1492	27	
Liloan–Kota Kinabalu	684		18.–28. 5. 96
in Sabah	136	6	
Kota Kinabalu–Dumaran	416		31. 7.–3. 8. 96
in den Philippinen	509	10	bis 1. 9. 96
Gesamt	41791	715	

Von Wolfgang Hausner sind außerdem im Delius Klasing Verlag erschienen:

TABOO – so hieß das erste Doppelrumpfboot, das von einem allein um die Welt gesegelt worden war. Die ersten Erlebnisse des bekannten österreichischen Seglers, der auf alle bürgerliche Sicherheit verzichtet, um sich stattdessen im selbstgebauten Boot den unberechenbaren Naturgewalten zu stellen, sind in diesem Buch für Träumer und Tatmenschen festgehalten.

TABOO
Eines Mannes Freiheit
232 Seiten mit
85 Abbildungen, kartoniert
ISBN 3-7688-0597-2

Hausner setzt seine abenteuerliche Route mit dem neuen, 18 m langen Katamaran TABOO III fort. Zusammen mit seiner späteren Frau Gerti segelt er von den Philippinen nach Thailand, Malaysia, durch die gefährliche Malakkastraße in den Indischen Ozean, ums Kap der Guten Hoffnung nach Brasilien, in die Karibik und durch den Panamakanal in den Pazifik.
Daß er dabei mehr erlebt als die meisten anderen Weltumsegler, macht dieses Buch so fesselnd und einmalig

TABOO III
Leben auf sieben Meeren
224 Seiten mit 40 Farb- und
2 s/w Fotos, 7 Karten,
1 Zeichnung, kartoniert
ISBN 3-7688-0987-0

Beide Bände sind im Buch- und Fachhandel erhältlich.

DELIUS KLASING